38,00

O PSICANALISTA: HOJE E AMANHÁ
O II ENCONTRO PSICANALÍTICO DA TEORIA DOS CAMPOS
POR ESCRITO

Leda Maria Codeço Barone
(coordenadora)
Andrea Giovannetti
Leda Herrmann
Marilsa Taffarel
Rubia Mara do Nascimento Zecchin
(Organizadores)

O Psicanalista: Hoje e Amanhã
O II Encontro Psicanalítico da Teoria dos Campos por escrito

Teoria dos Campos
Coleção Psicanalítica

Casa do Psicólogo®

© 2002 Casa do Psicólogo Livraria e Editora Ltda.
É proibida a reprodução total ou parcial desta publicação, para qualquer finalidade, sem autorização por escrito dos editores.

1ª Edição
2002

Produção Gráfica & Capa
Renata Vieira Nunes

Editoração Eletrônica
Angélica Gomes Borba

Revisão Gráfica
Eliete A. de Carvalho

Dados Internacionais de Catalogação na Publicação (CIP)
(Câmara Brasileira do Livro, SP, Brasil)

Encontro Psicanalítico da Teoria dos Campos (2. : 2001 : São Paulo)
O psicanalista : hoje e amanhã / Leda Maria Codeço Barone, (coordenadora) ; Andrea Giovannetti, Leda Herrmann, Marilsa Taffarel , Rubia Mara do Nascimento Zecchin , (organizadores). — São Paulo : Casa do Psicólogo, 2002. — (Teoria dos campos clínica psicanalítica)

Vários autores.
Bibliografia.
ISBN 85-7396-178-3

1. Clínica médica 2. Consulta psicológica 3. Psicanálise 4. Teoria dos campos (Psicologia social) I. Barone, Leda Maria Codeço. II. Giovannetti, Andrea. III. Herrmann, Leda. IV. Taffarel, Marilsa. V. Zecchin, Rubia Mara do Nascimento. VI. Série.

02-4985	CDD-150.1984

Índices para catálogo sistemático:
1. Teoria dos campos : Psicanálise : Psicologia   150.1984

Impresso no Brasil
Printed in Brazil

Reservado todos os direitos de publicação em língua portuguesa à

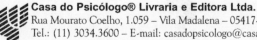

Casa do Psicólogo® Livraria e Editora Ltda.
Rua Mourato Coelho, 1.059 – Vila Madalena – 05417-011 – São Paulo/SP – Brasil
Tel.: (11) 3034.3600 – E-mail: casadopsicologo@casadopsicologo.com.br
http://www.casadopsicologo.com.br

SUMÁRIO

APRESENTAÇÃO 9

O PSICANALISTA: HOJE E AMANHÃ 9
Leda Maria Codeço Barone

INTRODUÇÃO 11

O MOMENTO DA TEORIA DOS CAMPOS NA PSICANÁLISE 11
Fabio Herrmann

PARTE I

INTRODUZINDO A TEORIA DOS CAMPOS 25

APRESENTAÇÃO 27
Rubia Mara do Nascimento Zecchin

Capítulo 1

CAMPO E RELAÇÃO: SEM MEDO, SEM MISTÉRIO 29
Cláudio Garcia Capitão

Capítulo 2

TEORIA DOS CAMPOS, UMA PSICANÁLISE SEM DENTRO E FORA ... 37
Andrea Giovannetti

Capítulo 3

POSTURA INTERROGANTE-INTERPRETANTE: POR QUEM OS SINOS
DOBRAM??? 47
MARIA LÚCIA CASTILHO ROMERA

PARTE II

A TEORIA DOS CAMPOS APROFUNDADA 59

APRESENTAÇÃO 61
Leda Maria Codeço Barone

Capítulo 1

A TEORIA DOS CAMPOS NA CONSTRUÇÃO DE CONHECIMENTOS
EM PSICANÁLISE 63
Leda Herrmann

Capítulo 2

PERDAS E RECUPERAÇÕES DO MÉTODO NA HISTÓRIA DA
PSICANÁLISE – ALGUNS EXEMPLOS 73
Marilsa Taffarel

Capítulo 3

A CLÍNICA NA TEORIA DOS CAMPOS 85
Suzete Capobianco

PARTE III

DIALOGANDO COM OUTRAS DISCIPLINAS 95

APRESENTAÇÃO 97
Andrea Giovannetti

Capítulo 1
PSICANÁLISE, TEORIA DOS CAMPOS E FILOSOFIA: A QUESTÃO
DO MÉTODO 101
João A. Frayze-Pereira

Capítulo 2
A OPERAÇÃO DE RUPTURA DE CAMPO EM SUAS RELAÇÕES
COM A PSICANÁLISE, A CLÍNICA E A LITERATURA 119
Cecilia Maria de Brito Orsini

Capítulo 3
O DIVÃ A PASSEIO OU UM PASSEIO PELA ARTE DE NARRAR?
AINDA À PROCURA DA PSICANÁLISE ONDE NÃO PARECE ESTAR 151
Mônica do Amaral

Capítulo 4
O HOMEM PSICANALÍTICO E O TEMPO – LINHAS DE
CONTINUIDADE ENTRE A TEORIA DOS CAMPOS E OUTRAS
PRODUÇÕES PSICANALÍTICAS 165
Sandra Lorenzon Schaffa

Capítulo 5
O CAMPO DA VIRTUALIZAÇÃO NA PÓS-MODERNIDADE, UMA
LEITURA PELA TEORIA DOS CAMPOS 181
Caio César S. C. Próchno, Flávio Galvão Marques e Léia Souza Alves Araújo

PARTE IV
SOBRE A CLÍNICA 197

APRESENTAÇÃO 199
Marilsa Taffarel

Capítulo 1
MARIONETES EM CONSULTAS TERAPÊUTICAS: A TEORIA DOS
CAMPOS NA FUNDAMENTAÇÃO DE ENQUADRES TRANSICIONAIS .. 203
Tânia Maria José Aiello Vaisberg

Capítulo 2

C(Ã)O-TERAPEUTAS: O ENQUADRE A SERVIÇO DO MÉTODO
NA ANÁLISE DE UMA ADOLESCENTE 223
Marion Minerbo

Capítulo 3

DA PASSIVIDADE RECEPTIVA À RECEPTIVIDADE ATIVA:
CAMINHOS PARA A SUPERVISÃO E A CLÍNICA PSICANALÍTICA 241
Cristianne Spirandeli Marques, Joana D'arc dos Santos

PARTE V

FUNÇÃO TERAPÊUTICA 255

APRESENTAÇÃO 257
Leda Herrmann

Capítulo 1

GRUPO DE INVESTIGAÇÃO EM FUNÇÃO TERAPÊUTICA – GIFT –
UMA NOVA FORMA DE PSICANÁLISE NO HOSPITAL GERAL 261
Fabrício Santos Neves, Maria da Penha Zabani Lanzoni

Capítulo 2

FUNÇÃO TERAPÊUTICA DA PSICANÁLISE NA CONSULTA MÉDICA .. 269
Carlos Eduardo Domene

Capítulo 3

DEPOIMENTO SOBRE A FUNÇÃO TERAPÊUTICA DA PSICANÁLISE
EM CONSULTA DE CLÍNICA MÉDICA 277
Allan Garms Marson

COMO CONCLUSÃO: DAQUI P'RA FRENTE 281
Fabio Herrmann

Apresentação

O Psicanalista: Hoje e Amanhã

"... entre o nosso hoje, o nosso ontem e
o anteontem caíram todas as pontes."
Stefan Zweig[1]

Rompida a esperança de explicação e domínio total do mundo através
da racionalidade bem com através de respostas mitológicas e religiosas
tão caras à aurora da civilização ocidental, abre-se, para o homem pós-
moderno, uma crise sem precedentes na história da humanidade.

De fato, vivemos no Ocidente transformação profunda e estranha
de nossas representações[2], seja de identidade seja de realidade.
Tais transformações afetam as próprias estruturas do sistema
simbólico que rege a identificação dos sujeitos em todas as
sociedades conhecidas[3], ou seja: nomeação, filiação, maternidade,

---

[1] Zweig, S. *O mundo que eu vi*. Rio de Janeiro: Record, 1999, p. 9.

[2] Herrmann, F. *Psicanálise do Quotidiano*. Porto Alegre: Artes Médicas, 1997.

[3] Tort, M. *O desejo frio. Procriação artificial e crise dos referenciais simbólicos*. Rio de Janeiro: Civilização Brasileira, 2001.

paternidade e identidade sexual. Quanto à realidade observamos falta de substância da representação além de alteração do sentido de espaço e tempo.

Diante deste homem em crise, quem é, pois, o analista hoje? E como pensá-lo amanhã?

A Teoria dos Campos, ao resgatar da obra freudiana seu método heurístico, apresenta-se como espécie de ponte entre o passado, o presente e o futuro. E num duplo movimento de debruçar-se sobre o homem e sobre a psique do real.

Os textos aqui recolhidos, com exceção da Introdução: *O Momento da Teoria dos Campos*, foram apresentados no *II Encontro Psicanalítico da Teoria dos Campos*, ocorrido em São Paulo em outubro do último ano. Todos pretendem discutir o lugar e os impasses que a contemporaneidade coloca ao analista de hoje e de amanhã. Porém cada um o faz de modo particular. Há diferentes aproximações. Desde aquela que se pretende introdutória visando dotar o leitor iniciante de conceitos instrumentos que servirão para penetrar o pensamento da Teoria dos Campos, àquela outra que faz avançar e expandir seu território. Há também dessemelhanças nos textos quanto a seu engajamento ao pensamento da Teoria dos Campos, pois enquanto dois deles, a Introdução e a Conclusão, pertencem ao próprio criador da Teoria dos Campos, outros são da lava de autores recém chegados. Variados também são os temas escolhidos – há trabalhos que privilegiam a clínica no consultório, outros que se espraiam para fora dele – e ainda outros que dialogam com outras disciplinas: com a filosofia e com a literatura.

Se diferentes nos aspectos apontados, os trabalhos aqui recolhidos guardam em sua essência algo compartilhado: acreditam em uma Psicanálise viva, capaz de crítica, e, que se constrói e se refaz a cada dia, assegurada por seu método.

São Paulo, 25 de junho de 2002.
Leda Maria Codeço Barone[4]

---

[4] Presidente do II Encontro Psicanalítico da Teoria dos Campos.

Introdução

O Momento da Teoria dos Campos na Psicanálise[1]

Fabio Herrmann

A Teoria dos Campos

A Teoria dos Campos é pouco importante, importante é a Psicanálise. Só é importante a Teoria dos Campos, porque ela oferece à Psicanálise um caminho em direção ao futuro. Procedimentos terapêuticos têm vida curta, flutuações de moda ou de condições econômicas facilmente os fazem desaparecer; ciências podem durar tanto quanto a cultura em que nasceram.

---

[1] Conferência de abertura do I Encontro Psicanalítico da Teoria dos Campos, São Paulo, outubro, 1999.

Freud criou a Psicanálise, tendo como horizonte uma ciência geral da psique humana. Por isso, sua temática era ampla: psicanálises da cultura e dos mitos, dos fenômenos sociais e da arte, do presente, do futuro e do passado. Depois de Freud, a Psicanálise foi se concentrando apenas na situação de consultório, em seu procedimento terapêutico padrão, também chamado: *psicanálise*[2]. Converteu-se numa microciência da clínica particular. Concentração perigosa, pois se esta última desaparecer ou se modificar grandemente, a Psicanálise pode desaparecer com ela e seu futuro será passado. "Conta-se que no Século XX era popular uma técnica de tratamento..."

A Teoria dos Campos pretende recuperar o sentido da produção freudiana, sua amplitude, o horizonte de sua vocação. Descobrir, como Freud o fez, os desconhecidos inconscientes dos indivíduos e das formas sociais, e não somente aqueles já descobertos. Este caminho pode levar à constituição da Psicanálise como ciência geral da psique humana. Para tanto será necessário retirar da própria Psicanálise uma nova epistemologia que a inclua, pois ela não cabe na atual teoria das ciências. Para a saúde da ciência futura, este é um projeto terapêutico: ela se tornará mais próxima do homem real, mais apta a incluir a verdade da ficção, menos automática em seus critérios veritativos. E a Psicanálise terá ajudado a construir a cidade de sua cidadania. É uma oportunidade, e não sei se teremos outra, de pôr os pés num caminho de futuro.

---

[2] O termo *psicanálise* converteu-se em centro de uma batalha ideológica. Na aparência, a questão é a do uso da marca ou do título de psicanalista. No fundo, porém, a história é outra. A insistência em restringir o uso do termo *psicanálise* ao tratamento analítico, que parece voltado contra sua apropriação indébita por outras formas de terapia, proscreve na verdade a ciência psicanalítica. Não se pode negar certa dose de sutileza nesta resistência atual contra a psicanálise: a investigação central de nossa disciplina é rebaixada a *psicanálise aplicada*, enquanto a aplicação à psicoterapia de consultório é promovida a *psicanálise pura*. Mais ou menos como se os engenheiros decidissem chamar-se *físicos*, tratando de *física aplicada* a termodinâmica, a cosmologia teórica etc. É uma guerra de palavras, em suma. Prova é que, quando empregamos expressões como *terapia analítica* ou *tratamento analítico* ao trabalho de consultório, logo alguém diz que se trata de um equívoco, que tratamento é resto de medicina e terapia, de psicologia. Faltando palavras para designar a investigação psicanalítica – metodológica, teórica, da psique do real etc. –, esta sucumbe, como escreveu Musil sobre o Império Austro-Húngaro, "por falta de um nome", enquanto o psicanalista clínico se sente desobrigado de ir além de suas sessões. Encontrei um remédio provisório, em desespero de causa, grafando o nome do tratamento com inicial minúscula (*psicanálise*) e o do método e da disciplina com maiúscula (*Psicanálise*). Resta ver quanto tempo isso vai funcionar, antes que se comece a escrever com maiúscula o nome da terapia e a chamar de *método* a prática clínica. E tudo pela boa consciência da acomodação...

Quando uma família costuma pensar no futuro? Quando o dinheiro encurta – "gente, temos de pensar no futuro..." – e quando encurta o tempo – "este ano já não dá, estamos em outubro, mas, no próximo, juro que vou estudar de verdade." A incerteza financeira e um sinal dos tempos tornam o futuro muito presente. Aparecem como obstáculos que ressaltam o que está mais além do momento, para lá dos quais não se vê caminho. No caso de nossa família, a Psicanálise, ambas condições se dão hoje simultaneamente. Estamos em meio a uma crise econômica que ameaça a prática tradicional e vamos chegando ao fim do Século XX.

Há uma palavra grega que exprime bem o que se procura hoje: *metá* significa *para além de*, *hodós* quer dizer *caminho*; da aglutinação dos dois vem *método, caminho para além de* (certo obstáculo). A Teoria dos Campos propõe-se a recuperar o método psicanalítico, perdido no emaranhado teórico das correntes conflitantes e de suas receitas técnicas, para oferecê-lo de novo à Psicanálise, como *caminho para além* dos obstáculos presentes, demasiado presentes. Considera que o futuro das ciências há de exigir uma teoria da alma concreta, dos sentidos encarnados no mundo – os *logói embyói* de Castoriadis – que se possa também dizer ciência, e que a Psicanálise tem aí um papel a cumprir e um lugar a ocupar. Caso contrário, desaparecerá.

Em meio às crises desta virada de século e de milênio, quem pode apontar o caminho do método está na obrigação de o fazer publicamente. Penso, portanto, que é este o momento da Teoria dos Campos na Psicanálise.

O TEMA

Em 1980, publiquei, na *Revista Brasileira de Psicanálise*, um artigo chamado *O Momento da Psicanálise*. Nele, procurava mostrar como a crise do conhecimento psiquiátrico e psicológico, nos fins do Século XIX, havia chamado do exílio científico uma idéia fundadora, aparentada à da ficção literária, capaz de fazer emergir o sentido oculto, não por adivinhá-lo, mas por romper o campo que o escondia – *modo de levare*, na citação freudiana. Mostrava também que tal idéia, exilada pelas ciências ditas "positivas", se havia encarnado no pensamento de Freud e encontrado na Psicanálise seu veículo de expressão. Esta idéia seria nada menos que o método psicanalítico.

Hoje, passados quase 20 anos, vocês, meus colegas e alunos do CETEC, me pedem que lhes fale sobre o *Momento da Teoria dos Campos na Psicanálise*. Como lhes disse, creio que o momento é este, e já não pode ser adiado. Esta a razão de havermos rompido certa reticência em organizar e aparecer, de havermos criado um *Centro de Estudos da Teoria dos Campos*, CETEC, de publicarmos uma obra coletiva em que – digo-o com orgulho – eu não compareço entre os autores, de conduzirmos investigações e criarmos cursos; numa palavra, de nos estarmos pondo em movimento. Nosso movimento se declara no presente Encontro, *deixando-se surgir*, para que *nos tomem em consideração*.

Ora, se é esta a hora de nosso movimento, é oportuno também esclarecer publicamente sua origem e natureza, onde se insere na história da Psicanálise, em que sentido vai sua clínica e suas investigações, a que saber se dedica e como este se pode ensinar, por fim, que participação se espera de seus membros. Algumas idéias delinearei agora; nas próximas mesas, vocês mesmos se esclarecerão e darão o exemplo. Desejo-lhes êxito e confio que o terão.

A história da Psicanálise

Naquele velho artigo, mostrei que a Psicanálise, como ciência e como movimento organizado, é o corpo em que uma idéia essencial se encarnou, cabendo-lhe, pois, explorar até o limite a potência do método de ruptura de campo. *Ruptura de campo* – o nome é meu, e talvez não tenha importância, importante é a idéia metodológica que habitou Freud, importante é a Psicanálise.

A primeira geração psicanalítica, Freud e seus companheiros, lançou-se com decisão no caminho da descoberta do Inconsciente, ou melhor, dos inúmeros campos inconscientes que determinam a vida individual e coletiva dos homens. Não se restringiram eles à prática de consultório, mas investigaram psicanaliticamente a vastidão e a variedade dos campos do psiquismo, rompendo-os pela interpretação e revelando suas regras inconscientes. O divã era um instrumento de pesquisa, um microscópio para analisar amostras da psique do real.

Quando, porém, foi preciso transmitir a idéia psicanalítica à geração seguinte, um problema ocorreu. Transmitiu-se menos o método de desvelamento de inconscientes e mais uma súmula, um cânon das teorias freudianas. Vocês me entendem, ao invés de

O Momento da Teoria dos Campos na Psicanálise 15

passar à frente um método de descoberta, foi passada uma doutrina estabelecida, o freudismo, que ainda hoje se confunde com a Psicanálise. Como prosseguir, portanto? Da mesma forma que um organismo gera organismos de mesma espécie, competidores entre si, ou que uma ideologia provoca reações ideológicas opostas, mas de qualquer modo ideologias, os pensadores mais criativos, que desejavam descobrir novos inconscientes, foram obrigados, por amor ao método e, em última instância, a Freud, a se opor ao freudismo oficial. Mas o mal estava feito. Doutrina gera doutrina. Nosso método, posto em movimento por Melanie Klein ou Jacques Lacan, entre outros, produziu teorias valiosas que logo, todavia, se transmitiram como doutrinas: kleinismo, lacanismo etc. Cada doutrina reclamou para si a herança freudiana, lendo Freud a seu modo. Os mestres propuseram teorias, os discípulos as transformaram na "Teoria": Teoria kleiniana, Teoria lacaniana. Cada escola criou seu jargão, suas receitas técnicas, seu sistema de formação. Esta, a segunda geração psicanalítica, ou, das Escolas, foi marcada por alguns grandes autores, mas igualmente por partidarismo e rigidez doutrinária. Razão pela qual introduzi o termo: *período escolástico* – e aquele que vir aí segunda intenção, acabará achando uma terceira...

A partir de meados dos anos oitenta, entretanto, a preocupação com semelhante estado de coisas espalhou-se, surgindo sinais da terceira geração psicanalítica. Lembro-me, por exemplo, de haver participado de uma mesa sobre *A convergência das várias teorias psicanalíticas*, no Congresso de 86, na Cidade do México, quando assumi a presidência da Federação Psicanalítica da América Latina. Em 87, em Montreal, o Presidente da IPA, Wallerstein, proferiu uma conferência intitulada *Uma ou muitas psicanálises*. Em 88, o Congresso de São Paulo, propunha como tema: *Interpretação: A invariância do método nas várias teorias e práticas clínicas*. Em 89, O Congresso de Roma tinha como tema: *O terreno comum da psicanálise*. Esses foram também os anos em que mais participei da esfera administrativa do movimento internacional – da FEPAL e da direção do Comitê de Programa do Congresso de Roma – podendo acompanhar a luta difícil contra os dogmatismos e admirar o desenvolvimento dos autores da terceira geração psicanalítica.

Hoje, espero, já não será possível criar nova escola baseada numa doutrina. Nosso problema talvez seja principalmente certo individualismo reativo contra a doutrinação anterior e um pósefeito escolástico, que leva alguns autores a quererem retirar da obra de Freud, como as escolas medievais o faziam com Platão e Aristóteles, aquilo que só a aplicação do método à psique poderá descobrir. Do retorno ao freudismo, avançaremos até o renascimento freudiano, vale dizer, a criar com a mesma liberdade científica que ele reclamou para si?

O MOMENTO

É nessa história que nos inserimos, como movimento da terceira geração psicanalítica, e ela está na origem de nossa produção. No ano de 1969, ao escrever meu primeiro texto psicanalítico, *O campo e a relação*, já me dava conta de que, em meio à luta das escolas, algo se tinha perdido. Se cada escola possuía a única fórmula clínica eficaz, como se alardeava então, qual a razão de funcionarem análises conduzidas segundo diferentes "Teorias" – plural, inaceitável aliás, de Teoria única, de doutrina? A resposta, descartadas algumas trivialidades, como *intuição* ou *personalidade do analista*, só podia ser uma: certa operação essencial devia estar sendo praticada por todos os analistas, sob nomes diversos e disfarçada em teoria doutrinária. Não foi demasiado custoso descobri-la. Tratava-se simplesmente de tensionar as representações do paciente, escutando-o fora do campo de sentido que ele oferecia intencionalmente ao analista, até que este campo, formado pelas regras inconscientes que determinavam o conjunto de representações, se rompesse. Heureca: ruptura de campo! (Depois, tive de corrigir ligeiramente alguns pontos dessa definição clínica: talvez o mais importante seja o de que o analista nunca está completamente fora do campo, mas apenas esforçando-se por se descentrar. Mas a própria noção de campo transferencial já prenunciava, mesmo em 1969, a necessidade de tal correção.)

Nesses trinta anos, o conceito de *ruptura de campo* foi tomando força e provou-se utilíssimo para a demonstração do método da Psicanálise. Em primeiro lugar, foi possível constatar que o método de ruptura de campo não só é responsável pela eficácia da psicanálise de divã, mas também noutros contextos: na psicanálise do quotidiano, no estudo de mitos e lendas, na demonstração de novas patologias e de seu enraizamento histórico, no estudo das representações sociais e da realidade humana em geral. A cada nova aplicação do método, fui obtendo resultados de estilo

O Momento da Teoria dos Campos na Psicanálise

psicanalítico, por assim dizer, embora diferentes na temática e nem sempre coincidentes com a doutrina freudiana que se consagrou. Em segundo, pude constatar que o método de ruptura de campo, além de produzir teorias úteis – a teoria da crença, para citar uma só –, contém a forma de toda e qualquer teoria psicanalítica forte, seja aquelas de Freud, seja as dos autores pós-freudianos. E, em terceiro lugar, que as noções clínico-metodológicas fundamentais de nosso conhecimento: *campo*, *ruptura de campo*, *expectativa de trânsito* e *vórtice* – para os que apenas agora entram em contato com a Teoria dos Campos, talvez não passem de nomes que serão esclarecidos ao longo dos trabalhos deste Encontro – apontam não para a existência de um inconsciente, mas para uma pluralidade de inconscientes relativos, de campos. Um reflexo tardio da pluralidade decorrente da demonstração do método psicanalítico, levada a cabo há 30 anos, é, por exemplo, o conceito de *duplicação sub-reptícia do eu no processo intrapsíquico*, que aparece em meu livro *A psique e o eu*.

O NOME

No começo desta década de 1990, já se haviam acumulado investigações, teorias e um estilo clínico fiel ao método da Psicanálise. Também um pequeno grupo de colegas e alunos reunia-se regularmente para discutir e investigar. Era inevitável receber um nome, que a prudência, ensinada pela escolástica ainda dominante, desaconselhava fosse o meu. A musa da história talvez não se chame Clio, mas Ironia. Como denunciávamos o domínio das escolas, ou, como se costumava dizer, de uma "Teoria", bem como a aplicação direta de teorias canônicas à interpretação – a famigerada "tradução simultânea" do paciente, que desconsidera a multiplicidade de campos e inviabiliza sua ruptura, para começo de conversa –, referiam-se ironicamente a nós como a *Teoria dos Campos*, sugerindo que criávamos uma "Teoria" contra as "Teorias". O nome pegou e, ironia da ironia, nós o adotamos, porque nos permite sempre diferenciar teoria de doutrina e porque é justo: com efeito, teorizamos os campos da psique e do real humano: teoria plural.

Nos últimos anos, a Teoria dos Campos tem despertado o interesse de colegas de outros lugares do Brasil e, bem recentemente, de fora. Surgiu o CETEC, o ensino ampliou-se rapidamente e multiplicaram-se as linhas de pesquisa.

A TEORIA

Meus amigos, se chegou a hora de pôr em movimento a terceira geração psicanalítica, é preciso ter clara a direção a tomar. Para isso nos reunimos aqui. Antes de mais nada, não nos devemos esquecer que, se é verdade que nosso momento é este, também é fato que o período das escolas ainda não terminou. Ora, um grupo que se opõe ao dogmatismo das doutrinas escolásticas, e entra em seu campo para o romper, será inevitavelmente tomado por uma escola a mais. Isso não importa. O importante é resistir à pressão externa a nos convertermos numa delas.

Do ponto de vista teórico, estamos bem armados para evitar a transformação em doutrina e a conseqüente doutrinação de discípulos. Uma escola se tem definido teoricamente pela diferença com as demais, segundo um princípio de exclusão: o que vem do outro está errado. Nossos conceitos fundamentais são metodológicos, todavia, ou, como acertadamente os qualificou Horacio Etchegoyen – no prefácio da tradução em espanhol de meu livro *Clínica psicanalítica: a arte da interpretação* –, compõem uma *metateoria*. Com respeito às teorias psicanalíticas, esta deve funcionar como *matriz de inclusão*, oferecendo um lugar epistemológico para seu diálogo produtivo, a fim de as compor num conjunto harmônico de diferenças. Por que renunciar ao patrimônio que nos foi legado? Teorias são organizadores da clínica. Condenamos, claro, o uso das doutrinas como fórmula interpretativa, que engendrou uma psicanálise hermética e repetitiva, mas não ao saber contido nas teorias, no sentido próprio de teoria da angústia, teoria da sexualidade etc.

A CLÍNICA

A clínica psicanalítica, como a vemos, não resulta da aplicação de teorias, mas tampouco as exclui de seu campo; a clínica é, por assim dizer, uma temperatura elevada da teoria, em que esta se cria, se transforma, se refuta e se recria.

Nossas investigações dirigem-se a diversos estratos do real e da psique. Temos acompanhado o surgimento de novas formas de patologia individual e social, decorrentes das modificações do próprio mundo humano — por exemplo, da tendência à erosão da realidade e à super-representação por imagens, discutidas no artigo

O Momento da Teoria dos Campos na Psicanálise 19

de 80, que, socialmente, gera o *regime da farsa* e, no indivíduo, a *psicose de ação*. Temos estudado a obsessão pelas dietas, como forma de expressão do *corpo-máquina* característico de nosso tempo; a rebeldia adolescente, induzida para criar paradoxalmente uma identidade conformista; desenvolvemos uma teoria do *limiar delirante*, da porta de entrada da psicose, fundada na conjunção dos conceitos de *falta de sentido de imanência* e de *patologia dos possíveis* – idéias que aparecerão neste Encontro. Nossa investigação tem partido da clínica diária, num movimento centrífugo rumo às mais variadas províncias da psique. E pretendemos continuar abrindo o leque temático, na esteira de Freud. Que o testemunhem os temas das teses em curso no CETEC: entre outros, a paixão pelo jogo, a lógica do delírio, o herói, da tragédia grega ao *videogame*.

No entanto, meus colegas, é no eixo central que se joga o futuro da Teoria dos Campos e da Psicanálise, que depende antes de tudo do cuidado extremo com a clínica, em sentido estrito. Em sentido estrito, não só a análise padrão é clínica, mas todas as encarnações terapêuticas do método psicanalítico. Definimos a psicanálise por seu método, não pela técnica nem muito menos pela moldura analítica, que, em inglês, se diz *setting*: número de sessões, neutralidade, duração.

E que exige o método? Em primeiro lugar uma disponibilidade ilimitada a *deixar que surja* aquilo que pode vir a ser significativo, para então o *tomar em consideração*, não emprestando sentido antes que este apareça e não o reduzindo depois às fórmulas conhecidas. Em segundo lugar, que se pratique a *arte da interpretação*. Esta consiste em interpretar com o paciente, não em interpretar o paciente. Leves toques emocionais, em busca de um sentido ainda desconhecido, criam condição para que surjam representações capazes de desestabilizar o campo que mantinha estagnada a identidade e mudo o desejo. Quando este campo particular se rompe, sobrevém um vazio, a *expectativa de trânsito* para novo campo, que atrai representações estranhas, soltas, contraditórias, fenômeno a que chamamos de *vórtice*. Este é um momento importantíssimo, semelhante ao que vivemos agora, aqui. Dele, o analista aprende o que seu analisando poderia jurar que não é, o que é recusado. Aquilo que de hábito se chama *interpretação*, mas que preferimos designar como *sentença interpretativa*, só então pode ser proferido; ou não, dependendo se interessa ao processo analítico ajudar o paciente a se localizar, interrompendo o vórtice.

Como disse há pouco, da interpretação, assim entendida, nascem nossas melhores e mais originais teorias – primeiro, como prototeorias para uma análise, em seguida, como formulações partilháveis de nível geral. Mas que sempre a análise seja conduzida por teorias feitas sob medida, pois quem, sofrendo, nos procura, não merece um mero *prêt-à-porter*, um interpretante de livro. Não saberia como ressaltar a necessidade desse cuidado com a clínica, senão lembrando-lhes que, sem ele, desapareceremos, e mais, que mereceremos desaparecer.

O ENSINO

O ensino da Teoria dos Campos é um assunto delicado, por diferentes razões. No ensino da Psicanálise tem prevalecido um procedimento que, ao menor deslize, abusa da transferência para doutrinar o iniciante. Por outro lado, a formação de novos analistas ganhou tanto relevo nos grupos psicanalíticos, a ponto de converter-se no centro de suas atividades. Sem prejuízo do respeito devido à formação, é preciso contrapor a questão: se os analistas servirem só como instrumento de procriação de novos analistas, de que servem os analistas?

É essencial que o ensino da Teoria dos Campos não sucumba à tentação do abuso da transferência, que é a face oculta da doutrina. Em minha opinião, a Teoria dos Campos pode ser ensinada a analistas, a terapeutas, àqueles que trabalham na área da saúde, e também a todos os profissionais que a possam utilizar, mesmo que em aplicações ainda nunca tentadas. Não nos pretendemos especializar na formação de analistas, no sentido habitual do termo. Ensinamos, mas sequer nos colocamos o problema da análise didática. Se um aluno deseja conhecer nosso estilo clínico, para o pôr em prática nalgum campo terapêutico, diferentes graus de contato podem ser-lhe oferecidos, que vão do que se conhece por supervisão até à análise de divã, passando por formas intermediárias a serem eticamente inventadas. A palavra *ética* deve ser aqui destacada.

Nossa predileção tem sido ensinar a Teoria dos Campos na Universidade, onde o problema da seleção econômica não é tão decisivo, a gama de aplicações é mais aberta e teme-se menos a produção original. Estamos criando cursos de especialização e participando de Programas de Pós-graduação, até o momento. Na verdade, ainda estamos na fase de ensaio no que tange à difusão

O MOMENTO DA TEORIA DOS CAMPOS NA PSICANÁLISE 21

da Teoria dos Campos. Não há pressa. Se o que temos a oferecer for realmente valioso, surgirão naturalmente grupos de estudo, cursos e novos ambientes de discussão. Acima de tudo, nossa prática clínica deve falar por si mesma.

Diria aos alunos: expor-se ao contágio clínico é um recurso que a Psicanálise provou ser insubstituível na transmissão de idéias infectantes como as suas. Insubstituível como seja o contágio clínico, este não substitui o estudo sistemático. A Teoria dos Campos é hoje altamente complexa. Sua teia conceitual é delicada, principalmente porque não se resume a um conjunto de teorias estabelecidas, sendo essencialmente instrumento heurístico: uma chave para descobertas. Compreende também noções bastante indigestas; o que, de resto, não nos deve espantar, já que o próprio conceito freudiano de *inconsciente* é quase inassimilável pela consciência. A resistência dos analistas ao inconsciente manifesta-se de muitas formas. Na versão mais pueril, confunde-se inconsciente com emoções primitivas ou com uma espécie de segunda consciência, igual à outra, mas oculta e de obscuros propósitos. Não foi um dos menores méritos de Lacan haver denunciado essa classe de equívocos. Numa versão mais respeitável, a resistência admite o inconsciente freudiano, porém congelado num conjunto fixo de mecanismos e formações, descartando seu caráter essencial de crise insuperável da consciência e, portanto, a descoberta de outros campos. Se tem que ser, que seja, mas um só e bem conhecido, por favor...

Para nós, um campo inconsciente é aquilo que há, sem existir em forma fixa. Lembram-se da imagem freudiana da transmissão por telefone? Proponho-lhes outra figura. Meu computador recebe uma mensagem. Leio o texto e posso aceitá-lo, criticá-lo, descartá-lo. Entretanto, com o texto chegam também certas ordens a respeito do programa que o pode abrir, macros de formatação etc. Sem elas o texto não faz sentido, mas não aparecem na tela nem tenho controle sobre elas, enquanto estou pensando na mensagem. Se compararmos o texto a uma relação, a uma representação no caso, as macros serão as regras que constituem seu campo, seu inconsciente relativo. Sem o campo não penso, mas se o tento focar, a idéia desaparece pois saí do campo. A tarefa quase impossível do analista é tomar em consideração a representação emocional e, jogando com ela, romper o campo. Tarefa perigosa, pois entre as macros às vezes chega um vírus.

A digestão de certas noções da Teoria dos Campos é difícil. O conceito de *realidade*, como representação, é um caso interessante. Nesses anos de ensino tenho visto alunos e colegas entenderem perfeitamente o problema psicanalítico da realidade numa discussão, mas voltarem à reunião seguinte dizendo que, ao pensar em casa, já não entendiam mais. O motivo é simples: resulta emocionalmente incompatível a convivência entre nossa crítica à realidade consensual reificada e o pensar quotidiano. Durante o contato quase psicanalítico da discussão, abole-se em parte a rotina e a idéia é tomada em consideração; imerso no quotidiano, o psiquismo a rejeita e pergunta: e a realidade mesma, onde fica? Não é um problema grave, nem culpa de ninguém, só da função psíquica da crença e de seu correlato social, a rotina.

Outro problema, agora de ordem conceitual, está posto pela crítica à reificação da teoria, em particular a crítica do conceito de instinto (impulso, *pulsão*, ou como se queira traduzir *Trieb*). Quão difícil é superar a dicotomia psique corpo! Muitos colegas que há anos acompanham a evolução da Teoria dos Campos e dela participam, abrem um parêntese em nossa crítica metodológica para incluir um elo entre corpo e mente, reduzido ao mínimo decoroso por abstração, como etérea pineal cartesiana. Também não é grave: não se desmonta de uma hora para a outra um arraigado esquema de pensamento — menos incorreto, aliás, que o da pura negação do corpo, em moda nalguns grupos psicanalíticos.

O MOVIMENTO

Na verdade, o melhor exemplo da dificuldade de transmissão da Teoria dos Campos não reside em nenhum desses que enumerei, porém no fundamental conceito metodológico de *ruptura de campo*. Mas isso já nos traz, da questão do ensino, à do próprio movimento, a última a tratar. E, no caso, a culpa só pode ser minha, ou é do destino. O fato é que quase ninguém o consegue utilizar plenamente. De início, pensa-se na ruptura de campo como uma espécie de susto pregado no paciente; depois, na ruptura de seu sistema representacional por meio de leves toques, boa técnica; por fim, em facultar a emersão de sentidos desconhecidos, o que já funda uma clínica heurística, como deve ser. Todavia, a radicalidade dessa episteme negativa, criada por Freud para expor a posição contraditória do conhecimento humano, repele a quase todos nós, como os pólos de mesmo sinal de dois ímãs. Haverá algum tipo de maldição pesando sobre a essência do método psicanalítico? Não poucos colegas operam à perfeição nosso instrumento, desencadeando rupturas de campo, sabendo detectar o vórtice produzido e compreendendo exatamente o método na clínica. Contudo, ao se defrontarem à falência insuperável do conhecimento positivo e à relatividade implicada necessariamente pelo método de pensamento por ruptura de campo, sentem-se perdidos e retornam a modos mais familiares de pensar.

Cabe aqui uma reflexão, que lhes sugiro como objeto de investigações futuras. A peculiaridade mais enigmática de nosso método é a de possuir uma sorte de espessura ontológica, pela qual o processo de ruptura de campo se hipostasia como modo da própria psique. Decorre, dessa misteriosa condição, se me entendem, que conhecimento algum é objeto de posse na Psicanálise, nem se universaliza para lá de seu campo, nem se pode fixar. Assustador, sobretudo, é que tal propriedade pode contagiar epistemologicamente outras formas de saber científico e seu campo, um vírus transmissível, minar a ilusão de conhecimento adquirido. Mas não seria tal desestabilização a prova maior da racionalidade científica? Seja como for, aconselha-se cuidado ao abrir qualquer mensagem psicanalítica e máxima cautela em admitir a Psicanálise no campo das ciências.

Freud teve a ambição de tornar-se um escritor criativo. E a realizou. Um dos grandes enredos da ficção freudiana foi o Movimento Psicanalítico, do qual somos parte. A peça que escreveu e que nós representamos tem altos e baixos, inclui peripécias dispensáveis, como a das sucessivas exclusões. Pois bem, as dificuldades apontadas acima não excluem quem quer que seja do movimento da Teoria dos Campos, nem sequer o excluem a formação de origem numa das escolas psicanalíticas ou o apego a alguma doutrina metapsicológica. Quem se afasta, o faz de moto próprio. Matriz de inclusão, lembram-se vocês? Não temos uma doutrina a zelar. Ao longo desses anos, perdemos por certo tempo um ou outro colega, temendo ser identificado à Teoria dos Campos, ou incapaz de aceitar a radicalidade de sua proposta metodológica. Se este é nosso momento, bem às portas do futuro, o tempo há de jogar a nosso favor, e as idas e vindas nos hão de enriquecer.

Um curso e um título não fazem o psicanalista, é preciso contagiar-se do método, como de uma infecção criativa. Entre nós, só o entusiasmo contagiante cria um analista, um professor, um pesquisador — transmissores privilegiados. Quanto a mim, como o conceito de *rosto* é central na Teoria dos Campos, espero ver no rosto de cada um de vocês o brilho do método psicanalítico, não com certeza um reflexo de meu próprio rosto, felizmente passageiro e pouco importante — uma vez que importante é a Psicanálise...

PARTE I
Introduzindo a Teoria dos Campos

APRESENTAÇÃO

Rubia Mara do Nascimento Zecchin[1]

Os textos que organizamos neste capítulo tratam de considerar a questão da recuperação do método psicanalítico, eixo da Teoria dos Campos.

O aspecto que mobiliza mais fortemente a escrita dos autores é a indagação que inquieta a todo psicanalista: Como se dá a prática psicanalítica, o que faz um psicanalista?

Para tratar da intrigante questão os autores fazem considerações importantes: Andréa Giovannetti toma os aspectos históricos da psicanálise, do que já se produziu até aqui, principalmente em alguns pontos. De saída toma a obra freudiana já marcada por oscilações, no que diz respeito à concepção do saber psicanalítico. Esta obra gerou outras tantas, de acordo com cada leitura, porém, elas se apresentam de formas independentes, paralelas, deixando os novos analistas ou aspirantes, num verdadeiro beco sem saída do que poderia ser um norteador da escolha por uma ou outra teoria ou escola. O que não é difícil nos levar a pensar que esta forma de produção já é sintomática, assinalando que talvez algo tenha se perdido no caminho...

---

[1] Psicanalista. Mestre em Psicologia Clínica pela PUCSP. Membro do Departamento de Psicanálise do Instituto Sedes Sapientiae. Membro do CETEC.

Reformular a pergunta básica é a sugestão de Andréa, tomando para si o que Fabio Herrmann fez nos anos sessenta, que lhe rendeu o lugar de criador da Teoria dos Campos. Esta primeira questão, a de se colocar diante da reformulação da pergunta básica, leva-a a considerar que se trata de "...uma operação epistemológica, pois dirige-se aos sistemas teóricos de modo transversal, atravessando-lhes os tecidos e não submetendo-se a eles. Inquire-os de forma a que exibam sua estrutura de ação e não os nomes que lhe atribuímos nas várias línguas psicanalíticas."

Na mesma sintonia de interrogações, Cláudio Garcia Capitão sugere a idéia de deitarmos a Psicanálise num divã e escutá-la, "...ouvir o que a concebe nas mais variadas formas: teria a Psicanálise uma alma?", pergunta-se. Reflete acerca de sua questão e sugere que o importante é resgatar o que há de essencial no *psicanalisar* e abrir mão das querelas semânticas do dogmatismo e dos imperativos das escolas. Segundo Cláudio, há que se redescobrir Freud e não abandonar o dilema epistemológico que é inerente à prática, à teoria e à pesquisa psicanalítica. Este dilema nos interroga o tempo todo e se faz necessário tomá-lo em consideração.

Os autores tratam seus textos de maneira singular, porém, há um fio em comum, proposto pela Teoria dos Campos, que é desvelar as regras da prática clínica, buscando o que poderiam ter em comum os diversos processos terapêuticos descolando-se das escolas e teorias psicanalíticas já existentes, sem nega-las, no entanto, fazendo operar a ação de resgate da *verdade da psicanálise com sua intenção prática, antes de qualquer organização teórica.* Chegam ao conceito de *campo* ou dos sentidos emocionais que se apresentam naquilo que foi dito pelo paciente. Estes sentidos regem o modo de relação do paciente consigo mesmo e com todos que o cercam. Para tanto há uma forma e um momento oportuno que, conjugados, proporcionarão a ruptura de um campo.

O essencial do texto de Maria Lúcia Romera está na questão da *suspensão-suspeição como correspondentes dos pontos de exclamação e interrogação,* aspectos que a autora sugere serem os representantes do início da eterna busca da re-construção do real. É daí que surge o nome de seu trabalho: "A postura interrogante–interpretante:..." – como aspecto central da construção do pensamento e da desalienação.

Assim, o que me parece ser a proposta estrutural da Teoria dos Campos como procedimento, que é o resgate do método psicanalítico, é tratado de diferentes formas, pelos diferentes autores. Os textos sugerem e podem propiciar ao leitor, um bom momento de tomar em consideração suas próprias inquietações.

Capítulo 1

CAMPO E RELAÇÃO: SEM MEDO, SEM MISTÉRIO

Cláudio Garcia Capitão[1]

"...embora como todo mundo sabe, idéias sejam criaturas pouco previsíveis, filhos que de uma hora para outra decidem de uma hora para outra tomar seu próprio rumo, independentemente das intenções de quem os pôs no mundo."
(Herrmann, 2001b, p. 14)

Quando do cinqüentenário da morte do criador da Psicanálise, muitas manifestações de reverência e apreço foram realizadas praticamente em todas as partes da Terra. Desde centros pequenos, lugarejos, às grandes cidades como São Paulo, Londres, Nova York etc.

---

[1] Professor dos cursos de graduação e do Mestrado em Psicologia da Universidade São Francisco. Psicólogo Clínico do Hospital Emílio Ribas. Membro do CETEC.

Todas essas manifestações retratam as proporções que a Psicanálise ocupa no mundo contemporâneo. Em torno dela prolifera um universo de opiniões, discussões acaloradas, defensores, acusadores... alguns a tem como ciência, outros são de opinião contrária, outros como arte e, outros ainda, por vias das dúvidas, arte e/ou ciência, outros até como religião.

Outro fato que se observa pela sua relevância é que a produção de inspiração psicanalítica, nos mais variados campos do conhecimento, daria para deixar filósofos e cientistas, estabelecidos em outras disciplinas, realmente de olhos arregalados, seja de admiração, ou de inveja.

Freud inaugurou não apenas uma forma de tratamento das neuroses, mas um conjunto de saberes que faz com que a psicologia, sem exageros, seja entendida dentro de um novo marco: a.F., d.F. – antes de Freud, depois de Freud.

Como ciência, a Psicanálise tem como objeto privilegiado de investigação a alma humana e todas as suas manifestações: o coração desejante que desenha nosso modo de ser, mesmo quando não acreditamos ou aceitamos o desenho que a nós venha a ser apresentado; debruça-se nas mais variadas manifestações da vida, desde as belas e saborosas criações que formam a cultura, aos atos mais repugnantes, atrozes que o *bom senso* nega-se a reconhecer como produto do desejo humano, pois, como nos avisa Herrmann (1991, p. 78): "O desejo humano é uma criatura paradoxal, sob muitos aspectos. O primeiro paradoxo resulta de não ser o desejo exatamente uma criatura – não é um produto visível, não é manifestação explícita –, mas de ser antes um criador. Ele produz a forma das emoções do sujeito, sua lógica produtiva (ou de concepção), concebe-nos como somos(...) Outro, e não o menor paradoxo, reside na maneira pela qual se dá a conhecer."

Se imaginarmos que o desejo humano foi conduzido pela Psicanálise a um imenso divã, claro, do tamanho da psique, esta o deixou então falar precisamente por não estar ele totalmente satisfeito e morto, ouviu-o e tomou-o em consideração, especialmente quando se deu conta de que ele "...vive de meias satisfações, de delongas e compromissos..." (Herrmann, 1991b, p. 78), e que são estas as condições em que melhor é conhecido.

Mas, como e o que propicia à Psicanálise desvendar os segredos do coração humano, do desejo que concebe as formas de nossas emoções, o nosso inconsciente? Seria possível, educadamente e

CAMPO E RELAÇÃO: SEM MEDO, SEM MISTÉRIO   31

com carinho conduzi-la a um divã? Deitá-la, ouvir o que a concebe
nas mais variadas formas: teria a Psicanálise uma alma?
Pergunto e penso como resposta que aquilo que concebe a
Psicanálise não se encontra apenas nas qualidades pessoais de um
psicanalista, que por artes mágicas ou depois de alguns anos de
laborioso estudo e outros tantos de própria análise, que num certo
momento se senta numa confortável poltrona, numa sala decorada
a seu gosto, quando possível, para parafrasear Herrmann, ou nas
pessoas que a ele recorrem com e por múltiplos motivos, inclusive
o de ser um analista. Estava a alma da Psicanálise com Freud? Se
estivesse, com ele foi enterrada, entretanto, não é o que a realidade
demonstra. Freud descobriu a Psicanálise e foi por ela descoberto,
apropriou-se de sua essência e se tornou sua principal encarnação.
Outros vieram, entre eles, Fabio Herrmann.
Se, por uma sorte do destino – coisa rara ultimamente –, levarmos
de fato em consideração e esticarmos suas idéias, não teremos como
adiar o mais importante, desfazendo-nos das querelas semânticas
dos dogmatismos e mesmo das escolas, pois "...cumpre resgatar o
que é da essência do psicanalítico, e tornar menos importante
o nome que se acrescenta adjetivando o que nos faz psicanalista. É
preciso saber que ser psicanalista é necessariamente redescobrir o
que Freud descobriu, é reencontrar a cada momento os impasses
de Freud. É não abandonar jamais o dilema epistemológico que o
entrecruzamento da prática, teoria e pesquisa vem colocar."
(Chnaideman, 1988, p. 208).

O QUE FAZ A PSICANÁLISE E UM PSICANALISTA?

Há tempos assisti a uma entrevista do cantor e compositor Chico
Buarque de Hollanda, onde ele dizia não fazer psicanálise por ter
medo, medo de perder sua criatividade, sua inspiração.
Não podemos dizer que Chico Buarque seja uma pessoa pouco
esclarecida, símbolo da liberdade e da resistência a uma época
sombria, por onde sua palavra impedida de ecoar livremente,
expressava-se em metáforas e analogias, em rimas, se não perfeitas,
deliciosas de serem ouvidas, especialmente, quando burlavam a
censura implacável e ignorante.
Talvez muitas pessoas tenham pensamento semelhante, de que
a psicanálise criaria uma certa dependência, ou que destituiria a
pessoa daquilo que lhe é mais importante, sua liberdade. Procurar

nos analistas algo para acalmar esta preocupação seria redundante; dizer que tal preocupação faz parte do conjunto de defesas de uma pessoa, seria, no mínimo, leviano. Porém, encontrei em Merleau-Ponty (1979), em seu texto A *Dúvida de Cèzanne*, uma formulação bastante interessante, que poderia vir de alguma forma responder à dúvida de Chico Buarque, ou seja, de que a psicanálise não impossibilita a liberdade, ensina-nos, pelo contrário, a concebê-la concretamente, como uma retomada criativa de nós mesmos, a nós mesmos finalmente sempre fiel. Mas, afinal, o que faz a psicanálise e o psicanalista para ocupar um espaço assim, talvez hoje não tão grande, no imaginário social?

Pensando no *jogo* que é praticado pelo psicanalista e seu paciente, imagino, como tentativa de ilustração, o seguinte cenário: luzes reluzentes piscam ordenadamente variando suas cores ao redor de uma fachada. Cassino. Punta del Leste, Uruguai. Já que nasci numa época em que cassino era uma atividade proibida, apesar de sua existência persistir na ilegalidade no território nacional.

Não sou daqueles que têm vício pelo jogo mas, claro, nunca deixo de sonhar com uma bela bolada, ganha por um único apostador, eu mesmo, Sena acumulada, na cabeça!

Pelo que se nota, até hoje não ganhei! Caso contrário, o que estaria relatando agora não seria o sonho, o devaneio de ganhar uma aposta milionária, mas o feito de ter ganho. Porém, como em qualquer jogo de azar (nome sugestivo) fico salutarmente saboreando apenas uma parte do fato de às vezes jogar motivado pelo prêmio de uma Sena acumulada, conseqüência de jogos que nenhum sortudo acertou, uma parte tão intensa e tão incentivadora, que se apresenta como a coroa, o outro lado da moeda do desejo principal – falo do desejo de perder, esse que tanto se realiza, quase que invariavelmente quando, esporadicamente jogo movido pelas circunstâncias expostas acima.

Com certeza o meu caso, infelizmente, não detém nenhuma exclusividade – seria muito consolador se fosse eu o único brasileiro pobre! – mas, pela *lógica* do jogo de azar, pertenço a uma maioria de perdedores. Não só de Senas milionárias, como também de Copas do Mundo.

Entrementes, para quem não se satisfaz com um simples jogo de azar, que propicia a existência simultânea de tantos perdedores num único final de semana, a possibilidade do país vizinho não deixa de ser uma boa opção, principalmente quando não se aconselha ninguém a entrar em atividades ilegais, mesmo que elas sejam menos inofensivas e azarentas que aquelas livremente veiculadas.

Mas, afinal de contas e já não sem tempo, o que tem a ver jogo, jogo de azar com a psicanálise e com o psicanalista?

Disposto os jogadores, o jogo se faz pelas suas ações, com normas variáveis e regras fixas. Normas que podem ser burladas por outras normas. Regras que se forem desrespeitadas significa o fim de jogo. Do *pôquer* ao *vinte-e-um*, é só uma questão de mudar as regras estabelecidas, já que as cartas do baralho são as mesmas.

Penso que não resta margem para desentendimentos, que as regras, na maioria dos jogos universais, são *a priori* aos jogadores que queiram ou porventura venham a jogá-los. E não importa qual jogador e com que intenção venha a sentar-se à mesa, elas existem e são inquestionáveis.

Até hoje nunca presenciei uma discussão em torno das regras de um jogo de pôquer, apostas mínimas etc, são normas. Nem mesmo quando o jogo não é possível de ser jogado à mesa, como no caso da nossa antiga glória nacional, o futebol, as regras já estão estabelecidas – imaginem numa final Corinthians vs. São Paulo, claro com um profético 4 a 1 para a equipe alvi-negra, com seus vinte e dois jogadores no centro do gramado discutindo as regras nas quais o jogo deveria ser jogado! No caso do pôquer, pode-se jogar sujo, pode-se blefar, pode-se até mesmo roubar. No entanto, rouba-se, blefa-se sem romper as regras; como se diz, faz parte do jogo.

Transpondo o que foi dito até agora do jogo para a psicanálise, idéia que não é nova e nem me pertence, existe algo que antecede a qualquer dupla que tenha a pretensão de realizar o processo analítico. Regras já existentes se colocam, como nos diz Herrmann (2001), um método existe presente em todo movimento, mas que não pode ser reduzido, restrito a nenhum deles.

Dentro das regras que se estabelecem e definem o jogo analítico, pode-se jogar mal, isto é, pode-se roubar no jogo; no caso dos honorários, ele pode variar para cima ou para baixo. No caso de para baixo, apenas para não perder o paciente, como também, pode-se roubar no número de sessões etc; ainda assim, o processo pode ser chamado de psicanálise. Quem procura um ladrão como parceiro corre o risco de ser roubado! Roubado dentro das regras, que ironia, mas pura verdade! Dizem que encontrar um bom analista, que além de saber das regras, de respeitá-las, tenha a qualidade de possuir normas confiáveis, é uma questão de sorte. Se a coisa é assim, um pouco de sentimento persecutório na hora de procurar por um, parece, no contexto atual, ser até que muito salutar. Não sei, por outro lado se a preocupação se justifica, pois no caso de um trapaceiro logo se nota; afinal, para se trapacear bem e a todos, deve-se ser um excelente conhecedor do jogo, principalmente das regras, para não ser sacado definitivamente da mesa. No nosso caso, da profissão.

Encontrado o analista, entrevistas iniciais, o famoso contrato, a dupla, por fim, se estabelece. O paciente fala, quando consegue e pensa estar sendo ouvido, muito bem ouvido por aquele que no silêncio escuta. Escuta traiçoeira, malandra e pouco educada. Parece ser essa a regra e não a exceção. Enquanto esteve em silêncio, a escuta do analista, livre e flutuante, não se detém aos pressupostos estabelecidos pelo paciente; escuta sim, mas de um outro jeito, diz-se *num outro campo*. Por isso malandra e deseducada. Falta máxima de educação, digna de menino travesso que não presta atenção no que deveria e sim exatamente no que não deve. Aqui, quem se queixa é o paciente que, impaciente e incrédulo, às vezes escuta o que dele se fala. Um diálogo que, na maioria das vezes, não se sabe do que realmente se está falando.

Sempre que o silêncio é interrompido – pois analista fala, não importa se pouco ou muito – a comunicação feita parece não corresponder ao que foi dito: "Epa! Eu não disse isso, foi o senhor que escutou desse jeito". Um a um, jogo empatado. Verdade seja dita: realmente o analista escutou de um outro jeito, um outro jeito que corresponde a tantos outros *jeitos de ser* desse paciente. Um jeito que não acompanhou educadamente os referenciais propostos:

"Eu falo e o senhor não me entende."

"Sim, entendo, mas num outro lugar, onde o senhor sempre esteve e nunca se viu, nunca se pensou".

"Puxa! É assim que se dá a análise? Um desentendimento contínuo? Um não se reconhecer no que foi dito? Uma crise de identidade temporária que livremente e de boa vontade se submete um paciente por anos a fio? Será que esse negócio faz bem para a saúde?!", assim poderia indagar o nosso interlocutor imaginário, representante de tantos outros, que por razões plausíveis ou não, temem ou se afastam do processo analítico.

Como no exemplo do jogo, onde ambos os desejos se prestam à realização – tanto o alardeante e estridente de ganhar e o silencioso e sorrateiro desejo de perder –, o paciente chega à análise com seu contraditório desejo – colaborar e ganhar com isso uma vida mais feliz, sentir a vida leve sem enganar-se com qualquer coisa, ser mais inteligente ou ter mais capacidade para o trabalho e para dele melhor usufruir, livrar-se das angústias impedidoras e tantas outras fantasias de futuros investimentos depois de ter ganho a sorte grande no jogo analítico. Por outro lado, não abre mão das representações de si mesmo, da realidade que o imanta. Coloca-se contra, em oposição, ao seu desejo de ganhar, revelando sua resistência a qualquer ganho, pois, aqui, para se ganhar é necessário perder. Perder o que se é, pelo menos durante o espaço de uma sessão e das várias que o processo futuriza, perder a rotinização de um jeito excludente de ser, jeito esse que açambarca qualquer possibilidade de realização das próprias fantasias manifestas de ganho. Enfim, perder-se para reencontrar-se ampliado.

Do analista, o que se espera é que não menospreze uma certa propriedade do diálogo analítico e que lhe pertence, caso queira se encontrar e definir-se como tal – a escuta voluntária e livremente descentrada do discurso do paciente –, para através dela possibilitar que qualquer dito parido dessa particular escuta tenha valor interpretativo, rompendo pressupostos rotinizados e abrindo a possibilidade de encontrar o paciente quando este se vê, pela interpretação, mais do que desencontrado.

Quanto a esta singela particularidade do jogo analítico, cabe ao analista para interpretar, apenas ouvir, como nos aconselha Herrmann, num outro campo, onde as teorias são ineficazes, e as convicções se desfazem, apenas, estar atendo à geometria da paixão, longe e livre de qualquer outro julgamento.

Afinal, a Teoria dos Campos, inicialmente tendo como seus andaimes as idéias de campo e relação aqui metaforicamente aludidas, nos propõe, com delicadeza, o dedilhar da alma humana, uma busca apaixonada e apaixonante pelo que se perdeu na psicanálise, um recuperar do tempo perdido, pois, como nos diz Proust (1982, p. 140) "...de tal modo uma paixão é, para nós, como caráter momentâneo e diferente, que substitui o outro, abolindo os sinais até então invariáveis com que se expressava!"

REFERÊNCIAS BIBLIOGRÁFICAS

CHNAIDERMAN, M. Psicanálise ou Psicanálises? In: Petot, M. *Melanie Klein II*. São Paulo: Perspectiva, 1988.

FREUD, S. (1911-1915). *Artigos Sobre Técnica. ESB.* Rio de Janeiro: Imago, 1976, 12.

HERRMANN, F. *Andaimes do Real: O Método da Psicanálise*. São Paulo: Casa do Psicólogo, 2001a, 3ª edição.

_____. *Clínica Psicanalítica: a arte da interpretação*. São Paulo: Brasiliense, 1991.

_____. *Introdução à Teoria dos Campos*. São Paulo: Casa do Psicólogo, 2001b.

MERLEAU-PONTY, M. *A Dúvida de Cèzanne*. Os Pensadores. São Paulo: Ed. Abril, 1979.

PROUST, M. *No Caminho de Swann*, trad. Mário Quintana. São Paulo: Ed. Abril, 1982.

Capítulo 2
TEORIA DOS CAMPOS, UMA PSICANÁLISE SEM DENTRO E FORA

Andrea Giovannetti[1]

A Teoria dos Campos, assim nos conta seu autor, surgiu de uma indagação que todos aqueles que trabalham ou aspiram a trabalhar com psicanálise já se fizeram em algum momento: como funciona nossa prática? Ao começarmos a estudar psicanálise e, sobretudo, ao começarmos a utilizá-la, somos confrontados com um universo de teorias. Há, primeiramente, a obra de Freud, que na tradução brasileira conta com massudos vinte e quatro volumes, dos quais nem bem você passa a se acercar e alguém já lhe recomenda que dê preferência à edição castelhana, inglesa ou francesa se você não lê alemão. A tradução brasileira é espúria, ensinam-nos os mais experientes, pois é de segunda mão, ou seja, deriva-se da inglesa que já fizera algumas adaptações mais ao gosto da ciência daquele país.

---

[1] Psicóloga e Psicanalista pelo Instituto *Sedes Sapientiae*. Doutora em Psicologia Social pelo Instituto de Psicologia da Universidade de São Paulo.

Mas Freud, tantos anos depois e tendo sido o fundador de nossa disciplina, gerou também inúmeras leituras diferentes, tanto de comentadores, de filósofos e historiadores da psicanálise, quanto de psicanalistas igualmente inspirados, que inauguraram novos sistemas. Desenvolvimentos como os de Melanie Klein e de Jacques Lacan são universos paralelos e autônomos. Podem referir-se respeitosamente aos ensinamentos freudianos e, é claro, surgiram deles, porém isto se dá mais por uma dívida de gratidão ou por um zelo corporativo do que propriamente por necessidade conceitual. É como se considerássemos uma árvore, uma mangueira, por exemplo, cujo tronco ostenta galhos pujantes constituídos da mesma matéria vegetal e nutridos por ele, no entanto nem uma criança tomaria um pelos outros, sob pena de se esborrachar no chão e levar manga na cabeça. Pois as ramificações são muitas: há os annafreudianos, que segundo consta, representam a vertente mais numerosa dos psicanalistas associados às Sociedades de Psicanálise espalhadas pelo mundo, há aqueles que praticam a Psicologia do Ego, versão adaptativa da psicanálise, há os bionianos, os winicottianos, os kohutianos, os laplanchianos e assim por diante, até chegarmos a analistas cuja clínica não se poderia descrever a rigor como pertencendo a nenhuma dessas denominações e para os quais se reservou a alcunha de marginais, reunidos numa nebulosa. Fabio Herrmann faz parte desta nebulosa marginal.

O fato é que ontem, isto é, trinta anos atrás como hoje, a situação não era muito diferente: adentrar nossa matéria era menos passear por um mangueiral do que se embrenhar numa selva cipoada. Como se localizar? Como saber quem tinha ou tem razão? Como escolher entre Winnicott e Laplanche, como não ser kleiniano ao atender crianças? Como não usar Bion ou Bleger para trabalhar com grupos? Aqueles que gostam de literatura então, não dispensam o mestre francês dos significantes. Ficamos à mercê da inclinação do supervisor que nos couber ou mesmo do curso de formação que nosso orçamento nos permitir pagar. Devemos convir que são critérios um tanto ou quanto arbitrários para opções importantes como aquelas que regem a adoção de um referencial teórico. Pois é. Mas continuamos fazendo isso até hoje. Aqueles que se formam em psicologia ou aqueles que vêm de outras áreas, mas que se interessam por psicanálise, cedo ou tarde precisam dar conta de seu posicionamento teórico, ainda que, freqüentemente, não saibam como ou por quê. E é aí que entra a Teoria dos Campos.

Premido por uma dúvida que certamente se aparentava a esta, Fabio Herrmann foi um pouco mais longe do que simplesmente acrescentar um X estatístico à pergunta de múltipla escolha que até mesmo os pacientes nos fazem: "Que linha você segue?" Com 70 anos de teoria instituída para a analisar, ele respondeu criativamente reinventando as regras do jogo. Confrontado com as diversas linhas psicanalíticas cujos seguidores exigiam definição, reformulou a pergunta básica. De "a que linha você se filia?" para "como podem linhas tão díspares produzir efeitos de cura semelhantes?" Dito de outra maneira. Se os lacanianos insistem na elucidação da cadeia de significantes e os kleinianos juram de pés juntos que é preciso começar pelas angústias psicóticas para que a análise tenha êxito, como é que é possível afirmar que ambos funcionam? Era preciso identificar não a filiação escolástica de cada psicanalista, mas a filiação conceitual do que quer que fazia as divergentes práticas eficazes. Em sustentar esta pergunta e não abrir mão dela enquanto não se convencesse da resposta consistiu a ousadia de Fabio Herrmann. De tal forma que trinta anos depois ainda temos pano para manga deste assunto. A isso chamamos de recuperação epistemológica do método psicanalítico.

Discorri apenas sobre a primeira parte desta operação, entretanto. Formular uma pergunta como esta, ou seja, o que faz funcionar qualquer clínica psicanalítica, e mantê-la em mente é uma operação epistemológica, pois se dirige aos sistemas teóricos de modo transversal, atravessando-lhes os tecidos e não se submetendo a eles. Inquire-os de forma a que exibam sua estrutura de ação e não os nomes que lhe atribuímos nas várias línguas psicanalíticas. Qualquer *terceiro-anista* de psicologia é capaz de compreender o que significa perguntar como funciona a intervenção do psicanalista e provavelmente o faz a toda hora. Acontece que, como nos cursos de inglês que fazemos ao longo da vida, somos treinados a dizer *the book is on the table*, não importando que façamos amizade com um turista australiano bem em pleno mar da praia de Ipanema. Vá tentar explicar a sua professora de inglês que você está sentindo falta de um vocabulário mais apropriado à sua experiência como surfista... Conosco dá-se o mesmo. Em média não é por má-fé explícita dos psicanalistas, embora não rareiem casos desta espécie, mas porque a muitos professores confunde saber falar inglês ou exercer psicanálise com seguir na ordem certa os capítulos do livro didático.

O que a Teoria dos Campos inaugura é uma reflexão acerca dos fundamentos conceituais da prática clínica. Estudando o que poderiam ter em comum os diversos processos terapêuticos, Fabio Herrmann, numa inspiração antecipada pelo filósofo Georges Politzer, em 1928, isola o operador mínimo da psicanálise como sendo um aspecto especial da conversa que ali se propõe. A primeira parte deste procedimento tinha sido clara e repetidamente descrita por Freud como *atenção flutuante* e continua a ser exercida até hoje. Na segunda parte, pode-se dizer, é que a porca torce o rabo. Pois, não basta ouvir flutuantemente *ad infinitum*, caso em que corremos o risco de ficarmos atentando flutuantemente ao zumbido das moscas em nosso consultório. Mais cedo do que possa parecer carece falarmos e isso é bem menos fácil. O que Politzer esclareceu e Fabio assumiu como psicanalista, é que não importa tanto o que falamos, mas como e quando o fazemos. Isto porque a principal questão envolvida na produção de efeitos de remissão de sintomas psicológicos liga-se, segundo a Teoria dos Campos, à descoberta freudiana de que a característica polissêmica da linguagem recobre apenas parte da multiplicidade de sentidos vividos e à invenção de um dispositivo terapêutico que, baseado nesta premissa, desvela alguns destes sentidos não explícitos. Ao fazê-lo em situação controlada, o ato psicanalítico restaura tais dimensões sedimentadas, esquecidas, à circulação e permite assim que o sujeito escolha mais deliberadamente quem quer ser.

O que significa isso? Em primeiro lugar significa que a Teoria dos Campos alinha a verdade da psicanálise com sua intenção prática, antes de qualquer organização teórica. Parece óbvio, mas não é, pois implica não assimilar a psicanálise a nenhum dos conceitos axiais freudianos, como inconsciente, sexualidade, complexo de Édipo, ou pulsões; tampouco com conceitos axiais de pós-freudianos, como inveja, angústia, identificação projetiva, ou ainda, metáfora, metonímia ou gozo. Nenhum destes conceitos seria intrinsecamente definidor do que seja psicanálise. Assim a psicanálise, estaria relacionada a sua prática como uma forma de conversa entre seres humanos, uma conversa muito peculiar, no entanto. Sem que jamais troquem de posição dentro daquele enquadre, um dos interlocutores falará sobre sua vida, enquanto o outro o escutará naquilo que ele fala e no sentido emocional que aquilo faz. Nos momentos propícios que se apresentem, aquele que faz às vezes de analista comunicará ao analisando, não o que entendeu do que lhe foi dito em termos de uma teoria consagrada, mas o sentido que permeia aquela relação naquele momento. De certo ângulo é bastante simples – cabe ao analista identificar os sentidos ou *campos*, como os chamamos, que regem os modos de relação do analisando com todos e tudo que o cercam e explicitá-los oportuna e eficazmente, não como verdade última, mas em sua característica de versão. Ora, reconhecer um sentido latente não é nada de especial. Todos já tivemos ocasião de entrever segundas intenções de outras pessoas como um amigo que se desdobra em agradar-nos para logo em seguida nos sentirmos levados a presta-lhe um favor; ou a mãe que durante uma primeira festinha mais adulta de um filho adolescente aparece na sala repetidas vezes apenas para conferir se todos estão bem servidos e divertidos; ou o consumidor zeloso de seus direitos que não perde uma chance de armar confusão toda vez que compra no mesmo estabelecimento. Sentidos como estes estão aí para quem os quiser ver, basta ter olhos para olhar, ouvidos para escutar, mas não os explicitamos todo o tempo simplesmente porque temos mais o que fazer. Bem, o psicanalista não. Ele não tem mais o que fazer já que é isso que ele faz profissionalmente. Ou ao menos a Teoria dos Campos propugna que deveria ser. O psicanalista não é aquele que, dispondo de um analisando, vai falar de sexo ou de responsabilizá-lo por dado desejo ou mesmo apontar a inveja que o analisando tem dele. O psicanalista é quem persegue sutil e ferozmente todos os duplos sentidos, as insinuações, os equívocos, enfim quaisquer brechas que abram para outros possíveis que farejar. E como os sentidos vividos são virtualmente infinitos, não poderíamos ter a pretensão de sabê-los de antemão, mesmo que certas regularidades se mostrem com o tempo. A essas regularidades atribuímos o caráter de teoria.

Reconhecidos os objetos de nossos rastreamentos, esses senti-dos particulares e estruturantes que são os *campos*, vem a segunda parte do procedimento, a *ruptura*. Não se trata de romper qualquer campo pelo prazer de fazê-lo, o que seria uma rematada demons-tração de sadismo. Nem se trata de romper campos que se refiram a um assunto específico como sexualidade, inveja ou fraseologia, nem segundo uma ordem pré-estabelecida por qualquer teoria. Sendo a psicanálise uma prática terapêutica, seu objetivo é o alí-vio do sofrimento humano, este é seu campo primeiro. Rompere-mos, por conseguinte, os campos que, por serem limitantes de cer-tas possibilidades caras ao sujeito, ocasionam sofrimento evitável.

Deste modo, nos exemplos que citamos há pouco, o amigo só teria seu gesto interesseiro destacado se, em sessão, se estivesse lamentando por estar perdendo amizades; à mãe só se indicaria o temor de que relaxando o controle seu filho crescesse se ela se queixasse de brigar dolorosamente com os filhos; e o consumidor recalcitrante mereceria ter o campo de seu prazer ligeiramente perverso e narcísico de perturbar comerciantes rompido, se estivesse enlouquecendo frente aos vários processos que move na justiça para fins incertos. Não somos nós, analistas, que escolhemos os campos, eles nos escolhem, nós só os acolhemos e desvelamos seus contornos ao rompê-los que não é o mesmo que denunciá-los. Romper um campo equivale a deixá-lo ocupar todo o sentido disponível. Há muitas maneiras de fazê-lo e, aí, linhas diferentes têm técnicas diferentes. Os freudianos têm um estilo um tanto didático, como o era o de Freud; os kleinianos às vezes exageram na denúncia; os lacanianos têm uma predileção especial pela charada; os winnicottianos estão entre os mais receptivos. Na Teoria dos Campos também há estilo que se delineia. Ele tende ao minimalismo, isto é, um mínimo de intervenção para um máximo de efeito, mas a técnica, como a teoria deve subordinar-se ao processo de ruptura. As considerações estratégicas acerca do momento e da forma de se manifestar devem garantir um máximo de eficácia terapêutica, por um motivo flagrante – o analisando sofre enquanto não o ajudamos a contento. Assim, a um operador lógico, a ruptura de campos, acrescentaria um operador ético, a existência de sofrimento, para circunscrever o campo terapêutico, propriamente dito da psicanálise.

Uma atuação clínica assim organizada em função da ruptura de campos limitantes não se pauta por positividades teóricas, mas pela negatividade de seu procedimento estrutural basilar que identificamos com o nome de método. Interpretar, segundo a Teoria dos Campos, não se confunde, pois, com proferir verdades acerca do que observamos no analisando, o que, dedos imaginários em riste, nos aproximaria de alcagüetes do desvio psíquico, por mais que tentássemos suavizar a delação do desejo pilhado. Interpretar, afirma a Teoria dos Campos, significa expor a lógica de emoções conflitantes, dos paradoxos do desejo permitindo que, naquele regime de suspensão das exigências do mundo que é o momento da sessão, o analisando se dê conta das ocasiões em que escolhe rumos incompatíveis para o que deseja. Porquanto aquilo que cha-

TEORIA DOS CAMPOS, UMA PSICANÁLISE SEM DENTRO E FORA
43

mamos de configurações limitantes nada mais são do que impasses existenciais onde o sujeito fica aprisionado, como que num cabo de guerra emocional.

Uma compreensão dessa ordem do que seja nosso trabalho, isto é, fundada na explicitação dos campos de nosso sentir, possui conseqüências dignas de nota, uma vez que lida com uma noção de subjetividade que se identifica com singularidade, com a idéia do *eu em ato* como já a encontrávamos em Politzer, menos do que com quadros psicopatológicos. Ou seja, questões etiológicas importamnos muito menos, pois abrimos mão de saber, para além, como foi que o sujeito chegou àquele impasse identitário para além do necessário para romper os campos limitantes. Orientamo-nos menos pela história do processo de vida, que nos parece excessivamente complexa, do que pela lógica que estrutura relações que se autoanulam. Esse enfoque garante-nos a possibilidade de trabalho em situações pouco tradicionais para a psicanálise que há tanto se tem restringido apenas ao recôndito protegido dos consultórios particulares. O abandono da idéia de origem, que implica a dimensão etiológica, anamnésica do diagnóstico, e sua substituição pela idéia de lógica disposicional implicam a possibilidade de expansão segura do exercício psicanalítico para instituições, por exemplo. Vejamos como isso se dá.

O que é que sempre impediu que pessoas que quisessem empregar o instrumental psicanalítico em outros contextos que não o tradicional o fizessem? Em primeiro lugar, o enquadre. Acostumamonos a ouvir que fazer psicanálise implica uma sala, 45-50 minutos de sessão, umas tantas vezes por semana e, de preferência, um divã. Mas já na faculdade que cursamos isto não ocorreu assim e, em geral, temos alguma matéria de prática psicanalítica. Ao advogar que o cerne do processo psicanalítico está na ruptura de campos, deslocamos qualquer resquício de eficácia de que estivesse travestido o enquadre para seu lugar legítimo, a saber, o método. A duração, a freqüência, a posição dos participantes cedem lugar para a consideração a respeito do jogo disposicional: o analista sendo aquele que se presta à escuta da identidade que se delineia e dos campos que a limitam gerando sofrimento, os analisandos sendo aqueles afirmarão sua realidade. Neste descompasso entre os papéis reside a primeira parte do gesto psicanalítico. A segunda parte está naquilo que o analista selecionará para montar sua intervenção. Se a teoria comparece somente depois da prática em nossa abordagem, é porque apenas a partir das intervenções é que construiremos hipóteses teóricas que nos sirvam de guia para novas intervenções. Desta maneira, não é preciso esperar pela história de infância dos participantes, pelo sonho da noite anterior ou pelo lapso de linguagem que, se aparecem ocasionalmente no consultório, são bem raros nos encontros institucionais em grupo. Estas são expectativas vinculadas à nossa formação teórica. Se há um problema que solicita nossa presença naquele lugar, dele se falará brevemente e é o que nos basta. Ao nos relatarem alguma experiência, os modos de relação entre os participantes e destes com outros agentes envolvidos virão à tona. Quando o fizerem consideraremos de que modo conflitam com as intenções declaradas e os faremos emergir para que sejam percebidos por aqueles que os vivem sem o saber. Feito isto, tantas vezes quantas forem requeridas, a possibilidade de mudança é recolocada nas mãos daqueles que querem mudar.

A prática da Teoria dos Campos assimila-se, desta feita, intimamente a um *modus operandi* antes do que a um *corpus* teórico. Uns tantos raciocínios clínicos, certas formulações mais rotineiras, os paradoxos mais em voga contam como nossos instrumentos de trabalho, como interpretantes tanto quanto uma bibliografia avançada. Se a lógica emocional é inerente a qualquer relação humana, não se restringe a manifestações de um *Inconsciente* existente, não está nem dentro nem fora do sujeito, mas atravessa-nos a todos de ponta a ponta. Onde quer que estejamos haverá campos sustentando tais relações e tecendo simultaneamente identidade e realidade, portanto, aptos a serem rompidos se necessário for. Ao fazê-lo o analista explicita emocionalmente essas concretizações experimentadas e exibe a contingência de certos sentidos dolorosos.

REFERÊNCIAS BIBLIOGRÁFICAS

HERRMANN, F. *Andaimes do Real. Revisão Crítica do Método Psicanalítico.* São Paulo: E.P.U., 1979.

_____. *Psicanálise do Quotidiano.* Porto Alegre: Artes Médicas, 1997.

_____. *Psicanálise da Crença.* Porto Alegre: Artes Médicas, 1998.

POLITZER, G. (1928). *Crítica dos Fundamentos da Psicologia. A Psicologia e a Psicanálise.* Piracicaba: UNIMEP, 1998.

Capítulo 3

POSTURA INTERROGANTE-INTERPRETANTE: POR QUEM OS SINOS DOBRAM???

Maria Lúcia Castilho Romera[1]

I. INTRODUÇÃO

Há sempre um método sustentando as produções de conhecimento. É intrigante pensar como as coisas se produzem, como as palavras, os gestos... como se produz o mundo, a vida e a própria Psicanálise.

Os caminhos são múltiplos para se alcançar um determinado objetivo e os obstáculos são parte integrante da estrutura do traçado.

Fábio Herrmann (2001), é esclarecedor, neste sentido, quando a partir da etimologia da palavra método – *méthodos*, caminho para um fim –, deduz revelar-se o método diante de um problema/

---

[1] Professora da Universidade Federal de Uberlândia. Doutora em Psicologia pela USP. Psicanalista do Instituto de Psicanálise da SBPSP. Membro do CETEC.

obstáculo. Para o referido autor, a forma essencial do método psicanalítico, advém da depuração da interpretação, devir da Psicanálise. O método psicanalítico é a interpretação que se processa por ruptura de campo. Neste processo é que se produz o conhecimento, só possível mediante tal operação metodológica. Neste sentido surge uma indagação: seria possível separar o método daquilo que ele produz? Seria possível separar método psicanalítico de aplicação da psicanálise?

E, em decorrência disso, uma afirmação indagativa se colocaria: não seria a aplicação da Psicanálise o próprio método se efetivando?

Neste ponto uma breve consideração inicial sobre a forma da Psicanálise se constituir como ciência, pode ser útil como preâmbulo de um texto que pretende abordar o caminho, o método de produção e acesso ao conhecimento psíquico/representacional. Posteriormente, apreensões sobre a tessitura do exercício da clínica, extraídas de modelos do cotidiano haverão de compor o texto que se encaminhará para um desfecho, onde a investigação clínica possa ser colocada e problematizada.

II. A Psicanálise no "país das maravilhas ..."

Pois bem, existem as ciências fundamentadas no modelo físico-matemático numa perspectiva considerada, por assim dizer, quantitativa. Há, também, as ciências cuja unidade lógica se processa em relação aos sentidos, à linguagem, à palavra. Então existem as ciências fundadas em medidas e igualdades, e as ciências do imaterial ou do fenômeno não quantificável.

A Psicanálise, ocupando-se do humano, da razão de uma outra lógica para além ou aquém da consciência, configura-se como uma ciência que pode sustentar-se pela busca de apreensão de uma espécie de negativo daquilo que as ciências positivas objetivam. A Psicanálise é uma ciência dos processos ou construções das múltiplas possibilidades de subjetivação. Deriva daí sua vocação pela consideração de que o particular está no universal e o universal está no particular. Nela, as várias formas de linguagem e os afetos ocupam um papel central. Mister se faz considerá-los nas suas peculiaridades.

O rompimento gradativo com a precisão ilusória das generalizações positivistas, tornou-se possível mediante a construção de uma postura menos fiel a um método "certo" e conveniente para a obtenção de resultados fidedignos e mais comprometida com o fenômeno a ser investigado, respeitando as suas especificidades. Segundo Durval Marcondes (1970), o "certo" não é apenas o sistema que mais se aproxima do rigor da verdade mas, também, aquilo que atinge a multiplicidade e a complexidade dos fatos a estudar. A Psicanálise influenciou sobremaneira o surgimento de uma outra forma de se conceber a produção de conhecimentos. Ao mesmo tempo, foi influenciada por distintos campos do saber, mesmo que de uma forma implícita. Vem compondo com a História das Mentalidades, com a Literatura, a Lingüística e as Ciências Humanas de uma forma geral uma espécie de contraponto à hegemonia do que fora considerado como a ordem científica por excelência. Dentro desta nova perspectiva de ciência, as categorias matriciais se compõem por analogias: textual, lúdica, dramática e biográfica. Para Boaventura Souza Santos (1988), em um conhecimento dessa ordem, a perspectiva histórica, a imprevisibilidade, a evolução, a criatividade e o valor do acidental ganham nova dimensão.

Qual haveria de ser a melhor maneira de se conduzir um saber que se sabe no exercício de sua produção? Tal pergunta, parece equivalente a se perguntar, qual haveria de ser a melhor maneira de se conduzir o viver.

A vida não é fácil! É uma arte! Há quem diga que viver é lutar contra a corrente natural da existência: o simples morrer! Morrer é fácil... Viver é que são elas!

Porque a vida, a vida, a vida...
só é possível reinventada[2]

Trabalhar *a* e *na* clínica parece se constituir num exercício de investigação sobre as múltiplas possibilidades de encontros e desencontros, tropeços e deslizes que a vida para ser, impõe ao seu protagonista.

Os seres humanos são imprevisíveis, sobre isso há de se concordar e, inapreensíveis na sua estrutura expressivo-afetiva, a não ser nos seus contornos.

E aí? Ai ...Suspira-se e tenta-se encontrar o (um) caminho.

III. A INVESTIGAÇÃO DA PRÓPRIA SOMBRA

Como investigar o não dado, o essencial de um fenômeno? O tão na cara e, por isso mesmo obscuro? Como investigar a mente? Essa nossa construção um tanto quanto mentirosa!?

---

[2] Cecília Meireles, *Ou isto ou aquilo*, Nova Fronteira.

O desafio para aqueles que se aventuram pelos meandros da psique humana é grande o suficiente para ensejar recuos. Porém, alcança um tamanho relativo, sustentável, diante das possibilidades de lapidar a dor bruta e embrutecida do não se poder ser, da dor d'alma, dor mental, dor *de-mente*. Tal desafio se coloca na medida dos limites de um conhecimento processado a partir do outro. Não se sabe do si sem o outro e ...não se sabe do outro sem o si. Somos uma espécie de fragilidade na nossa condição humana. Somos meio míopes, meio surdos, meio paralizados, meio inodoros, meio..., meio...sujeitados a uma metade inatingível e inapreensível! O sujeito humano, desconhecedor de si mesmo, ancora-se nas palavras faladas e nas que não o são. Nelas se acha, temporariamente. Nelas, também, se perde. Apresenta-se e representa. Cria-se no tempo e no espaço da transitoriedade.

Pretendendo definir sua existência pela sua condição pensante, o homem escorrega em armadilhas e experimenta-se pensado. Ao aprumar-se, depois do tombo, surpreende-se com outro pensamento. O ser humano é mais ou menos assim: uma espécie de caixeiro viajante de si mesmo, andando para aqui e acolá com suas duas ou três trocas de eu, ou melhor, de roupas e com o mundo a sua frente para ser *des-coberto* e negociado.

E aí? Ai...quem vai negociar com o nosso tão conhecido e ao mesmo tempo desconhecido caixeiro viajante? Alguém meio... viajante..., negociador...com particular traquejo no meio.

IV. O INVESTIGADOR: PENSADO/PENSANTE

Como exercer a clínica, a análise da psique, da representação?

A postura clínica é a da inclinação, uma espécie de *debruçação*, uma ação diferenciada. Aquele que trabalha com a humanidade e suas vicissitudes, como poderá se habilitar para o trânsito exigido entre aquilo que é e o que parece ser? Objeto e sujeito da incógnita que se interpõe entre ele mesmo e o paciente, haverá de encontrar uma postura *con-dizente* com a investigação do enigma que se constitui no próprio processo desta mesma investigação.

No texto *Recomendações aos médicos que exercem a Psicanálise* (1912), compilado como um texto sobre técnica, Sigmund Freud aborda questões paradigmáticas para o desenvolvimento de uma *postura* que poderia ser considerada essencial para o desenvolvimento do método psicanalítico.

Uma delas diz respeito à memória do analista. Uma surpresa para o leitor: ao invés de ensinar técnicas de fixação dos dados, ele recomenda a simples escuta sem a preocupação de estar se lembrando de alguma coisa. Ou seja, para acionar a memória inconsciente o analista haverá de *suspender* sua capacidade de prestar atenção *atenta*. Na seqüência, recomenda cautela com a escrita e relatórios exaustivos, referendando a idéia de tratar-se de uma outra modalidade de atenção, fixação e memória requerida para o trabalho analítico.

Em outro momento, ainda no artigo anteriormente citado, Freud reivindica para a Psicanálise o fato de que em sua execução, pesquisa e tratamento coincidem. Neste momento, apreende-se uma espécie de tensão no texto freudiano. Após mostrar contundência na sua afirmação, Freud recua, como se fosse surpreendido pela concepção de ciência e de pesquisa do início do século XX, quando sujeito e objeto deveriam ser concebidos completamente distintos e neutros relativamente a um e outro. Mesmo assim, ao concluir seu raciocínio neste tópico, deixando-se levar pela genuinidade de seu pensamento, argumenta serem "...bem sucedidos aqueles casos em que se avança sem qualquer intuito em vista, em que se permite ser tomado de surpresa por qualquer nova reviravolta neles, e sempre se os enfrenta com liberalidade, sem quaisquer pressuposições" (p. 153).

Nesse texto Freud ainda alerta para a necessidade do analista desempedir-se de ambição terapêutica e colocar seu próprio inconsciente, como órgão receptor, na direção do inconsciente transmissor do paciente. Nas pistas das recomendações de Freud, nas linhas e entrelinhas de seu artigo, poder-se-ia intentar algumas postulações, nem muito trágicas, nem muito cômicas, apenas com leves pitadas de humor.

E assim... Para se adquirir uma postura de investigação-terapêutica na Psicanálise, poderíamos dizer que é recomendado:

(1) Não queira saber antes o que será descoberto depois.

(2) Não queira curar o paciente tão logo ele lhe apresente os sintomas

(3) Melhor mesmo é não querer curar

(4) Não queira aplausos para uma interpretação grandiloqüente

(5) Não queira fazer uma interpretação grandiloqüente

(6) Não queira lembrar-se de tudo, com extrema fidelidade;

(7) Deslembre-se dos treinos de observação sistemática

(8) Não queira educar ou converter seu paciente

(9) Não se mostre muito ao seu paciente, seja natural o quanto possível

(10) Não queira deixar de praticar qualquer um dos "mandamentos" anteriores

São muitas as habilidades requeridas para o investigador do psiquismo! Dentre elas, uma parece se destacar: a postura metodológica investigativa ou a possibilidade da encarnação de um modelo metodológico fundado no método interpretativo. Para isso, é preciso encaminhar-se os sentidos na direção de uma *suspensão-suspeição* da realidade, facultando com e através disso a multiplicação de possibilidades de significação.

V. O INVESTIGADO: NÓS E NÓS

Pois bem, atados e desatados, sobrepostos, objeto e sujeito estamos nós diante do fenômeno a ser investigado. Um relato clínico poderá ser útil para a configuração deste momento.

Trata-se de um paciente com algumas internações psiquiátricas e que faz uso de medicação anti-psicótica há uns 6 anos.

Pedro chegou neste dia um pouco antes de seu horário. Em geral é pontualíssimo e pouco ocupa o espaço da sala de espera. Alguns minutos e eu fui chamá-lo para entrar na sala do atendimento. Fiquei um pouco surpresa pois ele estava em pé na entrada de um pequeno corredor que liga a sala de espera à de atendimento. Dado o seu pequeno adiantamento e o tempo que eu levaria para ir chamá-lo, eu esperava encontrá-lo sentado na cadeira de sala de espera. Percebendo minha fisionomia um pouco surpresa ele foi logo comentando algo sobre a porta que a princípio me pareceu confuso mas depois esclareci.

Ele me disse: "Uma porta aberta e outra fechada e eu fico em pé ou sento para esperar". Eu indaguei: "Na dúvida é melhor esperar?"

Minha indagação, só mais tarde percebi, continha uma certa compreensão do que ele me havia dito e inclusive veiculava uma espécie de interpretação sub-reptícia. Mas, ele logo fez uma correção: "Não... quando eu vejo a porta externa aberta, destas suas duas portas de entrada aqui para sala, eu fico de pé te esperando porque sei que logo você irá me chamar. A porta interna fechada e a externa aberta já sei que você não está com ninguém aqui. Quando a porta externa está fechada aí tem gente e só aí eu vou sentar lá na sala de espera".

Sua fala fora meio rápida e um pouco tensa. Ele pareceu-me um pouco aflito para me explicar que havia um código seguido por ele e não uma dúvida como a minha pergunta interpretante, por assim dizer, havia sugerido. Tal código parecia seguido à risca, não comportava alterações. Um breve silêncio foi interrompido por ele: "Agora você já sabe como é o jeito".

Notei que ele ficara meio aflito/constrangido com a apreensão de um estado de surpresa em mim e comentei algo sobre isso com ele. Ele então disse que *só* ficara esperando que eu chamasse do mesmo jeito de sempre.

O clima ficara diferente de outras sessões e pareceu-me que, efetivamente, a temperatura aumentara. Alcancei o controle remoto do ar condicionado na mesa de apoio ao lado de minha poltrona e o acionei. O barulho do ar invadiu a sala. Pedro então falou de um jeito que lhe é muito habitual no início das sessões: "Não sei por onde começar".

Diante desta palavra-postura de Pedro me dei conta que o barulho do ar parecia haver funcionado como uma espécie de borracha que tentara apagar tudo que havia acontecido comigo e com ele até ali. Tudo que acontecera conosco. Porém, parecia que o conosco era difícil de sair.

Eu lhe fiz então uma pergunta, com o tom de voz que sugeria algo distinto da indagação. Porém, não totalmente distinto: "Por onde começar de novo?!"

Ele riu e falou rapidamente e às suas palavras acompanharam gestos com as mãos: "Tem uma porta e outra porta; um começo e outro começo".

E eu acrescentei: "Uma Maria Lúcia de sempre e diferente, surpresa; um Pedro pontual que vê tudo igual e outro que se adianta e atrasa ou se adianta e sem perceber começa diferente".

Ele falou: "Sua frase até rimou pontual com tudo igual".

Rimos juntos ou o riso ficou conosco por alguns minutos.

Para decodificar um código é preciso esperar pelos sentidos que advirão do fenômeno. Quando fui chamar Pedro, um código me acompanhava. Eu sabia como ele chegava, onde e como estaria. Pedro sabia o código das portas abertas ou fechadas. Neste contexto conhecido, algo inusitado se insurgiu, nos desalojando da conhecida posição do já sabido e gestando, naquele exato momento, um outro código a ser partejado por nós e com nós a serem desatados.

E...

> *"foi tudo muito súbito*
> *tudo muito susto*
> *tudo assim como a resposta*
> *fica quando chega a pergunta*
> *esse isso meio assunto*
> *que é quando a gente está longe*
> *e continua junto"*[3]

VI. SUSPENDER E SUSPEITAR: *"TUDO QUE É SÓLIDO SE DESMANCHA NO AR??"*

Não há como se proteger da imprevisibilidade quando se almeja conhecer o real. Para Fabio Herrmann (1999), real e desejo não se dão a conhecer diretamente. O que se mostram são suas representações nas formas de realidade e identidade. Esta mesma realidade é representação. Mas, de que? Para o referido autor, de regras da psique do real que são infinitas e estranhas como as regras de formação dos sonhos e da psicopatologia.

O real é construção invisível e seu conhecimento advém de uma conjectura (conjectura analógica), via de acesso a seus contornos. A revelação opera à margem. Seus elementos constitutivos são aqueles que fogem à consciência, os aspectos pouco notados, os aspectos *menosprezados* (atos falhos, lapsos, entonação, etc.) apontados por Freud ao descobrir seu método de investigação.

Para se processar o conhecimento da realidade dos processos de subjetividade mister se faz superar os obstáculos do *facilmente apreensível*, do fato que se mostra na apreensão imediata e superficial para que se atinja o detalhe dissonante revelador ou desvelador de sentidos. Não basta ver, é preciso olhar; não basta ouvir, é preciso escutar (PSIU, escuta... é o apelo de quem quer atentar para um som distinto e específico que só pode ser apreendido com o silêncio). Silencia-se algo para acessar uma outra modalidade de som.

Tal procedimento se fundamenta no método indiciário de Morelli que, segundo Carlo Ginsburg (1980), exerceu influência na concepção do método psicanalítico de Freud. Constituiu-se em constante busca de pistas numa postura de desvelamento de um mistério. Essa mesma postura implica na promoção de um estado

---

[3] Paulo Leminsk, *O ex-estranho*, Iluminuras, 2000.

de *suspensão-suspeição* da realidade interrompendo o sentido dado para facultar a emergência de outro(s) sentido(s). A *suspensão-suspeição* poderia ser correspondente à utilização dos pontos de exclamação e interrogação, em um texto escrito ou oral. Pontos esteticamente mais sinuosos e afetivamente mais divertidos do que o ponto final. A exclamação e a interrogação representam o ponto de partida para a eterna busca da re-construção do real. A postura interrogante-interpretante por excelência.

A *suspensão* viabiliza-se por uma espécie de retardamento da categorização, estratégia que vem sendo aplicada e estudada no campo da sociologia, entre outros por Maître e Thiollent (1987). Esse retardamento pode ser obtido a partir de uma espécie de atenção flutuante do investigador em relação ao texto (fenômeno). Evita rotulações imediatas e promove maior possibilidade de atenção ao detalhe dissonante.

Pois bem, o fenômeno a ser explorado, investigado, já contém em si a possibilidade de resposta basta começar a *olhá-lo, escutá-lo* e a descoberta poderá vir *per via de levare*. Tal expressão foi utilizada por Freud em seu texto Psicoterapia (1905) baseado na formulação de Leonardo da Vinci sobre a pintura e a escultura, como analogias para diferenciar o método analítico e o tratamento hipnótico. A pintura opera *per via di porre*, pois aplica uma substância – partícula de cor –, onde nada existia antes; enquanto a escultura processa-se *per via de levare*, visto que retira do bloco de pedra tudo o que oculta a superfície da estátua nela virtualmente contida.

A postura interrogante-interpretante é pedra angular na construção do pensamento, favorece a desalienação, pois liga mais fortemente o sujeito à sua realidade (tanto interna quanto externa). Um exemplo são os sinos. Ao se ouvir os sinos das igrejas das tantas cidades, especialmente as mineiras, para além das badaladas, depreende-se uma sonoridade, um ritmo peculiar e sinalizante. Através desses sinais pode-se saber se alguém morreu ou nasceu; se é homem ou mulher; se vai haver missa; se é fúnebre ou festiva; se o celebrante será o bispo ou o pároco local. O ilustre transeunte, solitário viajante haverá de suspender sua escuta atenta e imaginária (aquela que somente pode apreender as badaladas *factuais* que passam até a serem incômodas) para que possa abrir espaço dentro de sua construção imagética para uma visita temporária da senhora suspeição. Suspeita que algo está dado na virtualidade do eco – o som tem um sentido e é ele que retrata a realidade. A outra (realidade), ilusória, afasta o visitante para os recônditos de outras paisagens e não lhe faculta (ou dificulta) o acesso a um bom e intenso viver da realidade do momento, peculiar e único. Percebe-se pois que a ênfase do processo de conhecimento recai sobre os sentidos mais que sobre os dados. É uma espécie de semântica.

A possibilidade de fazer uma ciência do mundo das emoções e dos afetos nos é dada como sombra projetada. Como toda sombra, assemelha-se ao objeto mas não é objeto — ausência presente que só pode ser apreendida com um outro sentido.

A liberação de outros sentidos (razão e meta da encarnação de tal método) aponta em direção de uma transformação da realidade que só é apreendida no seu processo de *des-fazer-se*. Tal visão é contra-ponto a visões petrificadas, encapsuladas do conhecimento já dado, sabido, já dito e repetido.

É preciso sentir-se seguro face à incerteza. É preciso saber formular dúvidas para que se processe o método-aplicação da Psicanálise. Este é o desafio. Haveremos de enfrentá-lo da maneira mais criativa e genuína que pudermos inventar.

Referências Bibliográficas

FREUD, S. (1905). Sobre a Psicoterapia. *ESB*. Rio de Janeiro: Imago, 12, 1980.

_____. (1912). Recomendações aos jovens médicos que exercem a psicanálise *ESB*. Rio de Janeiro: Imago, 12, 1980.

GINSBURG, C. *Mitos, emblemas e sinais "Morelli, Freud e Sherlock Holmes: pistas e/o método científico"*. São Paulo: Companhia das Letras, 1991.

HERRMANN, F. *Andaimes do Real: O Método da Psicanálise*. São Paulo: Casa do Psicólogo, 2001, 3ª edição.

_____. *O que é Psicanálise... para iniciantes ou não*. São Paulo: Psique, 1999.

MARCONDES, D. Posição da psicanálise na psicologia e na ciência em geral. *Revista Brasileira de Psicanálise*. 4, n. 2: 141-149, 1970.

SANTOS, B. de S. Um discurso sobre as ciências na transição para uma ciência pós-moderna. *Estudos Avançados*. 2: 46-51, maio/agosto, 1988.

THIOLLENT, M. *Crítica metodológica, investigação social e enquete operária*. São Paulo: Polis, 1987.

PARTE II
A Teoria dos Campos Aprofundada

APRESENTAÇÃO

Leda Maria Codeço Barone[1]

Os trabalhos contidos nesta secção pretendem levar o leitor a se aprofundar nas entranhas do modo de operação da Teoria dos Campos. Diria mesmo que se trata da aplicação do método psicanalítico à própria Psicanálise, procurando desvelar algumas de suas inúmeras dimensões. Por coincidência, todos os três trabalhos são oriundos de investigação acadêmica; um deles de mestrado concluído e dois de tese de doutoramento em andamento.

O texto de Leda Herrmann faz um sobrevôo sobre a já extensa obra de Fabio Herrmann numa tentativa de lhe dar organização, estabelecendo vias de aproximação e níveis de conceitos. Salienta que tal pensamento, investigativo, caminha em direção à produção de duas ordens de conhecimento: clínico e epistemológico. E para tanto toma como eixo a radicalidade absoluta do método interpretativo da psicanálise, *a ruptura de campo*, de forma a propor como trabalho do analista o perpétuo recomeçar a cada encontro

---

[1] Doutora em Psicologia pelo Instituto de Psicologia da USP. Membro do Departamento de Psicanálise do Instituto Sedes Sapientiae e do CETEC. Do Instituo de Psicanálise da SBPSP.

com seu paciente. Como Sísifo que deve recomeçar sempre da base da montanha a carregar sua pedra, o analista deve valer-se apenas de seu método, não lhe sendo possível começar da teoria. Reconhece, ainda, que a Psicanálise tomada a partir do método revela o momento da transição da arte para a ciência e vice-versa, cabendo-lhe por isso, como solo epistemológico, aquele que abriga a literatura.

Marilsa Taffarel investiga as perdas e as recuperações do método psicanalítico ao longo de sua história. Tomando como essência da Teoria dos Campos a recuperação do método freudiano, com seu potencial heurístico — a interpretação como ruptura de campo — a autora reafirma que *tanto no plano teórico como no clínico, a psicanálise se faz por ruptura do conhecimento já assentado*. Procura acompanhar, também, nos textos de Freud, nos de seus discípulos e de seus seguidores, os meandros pelos quais o método, tal como agulha a puxar o fio num tecido, surge e desaparece escondendo-se na imobilidade do bordado. Demonstra ainda que na teoria a ruptura se dá de três maneiras: pela saturação de uma idéia; pela própria clínica e pela absorção de conhecimentos advindos de outras disciplinas.

Suzete Capobianco a partir da inquietação com o tema do II Encontro — *O Psicanalista: hoje e amanhã* — que deixa elidido o termo *passado*, e, a partir de elementos extraídos de sua dissertação de mestrado sobre a fala do analista nas últimas décadas, se propõe a refletir sobre a clínica na Teoria dos Campos. Após ter observado em sua pesquisa, a partir da análise das falas de analistas publicadas na Revista Brasileira de Psicanálise de 1968 até nossos dias, que em cada período histórico, os analistas observam fenômenos diferentes, criam diferentes pacientes e falam de modos diferentes. No entanto, embora diferentes em relação ao período considerado, os fenômenos, os pacientes e as falas dos analistas são iguais entre si, segundo a moda da época. Mas o que garantirá a continuidade do trabalho do analista? A autora encontra na Teoria dos Campos aquilo que vai sustentar o trabalho do analista. Afirma, então: *não há psicanálise sem que o método seja encarnado a cada vez por um psicanalista com sua singularidade e seu tempo*.

Capítulo 1
A Teoria dos Campos na Construção de Conhecimentos em Psicanálise

Leda Herrmann[1]

Introdução

A Teoria dos Campos parte da recuperação do método da psicanálise pela análise do fazer clínico, pela análise do processo interpretativo. O método recuperado é o da *ruptura de campo*. Isto é, a escuta descentrada do assunto tema do discurso – o do paciente, na clínica – vai propiciar a apreensão de sentidos para além do tema proposto. Dessa forma vão se pondo à mostra regras que suportam esses sentidos, ou campos – inconscientes e estruturantes da psique, do reino do sentido humano.

---

[1] Psicanalista do Instituto de Psicanálise da SBPSP. Doutoranda do Programa de Estudos Pós-Graduados em Psicologia Clínica. Membro do CETEC.

Desse ponto de partida, o pensamento de Fabio Herrmann caminha como uma forma de investigação que produz conhecimentos em dimensão dupla: clínica e epistemológica. Na dimensão clínica podemos falar em conhecimentos novos, principalmente aqueles que tratam de conceitos metodológicos e clínicos como *campo, ruptura de campo, vórtice*, etc. Na dimensão epistemológica vamos nos deparar principalmente com a recuperação do poder heurístico do método da Psicanálise, este sim, uma criação freudiana.

O esforço aqui empreendido de tentar caracterizar a episteme, isto é, identificar as características do conhecimento produzido em Psicanálise, do ponto de vista de Teoria dos Campos, é parte de um estudo mais amplo, com a pretensão de uma tese de doutoramento, que trata da construção do pensamento de Fabio Herrmann em sua obra escrita.

NOSSO MUNDO

Identificamos na apreensão do mundo em que vivemos hoje nas grandes cidades o pano de fundo do pensamento de Fabio Herrmann. No livro *Andaimes do Real: Psicanálise do quotidiano*, no capítulo I "O momento da psicanálise", e na sua terceira parte, "O mundo em que vivemos", encontramos uma análise deste nosso mundo da segunda metade do século XX. Os textos foram escritos na década de 1970, e apareceram, alguns, em revistas e jornais anteriormente à publicação do livro. Consideram que o mundo que vem se instalando neste século efetivamente constitui um real que foi superando, para o bem ou para o mal, a própria substancialidade. Esse real vem se tornando de há muito tempo tão humanizado que passou a constituir uma espécie de psique, chamada de psique do real, na Teoria dos Campos. A idéia de psiquismo social não é nova: até o fim do século XIX e parte do XX era mais uma ideologia, dizia respeito à formulação de idéias de um pensador sobre o social. No século XX, principalmente depois da *Grande Guerra*, o real passou a ser cada vez mais vivo, intencional e psíquico. Os sistemas de produção foram se tornando cada vez mais autônomos em relação ao trabalho. Por exemplo, para uma criança de hoje vivendo na cidade, leite é leite e não depende da vaca. Criou-se um grande sistema que pensa, que produz representações, encadeia-as por imagens. O nosso passou a ser um mundo des-substancializado, o objeto concreto é substituído, no seu conhecimento, na sua apreensão, por representações, por sistemas de representações. Voltando ao tema do leite e da vaca, o leite comprado numa caixa de papelão no supermercado não tem, para a criança da grande cidade, relação com a vaca que o produziu, mas com a companhia que o preparou, embalou, com o que a propaganda promete para quem o toma. Há uma representação leite X que pensa para a criança (de verdade ou de mentira) o por quê de tomar leite, de onde vem o leite, etc. Vivemos no reino da super-representação.

A psicanálise é um sintoma do mundo da super-representação e um instrumento adequado para com ele lidar. Freud pode ser entendido de maneiras diferentes. Ele fez várias psicanálises e escolheu algumas como, por exemplo, a da sexualidade infantil, a da transferência, a do inconsciente reprimido. Privilegiou o sistema conceitual que produziu. Para a Teoria dos Campos a força da psicanálise não está aí, mas em seu método. A psicanálise por efeito de *après coup* vai ganhando significado de acordo com o mundo aonde vai se desenvolver. Isto é mais importante que o *achievement* conceitual, a acumulação de conhecimentos produzidos. No mundo que perdeu substância, onde a representação é mais importante que o representado, a psicanálise, por efeito de seu método, no seu procedimento de procurar sentido implícito no explícito – "procurar no escuro o que, no claro, parece perfeitamente claro" (Herrmann, 2001b, p. 24) –, é ao mesmo tempo um sintoma desse mundo psíquico e absurdo e um instrumento que permite pensar a sua psique. Permite interpretar o sistema que faz esse mundo funcionar, não pela via de lhe reinfundir substância, mas pela via de atribuir sentido, procurando a racionalidade da lógica de produção desses sistemas representacionais. É o mesmo procedimento que, no avesso de seus achados, nos mostra que o sonho está no fundo da vigília – o sonho entendido não só como manifestações do inconsciente que interfere na vigília, mas como fundo da vigília, por ser outra condição pela qual se representa o tecido, a trama dos campos ou inconscientes relativos.

AQUI, O MÉTODO

Assim, embora endossando o que foi descoberto por Freud, a Teoria dos Campos considera ser o método que Freud descobriu mais forte do que aquilo que produziu como conhecimento conceitual. O fato de Freud ter definido o psicanalista como aquele que acredita numa série de resultados da aplicação do método – sexualidade infantil, regressão etc. – é, segundo este pensamento, o começo do fechamento da porta que Freud mesmo havia aberto. Isto é, fixando-se no corpo teórico e não no método – no procedimento heurístico de construção de conhecimentos –, procedeu-se ao uso desses conceitos de forma repetitiva e assim, o que era método de descoberta começa a se congelar em doutrina e até mesmo em ideologia, como mostra Fabio Herrmann em artigo publicado Revista Brasileira de Psicanálise, em 1998: *Análise didática em tempos de penúria teórica.*

Por tudo isso não há na obra de Fabio Herrmann uma releitura de Freud à *la* Lacan. O que há é uma tentativa de descobrir o que está na entranha do *eidos* freudiano e o faz funcionar – a isso chama método, caminho que permite superar um obstáculo *(meta – hodós)*. Não seria certa a concordância de Freud com a análise que a Teoria dos Campos faz do método psicanalítico. É uma análise que está, antes de tudo, tentando extrair o mecanismo de funcionamento do pensamento que o produziu à luz da ressignificação que a história, da segunda metade deste século, impôs ao sentido da obra freudiana. Propõe que esta parte da forma de pensamento implícito na obra de Freud é mais importante que qualquer das outras, mais importante mesmo que os resultados que Freud selecionou como doutrina. Foi a essa parte que Herrmann chamou desde o início de seu trabalho, no final da década de 1960, de método. Foi encontrá-lo primeiramente na essência do ato psicanalítico terapêutico – a interpretação – e depois, nos idos de 1970, reconhecê-lo na obra freudiana, tanto na escrita como na própria produção de conceitos. Definiu-o como *ruptura dos campos que suportam relações, permitindo a emergência dos sentidos ocultos que as sustentavam.*

O esforço para isolar o método da psicanálise partiu também da constatação de uma certa paralisação da própria psicanálise. Em texto inédito de 76 – *Andaimes do real: um ensaio de psicanálise crítica* –, que considero o texto fundador da obra de Fabio Herrmann, em sua "Apresentação formal – Prólogo", há uma longa reflexão sobre a produção repetitiva da psicanálise, classificada como barroco-retórica. A crítica da Teoria dos Campos, aí iniciada, prossegue em outros textos mostrando-nos uma luta interna dentro da Psicanálise, como corpo de conhecimento, entre sua possibilidade heurística de encontrar o significado de algo enigmático e o movimento contrário de usar a análise de A para explicar a de B. Crítica esta que se baseia na observação da produção psicanalítica e da produção dos filósofos que lidam com a psicanálise. Ela mostrou que o conhecimento produzido interpretativamente seja em análise de consultório, seja de um recorte do mundo, quando é usado para interpretar alguma outra coisa, não interpreta, explica – lembra "Freud explica", frase característica de piada sobre Psicanálise. A Teoria dos Campos vai procurar saber que interpretação é essa. Não é causal, é interpretação do tipo metafórico – tal qual isto, segue-se aquilo –, mas que quando é usada de forma praticamente dedutiva, em que se reduz um caso a um caso anterior, produz aberrações de conhecimento – produz pseudo-interpretações teratológicas. Não é só repetição, é algo pior, é uma repetição em outro contexto que destrói a especificidade do que se está querendo conhecer. Assim, no uso da Psicanálise para entender a cultura contemporânea, geralmente alguma tentativa de descoberta de Freud, a que tirou o véu da sexualidade infantil, por exemplo, é generalizada como fundamento da humanidade inteira, e, em seguida, qualquer fenômeno cultural pode ser metaforicamente explicado por esse mesmo esquema de pensamento. Ao invés de criar um pensamento, reproduz-se o que já existe e se reproduz fora do contexto, num processo de generalização que nada justifica. De repente a idéia de Complexo de Édipo passa a explicar toda a condição da cultura, da sociedade numa espécie de translação metafórica generalizada. É metáfora usada no mal sentido. Esquematicamente pode-se dizer que se construiu um sistema interpretativo capaz de interpretar qualquer coisa através de operações do tipo de afinidade, paralelismo, conveniência (convém que tal coisa seja de tal tipo).

O CONHECIMENTO DA PSICANÁLISE

A depuração do método da psicanálise e seu uso rigoroso na Teoria dos Campos, na obra de Fabio Herrmann, mostra que a maior parte dos conhecimentos psicanalíticos – os produzidos por interpretação, por análises – servem apenas no contexto de sua descoberta. Quando vão sendo transpostas a outros contextos há uma acomodação abusiva, semelhante a que faziam os autores da filosofia natural na Idade Média. Para não concluir que a Psicanálise é uma impostura, mesmo porque ela é extremamente eficaz como método interpretativo, há a proposta de uma variação de navalha de Occan: aquilo que se conhece por um ato interpretativo é válido para a operação efetivamente executada. A idéia de que o inconsciente de todos os recortes do mundo humano funciona da mesma maneira é uma hipótese a mais; uma hipótese que deveria ser demonstrada, mas nunca o foi. A generalização é, pois, arbitrária. O problema da acumulação de conhecimentos na Psicanálise define-se assim. O que pode ser acumulado são os mecanismos ou procedimentos interpretativos tal como se acumulam procedimentos narrativos na literatura, e não os resultados de cada procedimento interpretativo. Dessa forma o método da psicanálise só é válido na sua dimensão heurística de desvelamento, des/cobrimento. É uma espécie da *bestia senza pace* de Dante Aliguieri, o lobo, o animal sem paz do Inferno da Divina Comédia. O método, como o lobo, não tem descanso, só existe quando posto em prática, devora o saber produzido e pede mais. Os resultados não podem ser guardados sem referência à operação que os produziu, toda dedução é impossível. Todo processo dedutivo do uso de uma análise para se aplicar ao início de uma outra é impossível. É necessário começar do começo, como o lobo que nunca tem paz. Não se pode partir de resultados de operação interpretativa, de conceitos, e daí deduzir sentido, porque vai se encontrar o mesmo sentido da primeira operação. Fica um procedimento eminentemente tautológico – a tautologia gera a doutrina que nada mais descobre.

Resultou dessa crítica, empreendida pela Teoria dos Campos, a escolha do que é essencial ao método psicanalítico, a operação de desopacificação, desvelamento, desobstrução, isto é, seu momento heurístico. Os conceitos que ela permitiu construir são metodológicos – *campo, ruptura de campo, vórtice, expectativa de trânsito* –, explicam os procedimentos de ação do método. Significa isso estar sempre começando de zero? Não. Um psicanalista deve inspirar-se em Freud e também nos autores seguintes. Da mesma forma que um literato se inspira em Dostoiewiski sem necessariamente tomar por assentado para seu romance que o leitor conheça os Irmãos Karamazov, por exemplo. A psicanálise assim entendida é uma ciência, com tamanho direito a sê-lo que provavelmente será justo que a epistemologia presente se modifique só para fazê-la caber no âmbito das ciências. A psicanálise reedita no nosso tempo o momento tantas vezes repetido em que o conhecimento, dito literário, transformou-se em conhecimento científico. Da forma análoga como uma ciência se forma a partir da Filosofia. É um conhecimento interpretativo que só vale quando não se cristaliza em doutrina, como o que está contido no método de escrita, no conhecimento literário. Para todas as ciências humanas, a literatura é a irmã mais velha.

Os movimentos do saber humano são conduzidos pela arte e sedimentados pela ciência. A Psicanálise, considerada do ponto de vista de seu método, mostra esse momento de transição da arte para ciência e vice-versa. Podemos dizer que a psicologia fez esse caminho pela Psicanálise.

A aceitação plena dessa condição peculiar de conhecimento já constitui a Teoria dos Campos. Na estrada para essa aceitação a Teoria dos Campos percorreu dois caminhos, e não os abandonou. O primeiro foi exprimir de forma crítica os limites do conhecimento psicanalítico, tarefa iniciada no texto fundador de 76. O segundo foi explorar esses limites produzindo o conhecimento possível, que já de si, exerce a função crítica. Só assim poderia contribuir para o conhecimento da psique, tornando a crítica realmente eficiente.

No capítulo primeiro desse texto de 76, intitulado "De Édipo a Sísifo", estão de certa forma indicadas as condições para a formulação do conhecimento psicanalítico. No livro de Camus, a imagem de Sísifo começando sempre de novo, é usada como metáfora da imagem do trabalhador moderno, do trabalho alienado na era industrial. Para a Psicanálise é tarefa do psicanalista, como Sísifo, iniciar o trabalho de transportar a pedra sempre da base da montanha, nunca a partir do meio da montanha pela aplicação repetida de uma teoria construída em um outro contexto. Se a montanha é a dificuldade posta pelo mundo psíquico contemporâneo, é necessário explorar várias vertentes da montanha. A cada vez traçando um caminho até o topo donde se tem uma visão teórica, uma visão de conjunto. A teoria, para os gregos, tem o sentido de visão de um lugar alto. O caminho para o topo é o que se pode chamar de método.

Para a Teoria dos Campos, cada vez que o método é posto em ação, constitui, ele, o método, um mundo de objetos interpretáveis. Os diferentes panoramas não se conjugam numa visão de totalidade teórica, porém simplesmente como diferentes faces objetais do ato metodológico: fotografias diversas que nos ensinam principalmente quais os recursos da câmara fotográfica. O conhecimento obtido não é em absoluto dispensável, apenas não se consegue acumular como fotografias justapostas. A relação entre uma foto e outra passa pela câmara. A relação entre um produto interpretativo e outro tem obrigatoriamente de aludir ao método. É por isso que esse conhecimento não vale pela sua condição de acumulação e perfeita aplicação, mas pela sua condição de superação. Duas visões interpretativas não se somam; legitimamente elas se chocam para romper seu campo comum, ou seja, exigem um novo ato metodológico, nova interpretação.

O conceito de interpretação como ruptura de campo – conceito metodológico principal da Teoria dos Campos –, acima referido, traz a marca da crítica psicanalítica, pois desconsidera interpretação como sentença emitida pelo analista sobre algo que ocorre na análise, a que chama de sentença interpretativa, e operacionaliza metodologicamente o ato psicanalítico. Interpretação, conceito metodológico, é também uma crítica à reificação que reduz a interpretação de um lado, às palavras do analista, e de outro, a um retrato da realidade psíquica. Corrige um erro, o sentido vem do paciente, não é dado para o paciente pelo analista. Interpretação é desobstrução, ruptura de campo.

Dos conceitos metodológicos, dos momentos mais essenciais do método – campo, ruptura de campo, vórtice, já citados – outros se seguem, numa ordem lógica, de natureza metateórica como real, realidade, desejo, identidade, função defensiva da representação, etc.

Uma terceira categoria de conceitos diz respeito propriamente à espessura ontológica do método. Isto é, são de ordem metodológica, mas são também psique, são apreensões da psique. A essa classe se filiam idéias como luto primordial, noção de apelo em geral e apelo sádico em particular, noção de sentido de imanência, hierarquia dos possíveis, fascínio, idéias exposta e analisadas na segunda parte de *Andaimes do Real: o método da psicanálise*. As noções de *rosto* e *crença* são noções psicológicas com poder interpretante tão forte que provavelmente façam parte também dos conceitos metodológicos. A primeira está no artigo "Rani de Chittor: o rosto", que compõe o livro *O divã a passeio: à procura da psicanálise onde parece não estar*, e a segunda constitui o livro *Psicanálise da crença*.

Na verdade mesmo ao avançar as teorias psicanalíticas de corte mais ou menos convencional – descrição da sexualidade, patologias, noções técnicas, propriedades da atenção psicanalítica – a Teoria dos Campos contamina seu estatuto teórico com a reflexão anterior impondo-lhes sempre uma dimensão operacional metodológica. São sempre teorias-ferramenta, mais que teorias-fato.

REFERÊNCIAS BIBLIOGRÁFICAS

HERRMANN, F. Andaimes do real: um ensaio de psicanálise crítica. São Paulo: SBPSP, 1976, 101 p. (Apresentado em Reunião Científica).

_____. *Psicanálise da Crença*. Porto alegre: Artes Médicas, 1997.

_____. Introdução: Psicanálise, ciência e ficção. *In:* Herrmann, F. *A Psique e o Eu*. São Paulo: HePsyché, 1999.

_____. *Análise didática em tempos de penúria teórica. Revista Brasileira de Psicanálise*. 32, n. 4: 697-709, 1998.

_____. *Andaimes do Real: O Método da Psicanálise*. São Paulo: Casa do Psicólogo, 2001a, 3ª edição.

_____. *Andaimes do Real: Psicanálise do Quotidiano*. São Paulo: Casa do Psicólogo, 2001b, 3ª edição.

_____. *O Divã a Passeio: à procura da psicanálise onde parece não estar*. São Paulo: Casa do Psicólogo, 2001c, 2ª edição.

Capítulo 2

PERDAS E RECUPERAÇÕES DO MÉTODO NA HISTÓRIA DA PSICANÁLISE – ALGUNS EXEMPLOS[1]

Marilsa Taffarel[2]

Encontramos em Freud uma oscilação entre duas concepções do saber psicanalítico. A primeira aparece nítida em *Perspectivas futuras da terapia psicanalítica* (Freud, 1910). Ali Freud escreve sobre sua aspiração de que a psicanálise atinja um estágio de solo firme, de conhecimentos suficientes sobre o psiquismo a partir do qual a técnica possa ser deduzida e o trabalho analítico dar-se com mais facilidade. Por outro lado, olhando-se o conjunto da obra de Freud

---

[1] Este texto é um exercício de escrita no tema de minha tese de doutorado: a história da psicanálise considerada do ponto de vista da perda e recuperação do método psicanalítico.

[2] Psicanalista do Instituto de Psicanálise da SBPSP. Mestre em Filosofia pela PUCSP. Doutorando do Programa de Estudos Pós-Graduados em Psicologia Clínica da PUCSP. Membro do CETEC.

vemos que ela consiste de uma sucessão de teorias que, como já se disse, não se continuam simplesmente, não se anulam, não se superpõe. Sua relação também não é de simples justaposição. Como pode ser dita positivamente a relação entre elas? Para a Teoria dos Campos a psicanálise, tanto no plano teórico quanto no clínico, se faz por ruptura do conhecimento já assentado. É através desta ruptura que se produzem novos conhecimentos. No plano teórico, a ruptura com o vigente num dado momento pode se dar pela saturação de uma idéia, pode se dar a partir da clínica ou pelo efeito da absorção de conhecimentos vindos de outras disciplinas.

Podemos ver no percurso feito pela psicanálise desde Freud até nossos dias a mesma oscilação entre um saber que caminha por rupturas e um que aspira a ser inabalável. Nas diferentes *Escolas Psicanalíticas* interpreta-se a partir de um conhecimento estatuído que é considerado um solo firme. Em cada *Escola*, no ápice do período escolástico, a psicanálise se assume como sendo um corpo de conhecimentos suficiente do mundo mental concordante com sua técnica.

Chamou-se psicanálise aplicada ao uso de uma determinada teoria, por exemplo, a do complexo de Édipo ou da fixação em uma das fases da libido para interpretar obras de arte. Podemos ter também uma clínica aplicada, um tipo de prática analítica que irá reencontrar no paciente uma dada teoria já dada de antemão. Também podemos falar de um uso programático da psicanálise. Isto ficará mais claro logo a seguir quando tratarmos do Ferenczi de 1919, que usa a teoria das fases sucessivas da libido como um programa a seguir na análise de uma paciente histérica. (Roussillon, 1995).

Segundo uma voz representativa, o historiador da técnica psicanalítica Martin Bergmann, a investigação do psiquismo em direção ao novo e o tratamento somente coincidem no início da história da psicanálise. Diz ele: "Assim que a técnica da psicanálise se tornou mais sutil, os dois separaram-se." (Bergman, 1990, p. 5). Bergmann apóia-se no primeiro artigo técnico de Freud (1911), *A utilização da interpretação dos sonhos em psicanálise*. Nele Freud submete a interpretação onírica aos interesses da terapia. Recomenda não fazer uma interpretação exaustiva dos sonhos, mas deixar-se levar pela associação livre. A meu ver nesta passagem Freud justamente está re-centrando a investigação clínica, que ele chama de uma heurística curativa, e não desvinculando investigação do psíquico e da prática clínica.

Segundo meu ponto de vista em meados da década de 1910 com a descoberta do narcisismo e dos fenômenos de repetição começam os primeiros sinais de desajuste entre teoria e clínica. Não poderia estar acontecendo que o conceito de inércia psíquica estivesse obturando a escuta na clínica? Ferenczi bate-se com o propósito de ultrapassar este limite. Propõe ao psicanalista lutar contra os limites à análise estabelecidos por Freud no que diz respeito ao narcisismo, à transferência ou resistência demasiado fortes.

O marasmo observado na análise de S. P., o *Homem dos Lobos* faz com que Freud proponha uma nova medida técnica, que ele chama de técnica ativa. A partir deste momento esta será, para Freud, a resposta por excelência diante de impasses clínicos. É isto que vemos no texto de 1915 dedicado ao amor de transferência. Os conselhos sobre a técnica passam a centrar-se na tentativa que o psicanalista deve fazer de conservar o amor de transferência sem satisfazê-lo (Freud, 1915). Este procedimento se tornará, no trabalho técnico seguinte, *Novos caminhos da terapia psicanalítica* (Freud, 1919), extensível às várias situações em que se faz necessário reativar o interesse do paciente pela cura. Impor limites, frustrar a realização do desejo. Por exemplo, marcar uma data de término para a análise se o paciente estiver desinteressado ou apático. Freud transforma a abstinência em princípio para o tratamento: a cura analítica deve se dar em um estado de privação das satisfações pulsionais.

Ferenczi leva bem além a novidade técnica freudiana. Como relata em *Dificuldades técnicas de uma análise de histeria* (Ferenczi, 1919), depois da tentativa de lidar com a estagnação pondo uma data limite para a análise, como havia feito Freud, adota proibições de certas atitudes durante a sessão. Quando apreende casualmente que a paciente mantinha as pernas cruzadas todo tempo da sessão ele a proíbe de assim permanecer já que vê nisto uma manifestação de *masturbação larvária*. Eis o que acontece quando faz esta proibição: "Só posso qualificar como relâmpago o efeito produzido por esta medida. A paciente, uma vez proibido este modo habitual de descarga, começou a apresentar nas sessões uma agitação física e psíquica quase intolerável; ela não conseguia mais permanecer tranqüilamente deitada e precisava mudar constantemente de posição. Os seus fantasmas pareciam delírios febris, dos quais surgiam afinal fragmentos de lembranças..." (Ferenczi, 1919, p. 121). Ferenczi nos mostra com seu relato que provocou em sua paciente histérica um fenômeno denominado, na Teoria dos Campos *revelação em análise* (Herrmann, 2001). Fenômeno a ser evitado, constituído por rupturas demasiado extensas, traumáticas, que tendem a desmontar o plano representativo.

Ferenczi visava desalojar a paciente dos "esconderijos onde abrigava sua satisfação auto-erótica". Com esta finalidade ele estende suas proibições a outros comportamentos durante a sessão e depois fora também. Proibição de se dar beliscões, de urinar compulsivamente etc. Segundo suas palavras, o princípio geral que segue consiste em abandonar o papel passivo de ouvir e interpretar para intervir ativamente nos mecanismos psíquicos do paciente proporcionando um desenvolvimento da libido estagnada em certas zonas erógenas até a genitalidade, fazendo, como foi dito acima, uma clínica psicanalítica aplicada.

A partir dos anos vinte até os dias atuais podemos identificar momentos de perda e outros de recuperação do método psicanalítico.

Um indicador importante da preocupação com a relação entre a teoria e a prática é a proposta feita por Freud em 1922, no Congresso de Berlim de um concurso entre os psicanalistas cujo título é: "As relações da técnica analítica com a teoria analítica". Os trabalhos deveriam examinar até que ponto a técnica influenciou a teoria e em que medida as duas se favoreceram ou prejudicaram-se mutuamente gerando um *circulus benignus* ou um *circulus malignus*.

Em 1924 publica-se o trabalho de O. Rank e Ferenczi, *Perspectivas da Psicanálise (Sobre a interdependência da teoria e da prática)*, escrito principalmente por Ferenczi. O artigo nos dá um panorama do momento que é o de *desorientação crescente dos psicanalistas*. Ferenczi critica os analistas extraviados que ainda se aferram à análise de sintomas, de complexos, deixando de considerar o fator dinâmico, a situação analítica. O artigo contém um capítulo sobre os fundamentos da prática e da produção teórica. Afirma a psicanálise como uma pesquisa utraquista. Termo que deriva de uterque (cada um dos dois, um e outro). Querendo dizer que é preciso o analista manter um duplo foco; que não se pode unificar pensamento teórico com apreensão clínica. Como foi dito acima, ele insta o analista a não dar demasiado valor ao fator quantitativo, isto é, ao excesso de resistência, de narcisismo, de inércia. A trabalhar com a transferência negativa. A estar atento para seu próprio narcisismo que o impede de perceber o paciente, perceber principalmente a transferência negativa. Continua recomendando o uso da técnica ativa, mas critica seu uso brutal por alguns analistas.

É interessante ver como Ferenczi que tem uma tão boa noção do método, que é um tenaz investigador e antecipa importantes conceitos psicanalíticos usa uma técnica que não deriva do método, que não propicia a interpretação psicanalítica.

Em 1927 aparece o trabalho de Reich *Técnica e princípios para psicanalistas práticos e no treinamento*. Ali ele chama a atenção para o fornecimento espontâneo de material não verbal que deve ser percebido e explorado pelo analista junto com seu paciente. O modo de falar, de olhar, de rir, de deitar no divã, a inflexão da voz, entre outras coisas. Ele acredita que o paciente sempre fornece material. É o psicanalista que não *vê*. Pode acontecer, pensa Reich, que onde ele vê marasmo associativo, haja, isto sim, expressão sob outra forma que não estritamente verbal. Reich desenvolve a teoria da couraça do caráter, um modo específico de ser, mais difícil de analisar e que se manifesta preponderantemente na forma das associações, não em seu conteúdo. É preciso romper esta barreira narcísica. Reich, de acordo com as críticas que lhe são feitas, quebra a couraça defensiva muito agressivamente, não distinguindo entre mobilização da agressividade, transferência negativa e produção de submissão masoquista (Bergmann, 1990, p. 271-272).

Em seu artigo de 1937, *Análise terminável ou interminável*, Freud fecha este debate aberto em 1922, ao dizer que já sabemos como a análise cura. Freud diferencia a inércia, para a qual a técnica ativa é uma solução, de uma inércia que manifesta a pulsão de morte, o incontornável da repetição. Propõe a inércia que se apresenta como repetição como um limite ao trabalho interpretativo (Freud, 1937). Segundo meu critério estabelece-se aí um círculo maligno – a teoria (da pulsão de morte) não dá frutos na prática e esta não gera novas descobertas.

Reencontraremos em Melanie Klein a tentativa de Ferenczi e de Reich de trabalhar com a transferência negativa e de detectar sentido para além do material estritamente verbal.

Vimos momentos de perda metodológica. Tomo como hipótese que uma recuperação se dará quando a teoria da pulsão de morte for reinterpretada por Melanie Klein produzindo-se um novo discurso teórico, e novos recursos técnicos.

EXEMPLOS DE RECUPERAÇÕES DO MÉTODO

A recuperação do método interpretativo vem tendo como objeto, além da teoria, a postura analítica que para Freud é a superfície especular; para os kleinianos a contra-transferência, isto é, o abandono do ideal de analista sereno; para Bion o ato de fé que consiste numa retomada do analista sereno mais despojado ainda de si. Esta retomada vem tomando por objeto também o direcionamento da escuta: escutar a intuição, oscilar entre intuição e organização da intuição, escutar a contra-transferência, escutar os significantes, escutar a música da fala...O mesmo se deu com o conteúdo e com a forma da interpretação. Para uma *Escola* deve-se interpretar a defesa primeiro, depois o impulso, para outra deve-se interpretar ao mesmo tempo a fantasia, a defesa, a ansiedade. Quanto à forma afirma-se a necessidade da interpretação completa ou pelo contrário da interpretação aberta e reticente etc.

A Teoria dos Campos com seu *dictum* técnico: deixar que surja e tomar em consideração, sem especificar se a escuta deve ser guiada pelo que se chama de intuição, pela contra-transferência, para a apreensão dos significantes, das palavras, do ritmo deixa livre o analista comprometido apenas com uma espera do que venha do paciente. Trata-se de um *dictum* econômico e abrangente que visa uma técnica independente dos conflitos escolásticos.

Voltemos à história. Melanie Klein apreende e identifica, em funcionamento na transferência, além da introjeção e projeção, o que ela chama de identificação projetiva, entendida como protótipo do relacionamento objetal agressivo (Klein, 1946). Este gênero de identificação tem uma função de controle do analista e se expressa mais por meios não discursivos que correm entremeados e paralelos a este plano. Klein identifica no material fornecido pelos pacientes o conteúdo de ansiedades e a transferência, preponderantemente a negativa (Hinshelwood, 1991, p. 481-482). Em *Origens da transferência* (Klein, 1951), ela irá definir a transferência como *situação total.* O paciente, através de identificações projetivas, transfere as grandes ansiedades e os sistemas defensivos. Transferência passa a incluir todo o comportamento do paciente na sessão.

Com Klein as tentativas de ampliação do âmbito do sentido que vinham se fazendo em Ferenczi, em Reich, como ver sentido no que está *além do estritamente verbal,* e sua utilização no processo analítico, ganham, através da conceituação da identificação projetiva, uma possibilidade de operacionalização. Quebra-se o *circulus malignus* composto por uma teoria – a teoria da pulsão de morte – que não promove a clínica em Freud, e quebra-se uma técnica, a da abstinência.

A análise do brincar, a partir da compreensão da pulsão de morte como agressividade, amplia o campo semântico, o campo do que faz sentido para o psicanalista. Ao entender determinadas manifestações clínicas como expressão da pulsão de morte. "...O que ela fez foi tomar o conceito freudiano de pulsão de morte silenciosa e dizer que não era tão silente assim, mas que possuía manifestações clínicas profundas muito visíveis (que são o próprio e duro superego)." (Hinshelwood, 1991, p. 445).

Para o propósito deste trabalho, uma coisa importa destacar — a ação recíproca da teoria para a clínica e vice-versa se colocou em movimento e em seu retorno determinou uma profunda alteração na postura básica do analista que, malgrado M.Klein, passou a ser, para os kleinianos, a contra-transferência.

P. Heimann e H. Racker foram os primeiros a redefinir a contra-transferência, considerada por Freud como algo a ser dominado através da auto-análise. Com Heimann, surge a idéia de que a ansiedade despertada no analista vai além de sua própria psicopatologia e de seus conflitos não resolvidos. Todas as respostas do analista ao paciente mesmo as respostas patológicas podem ser usadas como meio de compreensão do paciente. Enquanto a contra-transferência foi vista como disruptiva, patológica, manifestação de um distúrbio no analista as investigações nesta área foram muito limitadas. A mudança na sua valoração, a descoberta de seu uso como instrumento na apreensão dos movimentos emocionais do paciente diminui ansiedade e a tendência a evitá-la (Heimann, 1949).

H. Racker começa a trabalhar sobre a contra-transferência concomitantemente com Heimann e torna-se um grande estudioso do tema. Sua posição é basicamente a mesma de Heimann. No entanto ele a estuda muito mais minuciosamente e intrinca completamente a transferência na contra-transferência. Com Racker a contra-transferência deixa de ser uma dimensão da experiência analítica, para tornar-se a possibilidade dela. Ele falará em contra-transferência total como correspondente da transferência total (Racker, 1953, p. 139).

A crítica que é feita à escuta da contra-transferência para apreender a transferência fica mais visível quando, como vemos em Racker, ela passa a ser entendida como total, tudo que ocorre é lido contra-transferencialmente. M. Little (1951) mostra, através da análise de uma sessão exemplar, que a atenção total centrada na contra-transferência pode obscurecer em vez de tornar visível a transferência. Não seria melhor, nos perguntamos, usar vários indicadores da transferência, não só a leitura dos sentimentos despertados pelo analisando no analista, como os efeitos de fala, tons, ritmos, cacofonias, repetições, etc.?

Entre 1967 e 1970, Bion provoca uma reviravolta na postura básica do analista adotada pela escola kleiniana, da qual ele foi uma figura de grande eminência. Em *Notas sobre memória e desejo* (Bion, 1967) faz um retorno a Freud em seu famoso conselho sobre comportar-se como um espelho. Bion sugere ao analista que crie as condições para a observação psicanalítica, para intuir a emoção antes que ela se faça dolorosamente óbvia. Sugere tolerar a incerteza, a angústia de não conhecer, a incoerência do material e a incompreensão para que possa descobrir novas relações entre os elementos que se apresentam. Ao contrário do típico analista kleiniano, Bion é silencioso e aconselha, também contrariando os kleinianos, interpretações abertas, insaturadas. Ele sugere regras para se instalar no desconhecido e no incognoscível. Uma posição ativa que refreie memória, desejo, compreensão e que permita estar num estado mental que ele chama de fé, uma atividade mental não preenchida pelo sensorial. (Grinberg, Sor, Bianchedi, 1976).

Podemos ensaiar a idéia de que quando se saturou o campo da contra-transferência, como vemos em Racker, isto é, quando a transferência foi, como que, engolida pela contra-transferência rompeu-se o campo e eis que surge Bion, um kleiniano que se torna um analista não contra-transferencial.

Outro didático contraste entre uma atitude tecnicamente dedutiva e uma atitude de ruptura com a técnica vemos no debate que começou em 1926-7 entre Ana Freud e M. Klein. Tomo apenas um esquemático resumo de uma das questões centrais – a possibilidade da análise infantil.

De um lado temos Anna Freud deduzindo da teoria freudiana do desenvolvimento infantil que a criança precisa de uma fase preparatória para desenvolver transferência de tipo afetuoso uma vez que ela se encontra ainda em relação com seus objetos primários e, portanto, não pode reeditar sua relação com eles na relação com o analista. Uma verdadeira transferência não pode se desenvolver. Deve-se criar um vínculo afetuoso para poder educar a criança além de analisar o que cria um impasse: como interpretar as resistências já que o analista não é mais uma tela em branco? Para Anna Freud o brincar não pode ser como a associação livre porque a criança não brinca para este fim e interpretar o brincar é interpretar de forma selvagem na medida em que faltam associações (verbais) para confirmar seu sentido.(King & Steiner, 1998, p. 47)

Melanie Klein, como sabemos, não estava comprometida com sustentar determinadas teorias freudianas que para os analistas vienenses eram a própria psicanálise. Pode então mudar o discurso. "Devo à analise de crianças pequenas uma compreensão mais completa das primeiras relações objetais e um nova percepção das origens da ansiedade, da culpa e do conflito. Estes achados me possibilitaram desenvolver uma técnica por meio da qual crianças de dois anos de idade estão sendo analisadas." (Klein, 1943, p. 619).

No Brasil na década de 1970 desponta outra recuperação metodológica cujo autor é Isaías Melsohn. Sua proposta forte para a clínica é a de uma suspensão das teorias psicanalíticas para poder adotar, como postura básica, uma escuta voltada para o que chama de concomitantes da fala: ritmo, assonâncias, melodia etc. Isaías faz uma crítica das bases psicológicas nas quais se fundamenta a Metapsicologia Freudiana a partir dos achados da Psicologia da Forma, da Fenomenologia e de Ernst Cassirer. Sua crítica tem como foco o conceito de inconsciente conteudístico, mas à diferença de outros pensadores que criticaram a metapsicologia freudiana Melsohn conserva a idéia de inconsciente entendendo-o como uma forma ordenadora da apreensão afetiva do mundo. Sua reconstrução da escuta apóia-se na lingüística e na antropologia estrutural. (Sister & Taffarel, 1996).

REFERÊNCIAS BIBLIOGRÁFICAS

BERGMANN, M. Notes of the history of psychoanalytic technique. In: Bergmann, M. & Hartman, F. (org.).*The Evolution of Psychoanalytic Technique*. New York: Columbia University Press, 1990.

BION, W. (1967). Notes on memory and desire. In: Langs, R. (org.) *Classics in Psychoanalytic technique*. New York, London: Jason Aronson, 1981, p. 259-260.

FERENCZI, S.(1919). Dificuldades técnicas de uma análise de histeria. In: Ferenczi, S. *Escritos Psicanalíticos 1909-1933*. Rio de Janeiro: Livraria Taurus Editora, 1985.

FERENCZI, S. & RANK, O. (1924). Perspectivas da psicanálise (Sobre a interdependência da teoria e da prática). In: Ferenczi, S. *Escritos Psicanalíticos 1909-1933*. Rio de Janeiro: Livraria Taurus Editora, 1985.

FREUD, S. (1910). The future prospects of psycho-analytic therapy. *SE*. London: The Hogarth Press, 11.

_____. (1911). The handling of dream-interpretation in psycho-analysis. London: The Hogarth Press. *SE*, 12.

_____. (1915). Observation on transference-love. *SE*. London: The Hogarth Press, 12.

_____. (1919). Lines of advanced in Psycho-analytic therapy. *SE*. London: The Hogarth Press, 17.

REFERÊNCIAS BIBLIOGRÁFICAS 83

_____. (1937). Analysis terminable and interminable. *SE*. London: The Hogarth Press, 23.

GRINBERG, L., SOR, O., BIANCHEDI, E. *Introducción a las Ideas de Bion*. Buenos Aires: Nueva Vision, 1976.

HEIMANN, P. (1949). On counter transference. In: Langs, R. (org.) *Classics in Psychoanalytic Technique*. New York, London: Jason Aronson, 1981, pp. 139-142.

HERRMANN, F. (1979). *Andaimes do Real: O Método da Psicanálise*. São Paulo: Casa do Psicólogo, 2001, 3ª edição.

HINSHELWOOD, R. (1989). *Dicionário do Pensamento Kleiniano*. Porto Alegre: Artes Médicas, 1992.

KING, P. & STEINER, R. *As Controvésias Freud-Klein 1941-45*. São Paulo: Imago, 1998.

KLEIN, M. (1943). Memorando de Melanie Klein sobre sua técnica. In: King, P. & Steiner, R. (org.) *As Controvérsias Freud-Klein 1941-45*. São Paulo: Imago, 1998, p. 617-619.

_____. (1951). The origins of transference. In: Langs, R. (org.) *Classics in Psychoanalytic Technique*. New York, London: Jason Aronson, 1981, p. 9-15.

Lang, R. *Classics in Psycho-analytic Technique*. New York, London: Jason Aronson, 1981.

LITTLE, M. (1951). Counter-transference and the patient's response to it. In: Lang, R. (org.) *Classics in Psycho-analytic Technique*. New York, London: Jason Aronson, 1981, p. 143-151.

PRAGIER, G. Un inédit de Ferenczi sur les interations de la théorie et de la pratique. In: Bokanowski, T. et al. (org.) *Sandor Ferenczi*. Paris: PUF, Monographies de la "Revue Francaise de Psychanalyse", 1995.

RACKER, H. (1953). Significados e usos da contra-transferência. In: *Estudos sobre Técnica Psicanalítica*. Porto Alegre: Artes Médicas, 1982.

REICH, W. (1933). The technique of character analysis. In: Bergmann, M. & Hartman, F. (org.). *The Evolution of Psychoanalytic Technique*. New York: Columbia University Press, 1990, p. 231-270.

ROUSSILLON, R. L'aventure technique de Ferenczi. In: Bokanowski, T. et al. (org.) *Sandor Ferenczi*. Paris: PUF, 1995, Monographies de la "Revue Française de Psychanalyse".

SISTER, B. & TAFFAREL, M. *Isaías Melsohn, A Psicanálise e a Vida – Setenta Anos de História Paulistana e a Formação de um Pensamento Renovador na Psicanálise*. São Paulo: Escuta, 1996.

STRACHEY, J. (1934). The nature of therapeutic action of psychoanalysis. In: Langs, R. (org.) *Classics in Psycho-analytic Technique*. New York, London: Jason Aronson, 1981.

Capítulo 3
A CLÍNICA NA TEORIA DOS CAMPOS

Suzete Capobianco[1]

A proposta desse texto é que possamos refletir sobre a clínica na Teoria dos Campos. Para isso parto de dois pontos distintos: o primeiro foi uma questão suscitada pelo tema do Encontro – *O Psicanalista: hoje e amanhã*. O segundo são elementos extraídos do estudo que realizei para o Mestrado, que envolveu uma pesquisa histórica sobre a psicanálise em São Paulo como veio sendo praticada nas últimas décadas. Depois de formulá-los, espero poder mostrar porque a clínica da Teoria dos Campos surge como uma alternativa de pensamento e reflexão para as crises que a prática psicanalítica contemporânea nos coloca.

Comecemos, então, pelo tema que é *O Psicanalista: hoje e amanhã*.

Algo me chamou a atenção nesta proposição. Aos meus olhos, um termo estava elidido. Quando nos dispomos a refletir sobre o hoje e o amanhã, supõe-se que o ontem esteja em algum lugar. E

---

[1] Suzete Capobianco é Psicanalista e Mestre em Psicologia Clínica pela PUC-SP.

esse era o termo elidido: é uma proposição sem ontem. Curiosa conjuntura, nos colocarmos a refletir psicanaliticamente sobre nossa situação hoje e nos dispormos a antecipar caminhos futuros, deixando de lado precisamente o que é mais próprio do nosso ofício: a memória.

Não creio ter sido esse o propósito, quando da escolha do tema do Encontro e acho até que tal decisão diga mais respeito ao intento de limitar a reflexão em uma dimensão possível, menos ambiciosa, que a um desprezo pelo passado. No entanto, como é de erros que construímos esse ofício, erros que dão certo, seria um desperdício perder essa possibilidade e proponho, então, que nos detenhamos, um tanto, aqui.

Uma das razões que me ocorre, desse ontem não constar, seria pela obviedade da ligação da psicanálise com o passado. O óbvio, é o que julgamos desnecessário mencionar e o que fica, portanto, mais apto a ludibriar nossos sentidos.

Se refizermos sem grande rigor, ou mesmo sem nenhum, um exercício de memória, não será difícil localizar que, durante longos anos, a psicanálise encontrou-se estreitamente vinculada com a idéia de passado.

De vários modos: a idéia de que o psicanalista deveria encontrar no passado do paciente as razões de seus mal-estares presentes; a idéia de que através da transferência o presente repete o passado; a idéia de que devemos atender nossos pacientes como Freud atendeu os seus... Tudo isso marcou uma aliança simplista de psicanálise com passado. Não se trata de uma aliança equivocada, mas que merece, como tudo que se desenvolve, abarcar complexidades.

Digo isso, porque dessas conexões simplistas é que vão se excluindo outras possibilidades investigativas dentro da própria psicanálise, e que nos conduz a focalizar esforços de entendimento numa direção, que peca mais por exclusão, que por erro.

Para dar um exemplo, um dos frutos dessa conexão simplista é ter se excluído, por muito tempo, o interesse e o exame das circunstâncias atuais do paciente, desqualificando-as como matéria menos psicanalítica ou atribuindo-as, à resistência do paciente em ingressar na experiência psicanalítica *comme il faut*.

O fato de a prática psicanalítica ir ganhando fama de ser desse jeito ou daquele outro, de ir ganhando uma cara específica, caricaturizando-se em modos ou modas de se conduzir o tratamento, é um fato inelutável. Inelutável, porém passível de pensamento, reflexão. Como o Encontro, que gerou esse texto, nos reuniu em torno de um interesse pela Teoria dos Campos, tomei como ponto comum que essa busca se relacionasse com o desejo de praticar psicanálise em moldes menos restritivos do que aqueles que, até então, nos eram transmitidos.

E aqui então, introduzo o segundo ponto para contar um pouco do que observei na pesquisa para o Mestrado (Capobianco, 2001). O meu interesse era investigar como os analistas falam com seus pacientes. Acreditava eu que não devia ser da mesma forma como aprendemos, e menos ainda como nos comunicamos entre colegas, fora ou dentro de instituições. O caminho para acessar tal recôndito lugar, foi através de falas de analistas que já estivessem publicadas. Escolhi a *Revista Brasileira de Psicanálise*, por ser a publicação que trazia a herança psicanalítica que eu havia recebido dos profissionais com quem fiz minha formação. A intenção era observar como se apresentava a fala do analista, e se tinha havido mudança no modo de falar dos tempos iniciais, pelo menos desde o tempo de publicação da revista que começa em 1968, até os nossos tempos. A pesquisa histórica abarcou um período de dez anos. Dessa maneira eu pretendia investigar um fato que diz respeito à transmissão da psicanálise, cujo principal canal são os modelos, as relações transferenciais, e que se alia a um silêncio, um pacto de silêncio com muitas faces e que impede uma divulgação mais ampla de como se vem praticando psicanálise, que cara ela tem hoje, se mudou, quanto mudou, etc. Há nos relatos psicanalíticos uma propensão a que se repita uma fórmula narrativa, que contempla, quero crer, a possibilidade dessa fórmula oferecer uma idéia de privacidade tanto para o analista quanto para o paciente. Tal repetição conta com o fato de que ao se disparar o relato: "Ele disse, eu falei" ou: "Ele disse, silêncio...", nós ouvintes, pavlovianamente, acordaríamos o nosso ser psicanalítico e, com ele, a reserva e o respeito à escuta seriam acionados. Como se desprevenidamente começasse a tocar o Hino Nacional e entrássemos todos em posição de sentido.

A mim sempre soou muito estranho que pessoas tão diferentes, quando iam contar seus atendimentos, falassem, salvo raríssimas exceções, com uma formatação tão parecida. O que acontecia com as diferenças? Porque tão sigilosas?

Essa questão começou pequena, como um incômodo pessoal e foi revelando coisas surpreendentes. Revelou, por exemplo, essa forma de controle muito sutil. Esse expediente silencioso rege e traduz uma vigilância, que rouba nada menos que a nossa singularidade, nosso jeito próprio, nossa alma e que é o único jeito de se praticar psicanálise: tendo um jeito próprio.

Depois desse estudo, confirmei que se tratava de um bom motivo para eu achar ruim e fazer algo com esse incômodo.

O que pude observar com a pesquisa? Que em cada período histórico, os psicanalistas se atêm a fenômenos diferentes, criam diferentes pacientes e falam de um modo diferente. Iguais entre si, segundo a moda vigente, mas diferente em relação a períodos históricos. A década de 1960 por exemplo, como é muito marcada pela teoria kleiniana e pela limitadíssima leitura que se fez do instinto de morte nessa teoria, as sessões são recheadas de ódios aos analistas. Os pacientes daqueles analistas queriam muito enganá-los, mas eles naturalmente não deixavam, e também tudo aquilo que faziam fora da análise era considerado *acting-out* (senão um pecado, algo no mínimo digno de nota e de ...interpretação!). O instinto de morte estava sempre lá, pronto para disparar a agressividade autônoma que impediria o esforço realizado pelos analistas que, por fim, não poderiam se responsabilizar por aquela constituição inata. Claro que sempre há os que não pensam e não agem assim, mas posso assegurar que a voz deles fica muito fraca em relação às verdades que se vão transmitindo. Verdades com peso institucional.

Logo em seguida, o período bioniano surge como renovação. Novo jeito de lidar com a transferência, novas técnicas, novo lugar para o analista. Aí vamos encontrar, por longos anos, analistas sem memória, livres de desejo e livres de projetos para seus pacientes e mais livres ainda: não querem curar seus pacientes.

Querer curar era visto como uma herança espúria e mal elaborada da medicina, do tempo em que os campos não estavam bem delimitados e que mais atrapalhava os analistas que ficavam onipotentes, com atitude religiosa etc.

Ou seja, cada momento, uma sentença.

Se examinarmos a década de 1970, a psicanálise paulista, e eu me refiro à psicanálise que se praticava em torno do eixo da Sociedade Brasileira de Psicanálise, tinha uma cara quase que estritamente kleiniana e seu estilo interpretativo estava voltado para os aspectos pré-genitais do mundo de objetos internos do paciente. O que, no entanto, não fica lembrado é que nesse mesmo período, entretanto, outras importantes produções do mundo contemporâneo já estavam publicadas aqui e discutiam, por exemplo, a importância de se pensar o conceito de *realidade* como algo mais amplo e complexo do que as noções deixadas por Freud ao se referir ao *Princípio de Realidade* ou à associação de realidade como uma função do Ego (Wallerstein, 1971). Estabelecida esta relação de forma simplista, a realidade estaria excluída da investigação do inconsciente. "Psicanalistas trabalham com o inconsciente", dizia-se.

Naquele momento o inconsciente era dentro, a realidade era fora e a ênfase recaía sobre o interno. Logo, trabalhar com o inconsciente, ser psicanalista implicaria desconsiderar aspectos do de fora, da dita realidade.

Conto isso para realçar que cada período histórico tem uma parcela do conhecimento que se mostra, que se absorve como verdadeira, que se repete mais, e outras tantas que embora estando lá não ficam audíveis ou visíveis. Cada um de nós se forma num desses períodos e absorve parcelas do conhecimento como sendo verdadeiras. Depois se instala o silêncio, as formatações rígidas e todo mundo faz de um jeito diferente do que se imagina que todos façam, mas não se pode mais falar abertamente sobre isso.

Voltando ao nosso título, uma segunda hipótese sobre o desaparecimento do ontem é que o nosso passado pesa. Ao falarmos do hoje e do amanhã surge junto uma idéia de maior agilidade, uma psicanálise para a contemporaneidade. Seríamos capazes de construir uma psicanálise mais afinada com as demandas de um tempo veloz, sem os lastros que nos aprisionam em marcas indesejáveis, nesse tempo sem tempo?

Não há dúvida que todo conhecimento, e o nosso não é diferente, necessita atualização. Não só o mundo onde estamos situados exige de nós permanente atualização, como a crise por que a psicanálise vem passando, traduziu uma dessintonia entre um modo de sofrer contemporâneo e os modos de tratar do sofrimento humano conforme aprendemos a praticar. O resultado alarmante foi que, em plena maturidade do nosso ofício, nos vemos ameaçados de extinção. Os consultórios se esvaziam, os pacientes não têm tempo para fazer análise, e mais, fazer análise caiu num tal descrédito, que nem se busca o tal tempo, como se busca para uma massagem relaxante ou um workshop de fim de semana do tipo: *Do medo à confiança em duas aulas*.

Enfim, tempos inóspitos para quem, como nós, acredita no poder transformador de uma experiência psicanalítica. Logo, é preciso mesmo que se tome as rédeas desse processo para tentarmos acertar a direção. Mas há, nessa tentativa, algo de preocupante.

Dos tempos de constituição e assentamento (clássico, começo do século), passando pelo período de expansão (pós guerra), considerando o período de desdobramento em muitas escolas (Klein, Bion, Lacan) até os tempos atuais, um fenômeno se pode notar: "As teorias mudam com grande rapidez, mas há sempre uma assinaladora ridicularização do antigo e a aceitação do novo, somente nessa base" (Rangell, 1971), segundo palavras de Leo Rangell, no seu discurso de abertura do 27º Congresso Internacional em Viena, 1971.

Nesse discurso ele observa que essa substituição de posições teóricas, traz muitas contribuições e revela uma expansão de nosso conhecimento, mas que não é desprezível seu efeito desagregador.

"Numa apresentação científica", diz ele, "é comum ver um participante trazendo à discussão e defendendo um fator diferente do apresentado pelo autor." (Idem, 1971)

Ele se refere a isso como uma propensão a polarizações dicotômicas, o que ele atribui, e no texto ele desenvolve melhor essa idéia, à descarga de agressão envolvida no complexo edípico. É difícil permitir o surgimento do novo. A sucessão geracional, a mudança de poder e suas verdades correspondentes, promovem habitualmente uma forma de pensamento por exclusão, o que indica uma propensão dos analistas a se satisfazerem com dicotomias polares, ao invés de tornar o pensamento mais complexo para abarcar a diversidade e fazer assim, avançar a boa teorização.

Se aproveitarmos essa lembrança de tempos muito recentes, de que as mudanças têm uma lógica de funcionamento que nos induz a uma aceitação entusiasmada daquilo que se apresenta como solução para a crise e, na mesma proporção, nos induz a um rechaço do que até então vinha nos dando o chão para caminhar – é aí que a memória pode vir ao nosso encontro e que a noção de reflexão psicanalítica, no sentido largo do termo, pode nos ajudar a pensar.

O conceito central da Teoria dos Campos é a idéia de ruptura. Mudanças envolvem rupturas. E sabemos também que para cada organização em um dado campo, um modo de operar a ruptura se apresenta mais ou menos eficiente.

A disposição de refletir sobre o nosso ofício hoje, nossa clínica – e penso que o termo amanhã aqui só pode significar desejo de incremento, melhoria, mais possibilidades para o que aprendemos a nos tornar – traz a preocupação de que estejamos repetindo esse mesmo passado recente, agora com novas roupagens, polarizando uma vez mais, nos lançando como flechas apontadas para um futuro, desejantes, e sem lastro.

Puro hoje e amanhã, sem ontem.

A observação histórica mostra que a trajetória que descrevemos enquanto grupo, partiu de um ponto *para dentro e para trás* aliado a um único referencial teórico, e se movimentou em direção ao *para fora e para frente* com múltiplos referenciais teóricos. Dito de outra forma, passamos de uma tendência entrópica que desconsiderava externalidades, ou o mundo, para uma outra ordem em que urge fazer parte do mundo.

Os psicanalistas passaram de um estado espectral de neutralidade e abstinência para um estado encarnado e participativo. Como ambas as posições refletem pontos diferentes de uma mesma rede de sentido, que é o efeito no nosso comportamento da inserção histórica a que estamos submetidos, avaliar o percurso exige, para não repetir o caminho das polarizações dicotômicas, refletir sobre o hoje como sendo um demandante de atualização, uma característica do campo contemporâneo, um estado que pressiona no sentido do furor novidadeiro e penso que a forma de operar ruptura num campo que se utiliza desses expedientes é resistir. Os tempos pedem novidade, atualização, pressa e parece que o tema deste Encontro de algum modo, também revela ter sido marcado por essa demanda. O que eu gostaria de pensar criticamente, coisa que a Teoria dos Campos sempre nos propõe, é sobre a idéia de resistir. Resistir, aqui, no sentido de promover pensamento, resistir às respostas prontas, imediatas, *fast delivery*.

O campo contemporâneo é regido pela transitoriedade, pela fugacidade. Tudo escapa pelas mãos. Logo, o esforço de se dirigir ao futuro, ser psicanalista no futuro ou de futuro, não me parece ser algo que apenas mimetize o campo em que estamos inseridos. Isso soa mais como efeito que como ação. Onde tudo muda, o que resiste é o que fica. Não porque não se deixa tocar ou permear pelo que muda, mas por nortear-se pela visão de que onde tudo se move, mover-se é desaparecer. (A proposição é a de um modo de rexistir, com x.)

A fugacidade com que as modas em psicanálise se descartam, poderia nos conduzir a um ponto de resistência. O que permanece quando o que se mostra acessório já se foi?

Os anos mostraram que não é o silêncio, nem o número de sessões semanais para a freqüência a um consultório, tampouco a posição vertical ou horizontal dos pacientes ou a instituição em que o analista fez sua formação. Para além dessas variantes, algo permanece. A Teoria dos Campos vem ocupando este lugar de forma cada vez mais produtiva. Ela rexiste e assim nos ensina essa perspectiva que reaviva a psicanálise através da demonstração que não há psicanálise sem que o método seja encarnado a cada vez por um psicanalista com sua singularidade e seu tempo. A grande contribuição que a Teoria dos Campos pode nos oferecer é precisamente ser boa teoria. Boa teoria pois abarca um universo ilimitado de possibilidades existenciais sem se oferecer como norma ou como padrão. E aí marca posição e faz diferença.

Minha filiação à Teoria dos Campos está expressa no modo como dei tratamento a esse tema, no modo de escutá-lo ou de *tomá-lo em consideração*, como dizemos habitualmente. Ouvir as regras do campo, tentar chegar à lei que rege o campo, que imprime sua lógica e que nos faz ficar cativos e enredados nele sem a visibilidade que permite a ruptura.

Tratei de configurar o modo de se praticar psicanálise, em cada caso, como algo que é regido por leis invisíveis, modas que são incorporadas como verdades e que determinam um modo de ser analista, de interpretar os pacientes que julgamos se formar no interior de cada um de nós mas que transborda, é maior que nós. O inconsciente não é dentro das cabeças, é *por aí*, ao redor. Nós, somos perpassados por ele como uma espécie de eu que vem de fora. E não é no passado. É um hoje impregnado de passado; é até o ponto em que ele fique visível para nós. Para tal, a ruptura que tem que se dar é no modo como aprendemos e absorvemos o que nos ensinam. Se for canônico, se a expectativa for a de ouvir a verdade, a única posição que nos resta é de sermos crentes. Como diz o Fábio Herrmann: "Quem não cria, crê". Ou Pontalis em sua autobiografia através de Adam Phillips que o prefacia: "... 'tudo me afasta da crença'. Discípulos nunca aprendem." (Pontalis, 1993, p. IX).

A Teoria dos Campos ocupa no campo psicanalítico o lugar de restituir uma prática viva, singular, que não seja pura repetição de regras. Penso que o mais triste seria começar a se referir aos casos clínicos de uma forma *campista*. Neste caso não teríamos aprendido a lição. Seria, como disse Rangell, a substituição do antigo pelo novo com outras roupagens.

Não haveria ruptura no campo.

A psicanálise precede a Teoria dos Campos. Esta, no entanto, pôde compreendê-la de um modo que a fez crescer. Fez isso tão bem, que assim como nossos pais vão mudando de dimensão quando crescemos, a Teoria dos Campos cresceu e se tornou autônoma e assim se apresenta. Como eu acho que o grande perigo é perdermos a noção de procedência, de raiz, de história, ensinamento que Freud nos legou, quis levantar essa discussão sobre os riscos e a necessidade de sermos autônomos. Na nossa ligação com as heranças, e na crença de que revendo a história como é contada pelos indivíduos ou pelo coletivo nos nossos documentos, não abdicando da memória, por maior que seja a força do esquecimento, é que podemos nos situar para fazermos de um modo singular, o que esteve sempre aí.

Confio que os tempos atuais exijam analistas vivos, encarnados e praticando o que denomino uma clínica de autor em contraponto com a clínica de ator. Não se é autor da própria clínica se não tivermos trazido para nós a autorização que só se conquista pisando em solo próprio, fazendo o que esteve sempre aí de um jeito que ninguém mais faz igual, na medida em que é nossa criação. Acredito que isso é o ensinamento que a Teoria dos Campos nos possibilita. Ao menos, essa foi a lição que aprendi.

REFERÊNCIAS BIBLIOGRÁFICAS

CAPOBIANCO, S. A *Fala do Analista – Repetir ou elaborar?* São Paulo, 2001Dissertação (Mestrado) – PUC-SP.

PONTALIS, J.-B. *Love of Beginnings*. Free Associaciation Books: London, 1993.

RANGELL, L. Agressão, Édipo e perspectiva histórica. (Discurso proferido na Sessão Inaugural do XXVII Congresso Psicanalítico Internacional, em Viena). *Revista Brasileira de Psicanálise*. 5, n. 3-4: 284-302, 1971.

WALLERSTEIN, R. S. Perspectivas psicanalíticas quanto ao problema da realidade. *Revista Brasileira de Psicanálise*. 8, n. 2: 223-253, 1974.

PARTE III
DIALOGANDO COM OUTRAS DISCIPLINAS

Apresentação

Andrea Giovannetti

Introduzidos e aprofundados no tema podemos agora expandi-lo. Teoria dos Campos e o que mais? Os autores desta seção o respondem: Adorno, Benjamin, Agamben, Proust, Lévy. Em posições de maior ou menor proximidade com as propostas de Fabio Herrmann, eles ampliam o âmbito da discussão e concretizam o intuito de diálogo que norteou a produção inicial destes textos.

Comecemos pelo método. João Frayze-Pereira acerca-se da Teoria dos Campos pela porta da frente. E o faz com o virtuosismo que lhe é peculiar. Dividido o mundo cartesiano em pensamento e coisa, o pensar é atribuído pela primeira vez na modernidade a um ente, a consciência. Envidam-se, pois, esforços do subjetivismo filosófico e objetivismo científico desafiados a estabelecer as condições de possibilidade para as relações entre duas exterioridades: consciência e mundo. Aí comparece o método, instrumento a serviço da adequação da representação à coisa representada e garantia do poder heurístico desta operação. Assim o método antecede qualquer ato de conhecimento. Mas como pressupô-lo a partir da ruptura epistemológica e ontológica realizada pelo próprio Freud que subtrai à consciência sua característica de sede da verdade? E o que dizer do lugar central ocupado pelo método no revisionismo crítico do sistema dos campos? Como conciliar a característica de espessura ontológica do método, apontada por Herrmann, com a necessidade de método na Psicanálise, pergunta-se Frayze. Encaminha sua reflexão assimilando a arte de interpretar a uma *praxis*, a um fazer, como o concebe Luigi Pareyson.

Sandra Schaffa e Mônica Amaral, por sua vez, consideram a apreciação feita de Walter Benjamin acerca da pobreza de experiência do homem contemporâneo. Lamentam com ele o fim da narrativa tradicional inerente ao modo humano de existir. Talvez a psicanálise sofra de um paradoxo análogo ao da narrativa, sugere Amaral, aquele da agonia da transmissão da experiência, da dificuldade de se ensinar a um outro como se promove essa *rememoração involuntária da palavra esquecediça que constitui o sujeito*. Seriam os psicanalistas os guardiões contemporâneos da sabedoria? Amaral fala do processo analítico como uma *cena de humanização* e compartilha das conjeturas de Schaffa sobre a formação de analistas. Os analistas, desde Freud, ter-se-iam preocupado tanto com as técnicas para a prática clínica que se desviaram da dimensão *antropológica inicial*. Trata-se da recuperação do que Schaffa chama de uma *disponibilidade subjetiva de imersão num tempo fora do tempo*, deste *remédio* que é uma *operação que dura tempo*. O analista aparece aí, então, como artífice da ruptura no sujeito da experiência.

Mal saídos deste tempo de memórias e de deste trabalho de desesquecer, somos levados a mergulhar no universo virtual. Próchno, Marquez e Araújo expõem-nos à aceleração representativa dos dias que correm. Dias de simulacro, de espetáculo, que os autores aproximam da idéia de *mentira original* como ponto de partida da construção da psique, *o precioso espaço onde se dá a possibilidade de substituição de representações, que só funciona graças a esse desencontro original* (Herrmann, 2001). Psique individual e psique do real. Quanto a compreender o pensamento de Herrmann como pós-moderno, parece-nos um passo muito grande. Diríamos que seu sistema também poderia ser tomado como representante de algumas das características mais destacadas do modernismo. Ou estaríamos falando em ultra-modernismo?

Finalmente, há o texto de Cecília Orsini, momento em que a prática se faz teoria. O atendimento de uma adolescente simultâneo à leitura de Proust germinou o tipo de clínica que se faz na Teoria dos Campos. Em Proust a juventude em flor desliza esvoaçante, em bandos, exatamente como o fazia a Tiane do consultório de

Orsini. A narrativa viva do escritor francês sustentou a analista em sua abertura para a participação não moralizante da experiência de Tiane; foi co-autor do processo em curso. Por outro lado, Orsini escreveu, não, inscreveu sua arte.

Capítulo 1

PSICANÁLISE, TEORIA DOS CAMPOS E FILOSOFIA: A QUESTÃO DO MÉTODO

João A. Frayze-Pereira[1]

Em 1984, aconteceu em Aix-en-Provence um Colóquio – na verdade o terceiro de uma série de Encontros que contaram com a participação da Sociedade Psicanalítica de Paris – cujo tema foi o das relações entre Metapsicologia e Filosofia. Quase 30 anos antes, ou seja, em 1955, a Sociedade Francesa de Filosofia realizou um encontro presidido por Gaston Bachelard para discutir as relações entre Psicanálise e Filosofia (Fédida et al., 1985). Lendo as publicações decorrentes desses eventos, o que se observa é que apesar da desconfiança de Freud acerca dos filósofos – entendidos como *criadores de sistemas* – não foi possível impedir a sistematização do interesse dos psicanalistas pelos grandes temas filosóficos, uma vez que foi se tornando cada vez mais evidente que a Psicanálise

---

[1] Professor Livre-Docente do Instituto de Psicologia-USP / Psicanalista do Instituto de Psicanálise da SBPSP.

precisa da Filosofia não só para pensar as questões relacionadas à dinâmica psíquica, mas sobretudo para evitar os riscos do desconhecimento de si mesma. Entre tais temas, o tema do método é dos mais significativos. E é atualíssimo, considerando-se que foi o principal objeto do último Congresso Internacional de Psicanálise promovido pela IPA, realizado em Nice, em julho passado. E é também um tema da maior importância na Filosofia, uma vez que é intrinsecamente ligado ao chamado *problema do conhecimento*. Que problema é esse?

O filósofo Maurice Merleau-Ponty, a certa altura de sua obra, escreveu o seguinte: "Fomos habituados pela tradição cartesiana a uma atitude reflexiva que purifica simultaneamente a noção comum do corpo e da alma, definindo o corpo como uma soma de partes sem interior e a alma como um ser totalmente presente a si mesmo, sem distância. Essas definições correlatas estabelecem a clareza em nós e fora de nós: transparência de um objeto sem dobras, transparência de um sujeito que é exclusivamente aquilo que ele pensa ser. O objeto é objeto de ponta a ponta e a consciência é consciência de ponta a ponta. Há dois e somente dois sentidos para a palavra existir: existe-se como coisa ou existe-se como consciência" (1945, p. 230-231). E a questão aqui é a seguinte: dada a tradição mencionada, como é possível a essas duas existências, exterior e interior, relacionarem-se no plano do conhecimento?

Com efeito, com Descartes e o dualismo metafísico da *res cogitans* e da *res extensa*, o pensamento moderno inaugura a dicotomia sujeito-objeto do conhecimento. Na Filosofia, essa dicotomia engendra a oposição clássica entre racionalismo e empirismo. O primeiro coloca a possibilidade do conhecimento na *res cogitans*, isto é, numa *coisa* cujo atributo principal é o pensamento; o segundo, na *res extensa*, ou seja, numa *coisa* cujo atributo principal é a extensão. Mas para ambos o problema a resolver é o mesmo: como o sujeito pode se apropriar de uma realidade exterior a ele e, sobretudo, heterogênea a ele? Quer dizer, pela primeira vez na história da Filosofia, o ser e o pensar tornam-se transcendentes. O lugar de onde provem o conhecimento não é mais o próprio Ser, mas *um* dentre os seres. Em outras palavras, o que caracteriza o problema do conhecimento a partir da época moderna é o fato de que, enquanto para os antigos gregos o Ser tinha como uma das suas formas de manifestação o pensamento, na modernidade, o pensar, ao invés de ser o próprio Ser que se oferece aos homens, localiza-se em um dos entes. Passa a haver, então, um ente cuja determinação especial é ser o ente que conhece. E este ente, fundamento do conhecimento, não é o homem, mas a consciência, enquanto consciência-de-si-reflexiva, isto é, a consciência que tem consciência de si porque reflete sobre si mesma. É na modernidade que se inaugura essa flexão da consciência sobre si mesma, fazendo de si mesma objeto de conhecimento. E tal consciência-de-si-reflexiva, sendo a sede do conhecimento, recebe um nome determinado: *Sujeito*. Então, se consciência e mundo são realidades heterogêneas, exteriores uma à outra, substancialmente independentes uma da outra, como explicar sua relação no conhecimento? Como a consciência pode apropriar-se da coisa? Como a coisa poderá invadir a consciência? O desafio para a Filosofia será o de encontrar uma operação que permita à consciência, pura interioridade, apropriar-se do objeto exterior. Trata-se da representação, operação através da qual a coisa externa é convertida em idéia da coisa externa. Portanto, do ponto de vista do conhecimento, o privilégio cabe ao Sujeito e a Filosofia ruma para o intelectualismo. A situação da ciência moderna é aparentemente oposta, pois embora a ciência seja a continuação da *fé perceptiva* – crença ingênua na existência de uma realidade em si passível de conhecimento, tal como ela é nela mesma, através de nossos sentidos (isto é, da observação) – e, enquanto tal, orientada para o realismo objetivista, a atividade científica, como elaboração conceitual dessa realidade, também aceita o privilégio do Sujeito, pois o objeto científico é a transformação do dado em idéia, isto é, em representação (Merleau-Ponty, 1964a).

Em suma, pode-se dizer que a modernidade inaugura uma forma de conhecer que persiste na época contemporânea, forma a serviço da qual se encontra exatamente a idéia de método. O dualismo originário sujeito-objeto, consciência-mundo, engendra o problema do conhecimento cuja superação filosófica não é possível por uma volta nostálgica ao pensamento grego. Mais exatamente, tal ultrapassagem exige a interrogação dos compromissos contraídos por esse tipo de relação sujeito-objeto. Como advertiu Merleau-Ponty, os modernos inventaram a *idéia de representação* e com ela acabaram criando uma tradição segundo a qual *existe-se como coisa ou existe-se como consciência*.

Ora, quais são as características do conhecimento enquanto *representação*?

Tendo por base a crítica feita por alguns filósofos à modernidade, sobretudo o pensamento contundente de Marilena Chauí cujos escritos são fundamentais para a análise que pretendemos realizar, passaremos a apresentar muito resumidamente as características principais da noção de representação (Chauí, 1979) para, depois, encaminhar uma leitura possível do significado da questão metodológica no âmbito da Teoria dos Campos.

Uma primeira característica da noção de representação está justamente em postular a necessária exterioridade entre sujeito e objeto do conhecimento. É o sujeito que realiza uma atividade (a atividade chamada representação) através da qual anula o objeto como existência exterior e diferente dele, convertendo-o em alguma coisa homogênea a ele próprio, isto é, em idéia, em representação.

A segunda característica, decorrente da primeira, refere-se à exterioridade que se estabelece entre verdade e conhecimento. Quer dizer, dada a exterioridade sujeito-objeto cuja relação se dá graças a uma operação do sujeito, coloca-se o problema de saber qual o critério para que essa operação possa ser considerada verdadeira. De que garantia o sujeito dispõe para saber que o conhecimento, isto é, a representação, é um conhecimento verdadeiro? A exterioridade sujeito-objeto acarreta duas conseqüências. Em primeiro lugar, decorre dessa exterioridade que a verdade seja entendida como adequação da representação à coisa representada e que, entendida dessa maneira, exige uma garantia. Em segundo lugar, essa é a outra conseqüência, essa garantia será fornecida pela existência de um instrumento adequado à produção da adequação entre representação e coisa representada. E tal instrumento é o método.

A exterioridade sujeito-objeto, provocando a exterioridade entre verdade-conhecimento, conduz necessariamente à *noção de método*. O conhecimento, a partir do século XVII, está fadado a exigir um método como condição prévia e anterior ao ato de conhecimento. Por que? Porque diferindo da concepção medieval de conhecimento que dependia da arte da exposição e da demonstração do já conhecido, a partir de Descartes, o método torna-se uma condição moderna para o conhecimento verdadeiro. Ou seja, para os medievais que se serviam da *tradição* e da *erudição*, tal necessidade do método não se colocava, pois não era possível conhecer nada diferente do contido nas Sagradas Escrituras. Quer dizer, a arte da erudição servia aos sábios (iluminados pela graça) para a demonstração do que já era sabido. A partir da modernidade, ao contrário, o método, tanto na forma empirista-objetivista (como procedimento de observação de fatos e de verificação de hipóteses), quanto na forma racionalista-subjetivista (como fornecimento de normas para a produção do discurso) é uma exigência obrigatória para o sujeito do conhecimento como conseqüência de sua separação com relação ao objeto, pois a ausência de uma garantia intrínseca ao conhecimento obriga a criar tal garantia por intermédio de regras metodológicas. E com isso surge uma terceira característica: a exterioridade entre método e conhecimento.

O método é um instrumento de conhecimento enquanto condição prévia e externa ao próprio ato de conhecer. É a condição para a sua realização. Essa antecedência do método, entendido como conjunto de regras que ordenam, que definem o objeto segundo uma medida rigorosa e que garantem que haja correspondência adequada entre a ordem do mundo e a ordem do conhecimento, além de dar direito à representação, ser guia da representação, é exigido por ela. Ou seja, não é possível ao conhecimento engendrar no seu decorrer o seu próprio método. Ao contrário, o conhecimento se realiza subordinado a um método que lhe é prévio. Só assim ele será um conhecimento adequado àquilo que conhece, isto é, verdadeiro. E quanto a isso fica respeitada a etimologia do termo grego *méthodos*, isto é, *caminho para além de* (*certo obstáculo*) (Herrmann, 1999, p. 7), ou seja, via, rota ou modo de superação do obstáculo ao conhecimento que, modernamente, é o problema do conhecimento. Nesse sentido, o método é um meio para conhecer planejado e pré-determinado (Chauí, 1994, p. 354). Quer dizer, é um procedimento racional para o conhecimento, portanto, planejado e fixado previamente. É por essa razão que se afirma ser a relação entre o método como instrumento e a realidade cognoscível, necessariamente externa a ele, da ordem da aplicação.

Finalmente, em conseqüência dessas exterioridades — sujeito/objeto, verdade/conhecimento, método/conhecimento — surge uma quarta característica do conhecimento entendido como representação. Tal característica é na verdade uma implicação de ordem ontológica, pois diz respeito ao modo como o *real* é definido. O real surge como dicotômico ou como constituído por oposições de termos positivos: de um lado coisa, de outro, espírito; de um lado fatos, de outro, idéias; de um lado mundo, de outro, consciência.

E o resultado mais significativo dessas dicotomias é o *reducionismo*, isto é, a tendência a considerar um dos pólos como real e o outro como um reflexo desse suposto real. Então, se o real for *coisa*, o espírito será reflexo dela no cérebro dos homens. Se o real for *idéia*, o fato será reflexo dela no mundo e assim por diante. Em suma, a dicotomia é superada pela redução de um dos termos à condição de reflexo do outro, tido como o *real*. Mas cabe observar ainda que tanto a coisa, quanto a idéia, tanto o fato, quanto a consciência, desde o dualismo *res cogitans / res extensa*, tendem a ser encarados como substâncias, isto é, como entidades positivas, constituídas em si e por si mesmas, independentemente uma da outra. Em que base assenta-se esse positivismo nessa atitude de conhecimento? Ele está baseado no privilégio dado ao princípio de identidade como princípio definidor da realidade. A idéia é real e a coisa é real desde que permaneçam idênticos a si mesmos, sendo, portanto, irreal e ininteligível o contraditório. Nesse regime de conhecimento é respeitado o princípio aristotélico da não-contradição e que se formula do seguinte modo: é impossível que algo seja e não seja idêntico a si mesmo, ao mesmo tempo e na mesma relação. Nesse sentido, na perspectiva do conhecimento entendido como representação há privilégio do positivo e do idêntico e exclusão do negativo e do contraditório. O que esse modo de conceber o conhecimento proíbe é a negação interna, isto é, a afirmação simultânea da identidade e da não-identidade. Isso seria a autodestruição de um ser real, passagem do ser ao nada. E, portanto, seria impensável (Chauí, 1979).

A partir daí fica mais claro o pressuposto filosófico básico da concepção moderna de conhecimento. Trata-se da crença de que o sujeito é capaz de realizar aquilo que Merleau-Ponty denomina "pensamento de sobrevôo" (1964b, p. 12). Ou seja, uma vez que o ponto de vista do sujeito ingênuo, do senso comum, é sempre parcial, quer dizer, efetivamente é um ponto de vista, o conhecimento verdadeiro não pode decorrer de um ponto de vista, mas da unidade de todos os pontos de vista. Nesse sentido, a representação será a totalização de todos os pontos de vista parciais, realizando-se, portanto, como "sobrevôo do real". Assim, o sujeito não pode estar encarnado no real. Nessa condição, também ele ficaria reduzido a um ponto de vista particular, dispensando a necessidade do método para conhecer, o que seria inviável para uma forma de conhecimento que tem a pretensão da universalidade.

PSICANÁLISE, TEORIA DOS CAMPOS E FILOSOFIA: A QUESTÃO DO MÉTODO 107

É a posição da exterioridade em relação ao objeto que permite ao sujeito fazer o sobrevôo do real. E é também essa posição de exterioridade que torna necessário ao sujeito o uso do método para garantir que sua operação seja verdadeira, isto é, a representação adequada. Com base em Marilena Chauí (1974), podemos concluir: o método é um guia para a representação ser adequada de sorte que toda discussão sobre método é uma discussão que tem como pressuposto a exterioridade sujeito-objeto. É o método que permite à teoria ser verdadeira e é a teoria aquilo que permite justificar o método empregado. Ora, não há outro meio de sair do círculo a não ser que ele se arrebente por si mesmo, isto é, que ele se desfaça internamente.

Ora, considerando o momento inaugural da Psicanálise dentro da perspectiva esboçada até aqui, verifica-se que ao afirmar que o "inconsciente é o psíquico verdadeiramente real", Freud (1900, p. 554) está operando uma subversão simultaneamente epistemológica e ontológica, porque durante séculos o psíquico foi identificado à Consciência. Como se sabe, todo o pensamento moderno, de Descartes a Hegel, tem na Consciência uma referência central. Com Freud a Consciência perde esse estatuto. Passa a representar uma pequena parte da totalidade psíquica, além de deixar de ser a sede da verdade. A verdade passa a ser concebida na relação com o desejo (portanto, com o Inconsciente) e a Consciência passa a ser o lugar da ilusão (Garcia-Roza, 1993, p. 219-20).

Mas, se por um lado, toda a Consciência foi alguma vez Inconsciente, por outro lado, não temos acesso ao Inconsciente a não ser pela via da Consciência. Mais do que isso, o Inconsciente permaneceria inteiramente ignorado não fossem os efeitos produzidos por ele no nível da Consciência, expressos nos discursos, nas ações, nos sintomas, nos sonhos. Ou seja, a Psicanálise não pode prescindir da Consciência.

Diversamente do Behaviorismo de Watson, Freud não nega a existência da Consciência e também não a recusa metodologicamente. Ocorre que a Consciência, descentrada do lugar privilegiado que lhe era outorgado pela Psicologia, também tem reduzida a sua importância exclusiva como instrumento e lugar da verdade. Mais do que isso, como observou Merleau-Ponty (1960, p. 372), "...seria um erro falar aqui de Consciência, porquanto isso é restabelecer a dicotomia entre a alma e o corpo, no momento em que o freudismo a está contestando, e transformando assim tanto a nossa idéia do corpo como a nossa idéia de espírito". Se os *fatos psíquicos* *têm sentido*, como demonstra Freud, nenhum comportamento humano pode ser o simples resultado de um mecanismo corporal. Isto quer dizer que não há na conduta humana "...um centro espiritual e uma periferia de automatismo, e que todos os nossos gestos participam à sua maneira dessa única atividade de explicitação e de significação que somos nós mesmos." (Idem, p. 373). Em Freud, o modo de explicação causal é problematizado. Há que se considerar que, "...pelo menos tanto quanto explica a conduta adulta por uma fatalidade herdada da infância, Freud mostra na infância uma vida adulta *prematura*...; pelo menos tanto quanto explica o psicológico pelo corpo, Freud mostra o significado psicológico do corpo, a sua lógica secreta ou latente. Logo, já não é possível falar do sexo enquanto aparelho localizável ou do corpo enquanto massa de matéria, como de uma causa última." (Ib., p. 373). Ou seja, nem causa, nem meio; nem efeito, nem fim; nem matéria, nem forma – nenhuma das noções que a Filosofia elaborou é suficiente para "...pensar as relações do corpo com a vida total, sua influência sobre a vida pessoal ou a influência da vida pessoal sobre ele." (Ib., p. 373). Como nas mais sofisticadas elaborações filosóficas contemporâneas, já em Freud o corpo aparece como uma realidade enigmática, quer dizer, "...parte do mundo, por certo, mas estranhamente oferecida, como seu habitat, a um desejo absoluto de aproximar-se do outro e de unir-se a ele também em seu corpo, animado e animante, figura natural do espírito." (Ib., p. 373).

Em suma, concluindo com Merleau-Ponty (1960, p. 373): "Com a Psicanálise o espírito introduz-se no corpo, assim como, inversamente, o corpo introduz-se no espírito." E, nesse ponto, é preciso admitir que "...ainda há muito a fazer para tirar da experiência psicanalítica tudo quanto ela contém..." (p. 374). É um proveito que leva a Psicanálise a dialogar não apenas com a Filosofia, mas também com a Literatura Contemporânea, pois é a idéia do indivíduo encarnado, dado a si mesmo e também ao outro, que Freud acaba propondo. E no mesmo momento em que o fazia, os escritores, sem que se tratasse de uma *influência*, expressavam, cada um ao seu modo, a mesma experiência. Ou seja, à medida que se vai atravessando as primeiras décadas do século XX, vai se tornando cada vez mais evidente que "...a encarnação e o outro são o labirinto da reflexão e da sensibilidade – de uma espécie de reflexão sensível – entre os contemporâneos." (p. 378). E foi graças a Freud que, segundo Merleau-Ponty, escritores

PSICANÁLISE, TEORIA DOS CAMPOS E FILOSOFIA: A QUESTÃO DO MÉTODO

como Proust e Valéry, por exemplo, encontraram na cultura récem-lavrada pela Psicanálise o ponto de partida radical para interrogar o campo de suas experiências. Quer dizer, não há dúvida de que Freud apurou cada vez melhor, na maturidade de sua obra, as relações entre o exterior e o interior, "...a função espiritual do corpo e a encarnação do espírito." (Merleau-Ponty, 1960, p. 374). Em outras palavras, Freud subverte a Consciência dos pontos de vista ontológico (ela não é o real verdadeiro) e epistemológico (não é a sede da verdade). E tal como se formula, desde a *Interpretação dos Sonhos* (Freud, 1900), a Psicanálise apresenta-se com condições teóricas para subverter a metafísica clássica, a idéia moderna de conhecimento e, por implicação, a noção de método (Merleau-Ponty, 1966, p. 145-72).

Posto isso, é de se estranhar que ainda hoje seja enfatizada a questão do método, quando a perspectiva adotada é a psicanalítica. E, no entanto, fala-se muito em método na Psicanálise Contemporânea, como se um discurso do método garantisse a cientificidade dessa disciplina. E até na Teoria dos Campos, que é bastante crítica com relação à própria Psicanálise, há um discurso sobre o método. Mas de que se fala, nessa Teoria, quando se usa o termo?

É o próprio Fabio Herrmann quem nos auxilia a pensar essa questão. Em seu último livro "Introdução à Teoria dos Campos" (2001), no capítulo intitulado "O método da Psicanálise", a certa altura escreve o autor:

"A *ruptura de campo* é, portanto, o método da Psicanálise, segundo a Teoria dos Campos. E é um método muito especial, pois cria a situação onde os fenômenos que estuda se podem dar e cria, até certo ponto, os próprios fenômenos estudados. Isso não significa que tudo seja artificial ou falso. Pelo contrário. A *situação analítica é método em ação, é a forma mesma pela qual funciona a psique humana, só que ao revés, invertida*. Nosso psiquismo cria e procura manter seus campos, a situação analítica sistematicamente os desmancha; no mais, psiquismo e método psicanalítico são absolutamente iguais, imagens especulares. Por isso, o que a Psicanálise estuda é, em grande parte, resultado da análise: é uma forma de conhecimento *sui generis* que cria aquilo que estuda, sem que deixem de ser corretas suas descobertas. Poderíamos enunciar esse fato com um título pomposo: o método psicanalítico é dotado de *espessura ontológica*." (p. 61).

Ora, o fenômeno que mostra essa espessura ontológica é a *transferência* e o campo da análise, denso ontologicamente, é o *campo transferencial*. Assim, pergunta nosso autor – "...a transferência é uma propriedade do método psicanalítico em ação ou é uma qualidade inerente ao psiquismo humano?" (p. 62). *Qualidade humana* e *característica do método*, a transferência aponta para essa peculiaridade *misteriosa, estranha, mágica* (essas palavras são do autor) do chamado, paradoxalmente, *método psicanalítico*. E dizemos paradoxalmente porque o *campo transferencial* ao apontar para a *espessura ontológica* do método revela que, nele, interior e exterior, sujeito e objeto são inseparáveis. Como escreve Fabio Herrmann: "A espessura ontológica do método é dada por seu estatuto híbrido de operação do analista e estrutura própria do paciente" (p. 61). Ora, não vimos que a dicotomia sujeito/objeto do conhecimento é a condição necessária para o aparecimento da noção de representação, não é ela que exige o recurso às regras metodológicas? E essa idéia de *espessura ontológica do método* não põe em questão justamente a necessidade da noção moderna de método em Psicanálise?

Fabio Herrmann parece concordar com nossa perplexidade quando escreve: "Afinal que coisa estranha é essa, o método psicanalítico de que tanto se fala na Teoria dos Campos?" (...) "Não se sabe ao certo se é uma característica da espécie humana, se é uma forma de conhecimento, se é um processo terapêutico ou de estudo do psiquismo. Cria as teorias e as técnicas, mas não deriva de uma delas em particular" (...) "Que é o que é?" (p. 62). E resumindo diz o seguinte: "...a maneira de nosso método produzir conhecimento sobre a psique humana consiste em submetê-la a uma condição que não se encontra na vida comum, senão potencialmente ou muito diluída e rara: a ruptura de campo. Por tal razão, o conhecimento que assim se obtém possui a forma mesma do processo gerador; não se trata de um conhecimento causal linear, como é costumeiro nas ciências, mas de um *desembaçador* ou de um *desencobridor* psíquico – parecido àquilo a que os antigos gregos chamavam *alethéa* – que se poderia chamar aproximadamente por *descobrimento* ou, talvez melhor, por *desesquecimento...*" (p. 63). Mas, concretamente na clínica, que significa a ruptura de campo? Escreve Fabio: "O fato é que quase ninguém o consegue utilizar plenamente. De início, pensa-se na ruptura de campo como uma espécie de susto pregado no paciente; depois, na ruptura de seu sis-

PSICANÁLISE, TEORIA DOS CAMPOS E FILOSOFIA: A QUESTÃO DO MÉTODO

tema representacional por meio de leves toques, boa técnica; por fim em facultar a emersão de sentidos desconhecidos, o que já funda uma clínica heurística, como deve ser. Todavia a radicalidade dessa episteme negativa, criada por Freud para expor a posição contraditória do conhecimento humano, repele a quase todos nós, como pólos de mesmo sinal de dois ímãs. Haverá algum tipo de maldição pesando sobre a essência do método psicanalítico? Não poucos colegas operam à perfeição nosso instrumento, desencadeando rupturas de campo..." (...) "Contudo ao se defrontarem à falência insuperável do conhecimento positivo e à relatividade implicada necessariamente pelo método de pensamento por ruptura de campo, sentem-se perdidos e retornam a modos mais familiares de pensar."(1999, ps. 16-17).

Com efeito, o *método psicanalítico*, tal como concebido na Teoria dos Campos é um *fazer*, evidentemente, uma vez que gera *um conhecimento sui generis*. Pode-se entendê-lo como um *fazer negativo*, o que significa, filosoficamente, um *trabalho*, entendido como negação interna da imediatez da experiência, que abre o caminho para a busca do sentido desconhecido, da gênese, da origem daquilo que apenas está dado. Ora, nesse sentido, o *método psicanalítico* poderia ser entendido como um *trabalho de reflexão* (Chauí, 1979), exatamente porque interroga as experiências imediatas, deixando surgir e tomando em consideração as mediações desconhecidas que as tornam possíveis. Mais ainda, se o ser da experiência é dado por seu caráter abstrato ou imediato, considerar as mediações não é recusar a experiência, mas é, em sentido dialético, negá-la. Isto é, interrogá-la enquanto imediata para tomar em consideração o mediato que se esconde nela. E por essa perspectiva, pode-se estabelecer a diferença entre a Psicanálise como *ideologia* e a Psicanálise como *saber*, "...na medida em que, neste, as idéias são produtos de um trabalho, enquanto naquela as idéias assumem a forma de conhecimentos, isto é, de idéias instituídas" (Chauí, 1981, p. 5). Enquanto instrumento ideológico, o método psicanalítico implica a repetição das teorias consagradas e a reificação dos conceitos – explica o novo pelo já conhecido. Ao contrário, na perspectiva do saber, promove a interrogação da experiência e a recriação das idéias – são os campos que exigem a elaboração de teorias ajustadas às novas experiências. E, nesse sentido, Fabio Herrmann observa que "...o analista deve teorizar radical e pessoalmente sua clínica, valendo-se dos recursos oferecidos pelas várias correntes" (2001, p.17). E "...que sempre a análise seja conduzida pelas teorias feitas sob medida, pois quem, sofrendo, nos procura não merece um mero prêt-à-porter, um interpretante de livro." (1999, p.13-14). Quer dizer, o analista implicado pela Teoria dos Campos, entendido como "antropólogo da psicologia" (2001, p. 9), é necessariamente um sujeito singular que pratica a "arte de interpretar com o paciente" (1999, p. 13), um sujeito cujo ser é, ao mesmo tempo, limitado pelo caráter particular dessa prática concreta e livre o bastante para nutrir seu pensamento com as múltiplas referências existentes na Psicanálise e na Cultura em sentido amplo.

A propósito, cabe abrir um parêntese, neste momento, para lembrar que essa é também a perspectiva de alguns analistas tributários do chamado movimento estruturalista, que atravessou o campo de todas as Ciências Humanas, na França dos anos sessenta e setenta. Por exemplo, Julia Kristeva, pensadora búlgara, semióloga e psicanalista, radicada em Paris desde 1966, observa que "o desenvolvimento da semiologia, que levou a pensar diversos sistemas significantes" (...) "irredutíveis à linguagem" (...) "abalou o 'imperialismo lingüístico'. Paralelamente, um retorno a Freud, e particularmente à noção freudiana da representação, leva em conta uma pluralidade de representantes psíquicos: representação de coisa, representação de palavra, representante pulsional, representação do afeto. Disso resulta um modelo 'folheado' da significância psíquica, operando com traços e signos heterogêneos. O analista é obrigado a tomar em consideração essa polifonia para escutar o discurso que lhe é dirigido nesses diversos níveis, lingüísticos e translingüísticos (voz, gesto etc), e assinalar, dentre todos, qual deles faz sentido para a transferência, aqui e agora." (1993, ps. 57-58). Nessa medida, cada situação analítica concreta é considerada como um microcosmo específico. Ou seja, continua Kristeva, "...cada tratamento se torna um idioleto, uma obra de arte, e estabelece provisoriamente uma nova criação teórica no interior do continente freudiano. Pode-se, em conseqüência, perguntar quais são as marcas de pertencimento desses discursos ao pensamento de Freud e onde se coloca o limite entre fidelidade, inovação, dissidência... A história do movimento analítico, e sobretudo a atualidade ecumênica das doutrinas (freudiana, kleiniana, winnicottiana, lacaniana etc.), indica que, para além dos mal-entendidos e dos impasses, Freud abriu um caminho ao qual os inovadores são obrigados a se referir, se pretendem estar fazendo psicanálise." (1993, p.61). E esse caminho, aberto por Freud enquanto pensador, não é um método, mas um modo de pensar. Posto isso, o *modo de pensar psicanalítico*, enquanto *trabalho de reflexão*, não é um instrumento ao qual o sujeito pode recorrer para garantir a adequação das suas operações. Aliás, essa possibilidade de garantir previamente a verdade das interpretações não existe na Psicanálise, como admite Fabio Herrmann em vários momentos de sua obra, sobretudo no capítulo dedicado à *arte da interpretação* (1991, p. 83 e segs.). O trabalho de reflexão, portanto, não produz conhecimento, mas promove "o advento do sentido da experiência" (Chauí, 1979). Quer dizer, *trabalho de reflexão* é uma noção distinta da idéia de método e, portanto, da idéia de um recurso formal aplicável a qualquer realidade, tendo em vista o conhecimento dela. Ao contrário, se a reflexão enquanto trabalho não é um instrumento, ela é um processo que não pode mais ser entendido como uma relação intelectual entre sujeito e objeto exteriores um ao outro. Ou seja, o trabalho de reflexão é movimento de interiorização da experiência externa enquanto não-saber e de exteriorização do sentido obtido pela reflexão, movimento esse que em Filosofia se denomina *praxis*, noção que não deve ser confundida com a simples idéia de prática. Mais precisamente, segundo José Arthur Gianotti (1974, ps. 34 e 35), trata-se de um movimento reflexivo, isto é, "circularidade da interiorização e da exteriorização", no interior do qual se situa a "negatividade formadora". Em outras palavras, agora nos termos da Estética de Luigi Pareyson (1988, p. 59), pode-se pensar esse movimento ou processo como *formatividade*, isto é, como um fazer formativo tal que *enquanto faz* nega o feito, o instituído, e inventa o *por fazer* e o *modo de fazer*, o instituinte. E relembrando com Fabio Herrmann (2001): a ruptura de campo é um "método especial", pois "cria a situação onde os fenômenos que estuda se podem dar e cria, até certo ponto, os próprios fenômenos estudados." (p. 61). Quer dizer, a relação entre *método* e *realidade* é intrínseca. E a noção que articula essa interioridade é a própria noção de *campo* que, como já assinalamos, exige a *espessura ontológica do método psicanalítico*.

Assim, com essa idéia do compromisso ontológico do método, Fabio Herrmann, do nosso ponto de vista, considera a Psicanálise rigorosamente desde as suas origens revolucionárias em Freud. E pensa as condições teóricas específicas, no tocante à Psicanálise, para a ruptura do campo epistemológico inaugurado na modernidade. Em outras palavras, ao propor o fazer analítico de uma maneira que permite aproximações às idéias de *praxis*, *modo de pensar* ou *trabalho de reflexão*, *fazer formativo* rigoroso que se cria através do analista no campo do seu próprio exercício, Fabio Herrmann livra a Psicanálise das implicações decorrentes da exterioridade sujeito-objeto do conhecimento, entre as quais se encontra fundamental e necessariamente a idéia moderna de método. E tendo em vista o exposto, claro deve estar que a interrogação dessa noção não significa apenas uma alteração de termos, a proibir daí em diante, sob o risco de cair em paradoxos e contradições, o uso da palavra método. A questão é muito mais complexa, pois envolve uma profunda mudança de postura do analista com relação ao conhecimento, com relação à abordagem das questões teóricoclínicas, não somente em sua prática particular, mas sobretudo no tocante à difusão da Psicanálise e à formação do próprio psicanalista.

Conceber o fazer analítico como *praxis* que não se faz metodicamente, mas reflexivamente através do psicanalista na relação com seu outro necessário (o analisável/o analisando), implica pensar a Psicanálise como uma *espécie de contradiscurso*, como ocorreu na Literatura, desde o século XIX até hoje, que remonta da função representativa da linguagem à linguagem como experiência em seu ser bruto, sob uma forma que lembra a *escrita das coisas*, um modo de ser esquecido desde o século XVI. Que significa isso? "A prosa do mundo", tal como escrita por Michel Foucault (1966, p. 32-59), é esclarecedora.

Com efeito, em pleno século XVI, o mundo era coberto de signos que revelavam semelhanças e afinidades, que não passavam eles próprios de formas da similitude. Isto é, "...o mundo enrolava-se sobre si mesmo: a terra repetindo o céu, os rostos mirando-se nas estrelas e a erva envolvendo nas suas hastes os segredos que serviam ao homem. A pintura imitava o espaço. E a representação — fosse ela festa ou saber — se dava como repetição: teatro da vida ou espelho do mundo, tal era o título de toda linguagem, sua maneira de anunciar-se e de formular seu direito de falar." (Foucault, 1966, p. 32). Nesse sentido, conhecer era *interpretar*, isto é, "ir de uma marca visível ao que se dizia através dela e que, sem ela, permaneceria palavra muda, adormecida nas coisas." (Idem, p. 47). E, correspondentemente, em seu ser bruto e histórico do século XVI, a linguagem não era um sistema arbitrário de signos; estava

Psicanálise, Teoria dos Campos e Filosofia: A Questão do Método

depositada no mundo e dele fazia parte porque, ao mesmo tempo, as próprias coisas escondiam e manifestavam seu enigma como uma linguagem e as palavras se propunham aos homens como coisas a decifrar (ib., p. 50). Era a natureza inteira que se apresentava aos homens como "...um tecido ininterrupto de palavras e de marcas, de narrativas e de caracteres, de discursos e de formas." (Ib., p. 55). Nesse instante do mundo, a linguagem era "...coisa opaca, misteriosa, fechada sobre si mesma..." (ib., p. 50). E o saber que consistia em "...referir a linguagem à linguagem" (...) "...em fazer tudo falar" (...) "...não era ver, nem demonstrar, mas interpretar." (Ib., p. 55). Ora, no século XVII, com o advento da noção de representação, esse universo compacto de correspondências enigmáticas, encarnadas, tende a desaparecer. E será somente a partir do século XIX que a Literatura irá repor à luz a linguagem em seu ser, não exatamente como ela aparecia no século XVI, restauração impossível uma vez que não há mais uma palavra primeira que fundava e limitava o movimento do discurso, mas como um percurso segundo o qual a linguagem vai crescer sem começo, sem termo e sem promessa definidos, "numa região onde ronda a morte, onde o pensamento se extingue, onde a promessa da origem recua indefinidamente." (Ib., p. 394). É nesse espaço aberto que a literatura contemporânea se dará como experiência (ib., p. 395).

Em suma, retomando o fio da meada para finalizar, diríamos que relacionar a Psicanálise a esse campo no qual a linguagem se libera da função representativa significaria considerá-la próxima não da *science* positivista, mas do saber ficcional, da *scientia* renascentista. O trabalho reflexivo de Fabio Herrmann, sobretudo em seu último livro, ainda inédito, permite pensar nessa direção.

REFERÊNCIAS BIBLIOGRÁFICAS

CHAUÍ, M. *O problema do método – adequação*. São Paulo: IPUSP, 1974 (mimeografado).

_____. *Pensamento e conhecimento – reflexão e representação*. Rio de Janeiro: FUNARTE, 1979 (mimeografado).

_____. *Cultura e democracia*. São Paulo: Ed. Moderna, 1981.

_____. *Introdução à História da Filosofia. Dos pré-socráticos a Aristóteles*. São Paulo: Ed. Brasiliense, 1994.

FÉDIDA, P. et al. *Métapsychologie et Philosophie*. Paris: Les Belles Lettres, 1985.

FOUCAULT, M. *Les mots et les choses*. Paris: Gallimard, 1966.

FREUD, S. (1900). *A interpretação dos sonhos. ESB*. Rio de Janeiro: Imago, 4 e 5, 1987.

GARCIA-ROZA, L. A. *Introdução à metapsicologia freudiana*. Rio de Janeiro: Zahar, 1993, vol. 2.

GIANOTTI, J. A. O ardil do trabalho. *Estudos Cebrap*. 44: 5-63, 1973.

HERRMANN, F. *Clínica psicanalítica: a arte da interpretação*. São Paulo: Ed. Brasiliense, 1991.

_____. O momento da Teoria dos Campos na Psicanálise. In: *Psicanálise I Encontro Psicanalítico da Teoria dos Campos* (anais). São Paulo, 1999, p. 6-17, e a Introdução desta coletânea.

REFERÊNCIAS BIBLIOGRÁFICAS

_____. *Introdução à Teoria dos Campos*. São Paulo: Casa do Psicólogo, 2001.

_____. *A infância de Adão e outras ficções freudianas*. (inédito).

KRISTEVA, J. *Les nouvelles maladies de l'âme*. Paris: Fayard,1993.

MERLEAU-PONTY, M. *Phénoménologie de la perception*. Paris: Gallimard, 1945.

_____. *Signes*. Paris: Gallimard, 1960.

_____. *Le visible et l'invisible*. Paris: Gallimard, 1964a.

_____. *L'oeil et l'esprit*. Paris: Gallimard, 1964b.

_____. *Sens et non-sens*. Paris: Nagel, 1966.

PAREYSON, L. *Estetica, Teoria della formativitá*. Milano: Gruppo Editoriale Fabbri, Bompiani, Sozogno, Etas S.P.A, 1988.

Capítulo 2
A Operação de Ruptura de Campo em suas Relações com a Psicanálise, a Clínica e a Literatura[1]

Cecilia Maria de Brito Orsini[2]

Introdução

A postura interpretativa entendida enquanto *ruptura de campo* acolhe, no seio das análises, uma série de teorias diferentes, em Psicanálise.

O curioso, entretanto, é que a abertura para o *deixar que surja e tomar em consideração*, permite a entrada de *teorias* outras, como

---

[1] Agradeço ao colega João Frayze cujo estímulo, sugestões e leitura cuidadosa deste trabalho foram fundamentais. Agradeço também a generosa leitura da colega Lourdes Tisuca Yamane e as valiosas sugestões de Leda Herrmann. Este trabalho foi originalmente apresentado em reunião científica na SBPSP. Esta versão encontra-se modificada em virtude de sigilo.

[2] Psicanalista. Membro da Sociedade Brasileira de Psicanálise de São Paulo e do CETEC.

aconteceu na minha clínica de adolescentes que foi auxiliada pela leitura do romance de Marcel Proust, *Em busca do tempo perdido*, cujo segundo volume *À sombra das raparigas em flor*, tematiza o desenvolvimento do herói, em sua adolescência.

Tiane, uma adolescente típica, representa aqui um tanto ficticiamente, em prol do sigilo, as vicissitudes da relação de uma garota com o seu grupo de referência. Essa relação, entre outras coisas, veio a ser magistralmente tematizada no livro de Proust, onde ele praticamente cria o conceito de *mancha*, que será explicado mais adiante, e que ajudou sobremaneira a organizar o meu pensamento clínico. Contudo, é bom sublinhar que não foi qualquer autor, nem foi lido solitariamente. É o fenômeno que procuro destacar na primeira parte deste artigo, pois os elementos de análise literária da *Recherche*...[3] foram fundamentais para uma certa eficiência nesta organização.

Na segunda parte, tirando a adolescência do foco e introduzindo algumas vinhetas clínicas, procuro examinar as conseqüências da postura interpretativa pautada no *deixar que surja e tomar em consideração*, para a clínica de uma maneira geral e algumas questões que daí decorrem. Ademais, há o suposto básico, prenhe de conseqüências, de que a operação de *ruptura de campo* seja a revelação de um código de funcionamento básico da Psicanálise.

Na conclusão indago acerca do risco fundamental da abertura radical contida nesta postura.

Uma vez mais, a literatura, agora na figura de Kafka, veio a auxiliar o pensamento, na sua obra prima *A metamorfose*.

1. PSICANÁLISE E PROUST

1.1. TIANE

Tiane, objeto destas reflexões, representa um tanto ficticiamente uma adolescente típica. Poderia ser qualquer outra nas nossas clínicas: Manuela, Antonia ou Gabriela.

Seus pais me procuraram, muito assustados – como de hábito na clínica de adolescentes – buscando reconhecer a própria filha. Tiane havia *desbundado*, como sói acontecer nesse período da vida.

---

[3] Alcunha que dão os literatos para os sete volumes de *Em busca do tempo perdido*.

Como sempre, o contato com ela não mobilizava a magnitude da angústia trazida pelos pais. Sua inquietação parecia antes fruto de um excesso de vitalidade do que de uma potência para a destrutividade. Foi ficando claro o quanto Tiane precisava articular na malha simbólica sua inquietude, em seu caso fonte de vitalidade e curiosidade mas também de um excesso antes diruptivo do que propriamente destrutivo. Contavam, acima de tudo, o desejo e a curiosidade de viver algo radicalmente diferente do que aprendera com a família. Ela sentia que não cabia mais nesse mundo. Nesse sentido, seu grupo de amigas, e depois de amigos, passou a ser a referência fundamental.

Nos meses iniciais de sua análise, Tiane invadia meu consultório e meus ouvidos com uma massa viva de "ii": suas melhores amigas, bem como os nomes de garotos que mencionava, tinham todos apelidos com "ii", como está na moda.

Sua turma me deixava particularmente atordoada, assim como sua mãe. Quando Tiane saía do consultório, este permanecia cheio de adolescentes: eu sentia uma massa viva, via-os pulando e saltando à minha frente, quase como se tivessem ficado ali comigo. Esse fenômeno era o que mais me intrigava, e foi o fulcro da *entrada* de Proust no caso.

Parecia uma verdadeira perseguição, que conferia ao seu relato, sempre muito vivaz, uma estranha melodia pastosa, na qual destacavam-se tons agudos, dissonantes. Eu não conseguia localizá-la dentro da massa de "ii", nem individualizar as suas amigas. Na verdade, eu vivia na carne o que ela me solicitava ¾ ela, que sempre se esmerava em agradar, pedia-me que a destacasse, pois tinha pavor de ser diferente do grupo, de se descolar da massa informe, muito embora Tiane já indicasse um claro fracasso no projeto de viver grudada ao grupo. É evidente que tudo isso faz pensar no narcisismo, no pavor de deixar de ser amada, na revivescência da relação préedípica com a mãe e na problemática da separação da jovem em relação a sua mãe, bem como na fragilidade da entrada da figura paterna. Mas, tudo isso fazia parte de um cabedal de idéias já conhecido, a respeito do período adolescente. O que não sabíamos, e que continuava pulsando, era a interrogação: por que veio Proust nos auxiliar nessa travessia? Por que a teoria psicanalítica necessitou desse *reforço*? Porque Proust teve valor conceitual?

Seja como for, paulatinamente, Tiane foi se destacando do grupo e impondo-se às vicissitudes da adolescência.

Os seus assim chamados *actings* não tinham um alvo primariamente destrutivo, e sim uma profunda ânsia por conhecimento. Como diz, com aguda perspicácia, Ferrari (1996), na adolescência *o fazer é o conhecer*. Ademais, a destrutividade de Tiane muitas vezes tinha um caráter de *zerar* – começar tudo de novo –, na perspectiva, aventada por Garcia-Roza (1990), de uma reversão no espírito da pulsão de morte. Nessa leitura, muito interessante para pensar os necessários processos de des-ligação sem os quais o adolescente não pode se discriminar da família, sob essa perspectiva a pulsão de morte é entendida antes como ânsia de criação do que de destruição pura e simples (visão encontrada em *O mal-estar na civilização*, Freud, 1930) ou destruição como alvo, como nos ataques ao seio focalizados por Melanie Klein. Aqui, o que interessa mais é a perspectiva de des-ligação contida em *Além do princípio do prazer* (Freud, 1919) e a repetição enquanto repetição diferencial, visando a um estado de criação. É, sem dúvida, uma visão mais otimista que, contudo, parece mais bem talhada para pensar a ânsia de separação que o jovem demonstra em relação aos pais. Em todo caso, ela enriquece e transforma a visão tradicional, de ver determinadas situações adolescentes como primariamente destrutivas. No caso de Tiane, debatendo com Ferrari, ele pôde assegurar: "Não há nada de morte nessa menina!", em comunicação pessoal, durante breve discussão de meu relato do caso em sua forma mais extensa – que ele havia lido. Infelizmente, questões vinculadas ao sigilo me impedem de relatar fatos que poderiam ajudar a reafirmar essa visão.

Muita coisa ensaiava Tiane no infindável laboratório de experimentação identitária que é a adolescência, que tanto aflige o jovem e seus pais e o empurra, bem como aos pais e ao analista, se muito angustiado, à busca de uma identidade *adequada* àquilo que foi convencionado pelo mundo adulto. É nesse momento da vida, no paroxismo dessa angústia – de *expectativa de trânsito* (Herrmann, 1979) – entre várias possibilidades identitárias, que o jovem pode congelar-se numa das incontáveis posições e o analista, afoito, esquecer-se de que sua função é analítica e ser cooptado pela atração por uma síntese que poderá vir a ser engessante. O cuidado deve ser redobrado, pois o adolescente já está dentro de uma espécie de *vórtice*, nome que Herrmann dá à circulação vertiginosa das representações que se tem de si mesmo. Não convém sobrecarregar o jovem com *ofertas* interpretativas, às quais o jovem

A Operação de Ruptura de Campo em suas Relações com a Psicanálise...   123

pode se *agarrar* com o intuito de sobrepassar as intensas angústias mobilizadas pelo *vórtice*.

É preciso ajudá-lo a solidificar plasticamente (embora os dois termos sejam contraditórios) algumas possibilidades identitárias, sem apelar para o convencional, que sempre mobiliza menos angústia, pelo menos no nível manifesto. Às vezes o silêncio, a escuta e a simples condução do processo podem ser mais úteis que um trabalho muito interpretativo.

Assim, devo confessar que comigo também algo novo se deu durante o atendimento de Tiane. O surpreendente apoio vindo da literatura e o modo como esse aporte articulou meu pensamento clínico é o que pretendo descrever e interrogar.

1.2. ALGUNS ELEMENTOS DE ANÁLISE LITERÁRIA

E o que dizer do método analítico e suas aplicações? Por que Proust – neste momento e neste caso?

Porque neste atendimento Proust teve grande valor heurístico. E essa é uma grande questão.

Poderíamos discutir o caso de uma adolescente sob o ponto de vista da sexualidade feminina, da histeria e do narcisismo; dos avatares da agressividade, do manejo do atendimento de adolescentes, da dinâmica familiar, da passagem entre dois mundos, etc., como já o fiz em outras oportunidades.

Não será o caso aqui. Deixei os outros vértices de discussão de lado, para explorar o mais curioso e inquietante: o ponto de vista literário em torno da relação de uma adolescente com seus pares, que aconteceu ser acolhido nesta análise, nas suas intersecções com a operação de ruptura de campo.

Lembrando Freud, em primeiro lugar: observa-se claramente que a tensão entre criação científica e criação literária sempre esteve presente em sua obra. Já se anuncia, em 1895, no relato clínico da análise de Elizabeth von R., onde Freud lamenta que seus casos se pareçam mais com contos ou novelas do que com relatos científicos propriamente ditos, desculpando-se por dever-se antes à natureza do assunto do que ao seu desejo explícito.

Além do quê, o conceito mais notável da Psicanálise, para dizer o mínimo – o complexo de Édipo –, provém do recolhimento da lenda de Édipo, narrada por Sófocles, há 25 séculos!

Goethe, Schiller, Shakespeare e tantos outros sempre aparecem em momentos em que a linguagem *científica* falha em fazer ressoar o fenômeno que está sendo descrito (Flem, 1994). Os escritores vêm em seu auxílio de modo a potencializar aquilo que está sendo expresso, promovendo uma riqueza de ressonâncias, o que de outro modo, aparentemente, não se realizaria. Ou até mesmo fornecendo provas daquilo que Freud está pretendendo demonstrar, como acontece com o uso de Sófocles e a tragédia de Édipo-rei. Além do quê, é bom lembrar que Freud encerra sua carreira de escritor escrevendo *Moisés e o monoteísmo* (1939), seu grande romance histórico, pelo qual tinha grande apreço.

De acréscimo, temos também Freud, o inventor de mitos, pois ele forja o fantástico mito do parricídio original, em *Totem e tabu* (1913), livro que será sempre o seu predileto, malgrado todos os ataques que sofrera, até o final de sua vida. Também à teoria pulsional Freud vai chamar de *a nossa mitologia*.

As relações entre Freud, a Psicanálise e a literatura são múltiplas e intrincadas. De modo definitivo, L. R. Monzani, num excelente texto chamado *A fantasia freudiana* (1991), realiza a proeza de nos provar, através de uma minuciosa análise do manuscrito recém descoberto, *Neuroses de transferência: uma síntese* (Freud, 1914), que Freud, efetivamente, *fantasiava cientificamente*. Na verdade, era este o seu modo de trabalhar. Aquilo que muitos sabem, Monzani tem a delicadeza de comprovar, fazendo uma cuidadosa coleta da importância da questão filogenética, muitas vezes posta para debaixo do tapete, no pensamento freudiano. Um texto, aparentemente aberrante, onde as neuroses e as psicoses são assimiladas à repetições filogenéticas de eras geológicas pelas quais passou a Humanidade, como assevera Freud no *Manuscrito...* (1914), encaixa-se à perfeição dentro da obra freudiana, ao contrário do que pensam muitos leitores.

Seja como for, tenho observado que uma sensação estranha nos invade toda vez que produzimos um relato clínico, uma espécie de angústia de não estar produzindo nada de muito diferente – em essência – de uma espécie de conto ou novela. Como dizia Freud, já em 1895, o problema está na *natureza do assunto*. Parece que lidamos com um conteúdo que pede uma forma inusitada. Não será devido a esta exigência de um novo formato, que é o relato clínico, que "empacamos" na hora de sua transmissão escrita? Afinal, é uma tradição que recém se inicia, em termos de tempo

A Operação de *Ruptura de Campo* em suas Relações com a Psicanálise... 125

histórico. Pois, segundo Modesto Carone, Freud criou um gênero literário único[4] – o caso clínico, uma vez que seus casos não são nem um documento, nem um protocolo, nem uma história de vida completa. Por ocasião de seu septuagésimo aniversário, Freud endereça a Arthur Schnitzler a famosa carta onde confessa inquietar-se demasiadamente com a situação de ver no escritor o seu duplo, a ponto de se sentir tão ameaçado, que não poderia privar de relações com ele.

Parece que, desde 1895, estamos sempre a nos defender da *peste*, do inaudito que brota da Psicanálise. Porque, na verdade, se bem contados, nossos casos deveriam se parecer mais a contos bem-feitos, cuja *responsabilidade* de escrita analítica estaria antes nos recortes utilizados, no *turning point* da novela contada, do que em seus encaixes teóricos explícitos. Afinal, o modo como transcorre uma análise é inenarrável. Contudo, vou narrar aquilo que posso.

Aconteceu-me de estar lendo, durante parte importante da análise de Tiane, o segundo volume entre os sete que compõem o grande romance de Proust: *Em busca do tempo perdido*, que descreve o período da adolescência denominado *À sombra das raparigas em flor*. É interessante recordar que o livro foi escrito durante um grande fim de mundo, para lembrarmos um tema absolutamente atual, que foi o advento da Primeira Grande Guerra, que pôs abaixo toda a velha ordem sócio-política reinante assim como o projeto iluminista do século XIX. E foi também um grande fim de mundo pessoal para Proust, cujo livro é o resultado de um sofisticado trabalho de luto pela morte de sua mãe. Freud, por sua vez, considera a *Interpretação de sonhos*, sua *opus magna*, como o fruto do trabalho de luto pela morte de seu pai. Muito sugestivo: o luto pela mãe resultou em literatura; o luto pelo pai em ciência.

Sem dúvida, os elementos de análise literária fornecidos pelo Prof. Modesto Carone em seus seminários críticos encarregaram-se de mobilizar meu pensamento, bem como a leitura do romance, fecunda para o atendimento. Não foi qualquer outro autor, nem foi lido solitariamente. Carone chega mesmo a sugerir que Freud e Proust seriam autores complementares.

É muito importante este ponto. Os elementos de análise literá-ria como que deram uma chancela à passagem da potência inigualável da narrativa de Proust, para dentro da organização de

---

[4] Comunicação oral nos seminários de literatura, 1990- 2002 (em curso).

meu pensamento clínico. Devido à importância desses elementos é que passo a descrevê-los mais detalhadamente.

Em busca do tempo perdido é um romance inusitado, onde o herói conta o seu aprendizado do mundo, através de uma consciência narrativa, não propriamente de um narrador. E o leitor, através da experiência de Marcel, este estranho narrador, que tem o mesmo nome de Proust sem ser ele; este leitor aprende para a própria vida, vivendo junto com Marcel a descoberta do código de funcionamento da sociedade francesa, de 1880 a 1920. Proust tematiza o paulatino deslocamento da aristocracia, cujo espaço, em termos de camada social, prestígio e dinheiro, vai sendo ocupado pela burguesia. É interessante frisar como, em sua descrição, as camadas sociais ainda se misturam e se interpenetram, como as camadas tectônicas da Terra, dificultando uma visão mais clara do quadro. Muito embora Proust proponha o caminho de Swan – o da burguesia – e o caminho de Germantes – o da aristocracia, os dois são intercambiáveis, muitas vezes. Seus personagens não trabalham, denunciando o máximo de exploração. O proletariado fica de fora, como na magnífica cena do *aquário*: os proletários observando a camada alta jantar, pelo vidro do restaurante, em Balbec, como estranhos peixes num aquário. É uma história de época, contada sob a forma literária.

É uma conclusão extraordinária a que Proust explora: sair da descrição da realidade, e voltar-se para a interioridade, para aquilo que, do social e do sujeito, aparece impresso na subjetividade. A Psicanálise e a literatura conhecem um mesmo objeto – o espírito humano. Àquilo de que a Psicanálise tenta se aproximar pela via conceptual, a literatura se aproxima pela via da experiência sensual, com toda a riqueza que lhe é inerente. É claro, sabemos que o conceito, em Psicanálise, é eivado de emocionalidade mas nem por isso deixa de aspirar ao universal, ao unívoco. A literatura e a clínica, ao contrário, lidam com a particularidade e a potência da multivocidade de sentidos.

Em Proust a realidade se escondeu na subjetividade, como se fora o realismo. Sua questão é: como tornar o real inteligível, mesmo nas suas obscuridades, mesmo na obscuridade da vida real?

Proust realiza a narração de uma existência, que vai desde a infância do herói, até sua velhice, cuja chave, magnífica, encontra-se na relação do narrador com o tempo, ou melhor, a duração, o que só vai aparecer no último volume:

A OPERAÇÃO DE RUPTURA DE CAMPO EM SUAS RELAÇÕES COM A PSICANÁLISE... 127

A recordação faz-nos respirar de repente um ar novo, precisamente por ser um ar outrora respirado, o ar mais puro que os poetas tentaram em vão fazer reinar no Paraíso, e que não determinaria esta sensação profunda de renovação se já não houvesse sido respirado, pois os verdadeiros paraísos são os que perdemos (sétimo volume, p. 152).

E prossegue:

Ora, essa causa, eu a adivinhava confrontando entre si as diversas impressões bem-aventuradas, que tinham em comum a faculdade de serem sentidas simultaneamente no momento atual e no pretérito, o ruído da colher no prato, a desigualdade das pedras, o sabor da "madeleine" fazendo o passado permear o presente a ponto de me tornar hesitante, sem saber em qual dos dois me encontrava; na verdade, o ser que em mim então gozava dessa impressão e lhe desfrutava o conteúdo extratemporal, repartido entre o dia antigo e o atual, era um ser que só surgia quando, por uma dessas identificações entre o passado e o presente, se conseguia situar no único meio onde poderia viver, gozar a essência das coisas, isto é, fora do tempo. Assim se explicava que, ao reconhecer eu o gosto da pequena "madeleine", houvessem cessado minhas inquietações acerca da morte, pois o ser que me habitara naquele instante era extratemporal, por conseguinte alheio às vicissitudes do futuro. Tal ser nunca me aparecera, nunca se manifestara senão longe da ação, da satisfação imediata, senão quando o milagre de uma analogia me permitia escapar ao presente. Só ele tinha o poder de me fazer recobrar os dias escoados, o Tempo perdido, ante o qual se haviam malogrado os esforços da memória e da inteligência (sétimo volume, pp. 152-3)[5].

Proust, de modo curioso, escreve o primeiro volume e depois o último, onde se encontra a chave da narrativa. Aí vem escrevendo seu romance, do fim para o começo, volume após volume, num método pouco convencional.

Já o início do romance é inaudito pois mergulha o leitor na maior incerteza: é um narrador que a princípio não diz quem é, nem menciona tempo, lugar ou ação. É só a cama, o sono, os sonhos.

Está jogando com o tempo: adulto, criança, jovem. É como se portasse uma câmara móvel. Não há nenhum fato preciso. A abertura do livro exprime a confusão mental quando a consciência se defronta com os enigmas do tempo e da personalidade. Expressa

---

[5] Agradeço a Sergio Windholz, meu marido, a indicação destas belíssimas passagens.

como nós vivenciamos o tempo, como o tempo nos vive. Os tempos históricos também são confusos, tempo desintegrado que roda num turbilhão. Prossegue a abertura e, aos poucos, há uma conquista progressiva do tempo linear sobre o caos do início. No entanto, esta vitória não é definitiva pois retornam, de par com as histórias narradas e ao longo de toda a composição, detalhes, resíduos temporais, que remetem a um todo. Há uma mudança psíquica da personalidade no tempo.

Esta atitude do narrador já sensibiliza o leitor para um registro de leitura próximo à atmosfera analítica. Isto, por si só, já realiza uma perturbadora aproximação com a atividade clínica. Há, contudo, uma cripta: ao longo dos sete volumes de seu romance, chamado *catedral* pela sua complexa arquitetura, Proust vai reproduzindo seqüências de instantes privilegiados que foram subtraídos à duração e dá conta de seu código: reflete sua busca pela liberdade, pois não estar nem no presente, nem no passado, nem no futuro é circular com liberdade na temporalidade, criando a ilusão de estar fora do tempo, de estar livre da angústia, do medo da morte. Esta circulação do passado no presente é como se fora um estado de sonho e sono – a singular abertura do livro.

Proust passou de 1909 a 1922 trancado, literalmente, num quarto forrado de cortiça, pois o barulho o perturbava horrivelmente, escrevendo freneticamente, dispensando as folhas por todo o lado, folhas que eram colhidas no dia seguinte, diligentemente, pela fiel Celeste, a criada que o acompanhou até a morte, escrevendo entre fumigações de ópio e ingestão de cafeína, únicos remédios conhecidos até então, para aliviá-lo da sufocação de uma asma insana, que só lhe permitia a chegada do sono por volta do meio-dia. Não é sem um alto custo que o autor descobre o código.

Quanto a Freud, são arquiconhecidas de todos as vicissitudes pelas quais passou.

Mas, e o que tudo isso tem a ver com nosso caso?

1.3. Tiane, Proust e Psicanálise

Voltemos depois deste prelúdio, ao segundo volume – *À sombra das raparigas em flor* –, que nos ocupou enquanto Tiane se envolvia em mil e uma peripécias. Este volume narra a adolescência de Marcel, o protagonista, presentificando elementos do universo do adolescente. Primeiro, no final da meninice, o herói apaixona-se, perdida e platonicamente, por Gilberte, menina de sua idade. Ao mesmo tempo, manifesta-se sua febril admiração pela mulher, representada pela mãe de Gilberte, Odette. Em seguida, já no balneário de Balbec, onde veraneia, vem a conhecer aqueles que serão seus melhores amigos, cuja intensa atração testemunha a importância do primitivo enlace homossexual, antes do embate com o sexo oposto. Dá-se, então, abruptamente, a entrada triunfal do grupo de moças no balneário que vai ocupar sua mente daí em diante, invadindo sua recém terminada meninice. Assim como entraram, em meu consultório e em minha vida, Tiane e seu grupo de garotas. Por último, testemunhamos a desesperada paixão de Marcel por Albertine, uma das moças do grupo.

A intensidade, a beleza e, principalmente, a precisão da descrição de Proust desviaram-me da direção de um *furor interpretandi*, que muitas vezes nos acomete, principalmente quando estamos ansiosos. Esta dilatação temporal que ele provocou em mim ajudou a compreender, sem prejudicar com intervenções precoces, os delicados movimentos de Tiane, que desembrulhava suas histórias, e de sua turma de "ii", enquanto estava imersa no grupo e também quando começou a destacar-se dele.

Uma dilatação no tempo motivada, talvez, pela humildade ¾ quase levando à impotência ¾ de notar que havia mais entre o céu e a terra do que sugeria a minha literatura analítica, atestada pelo vasto oceano que parece jorrar de suas páginas mas que, certamente, não foram lidas ingenuamente, o que quer dizer que também a Psicanálise, e seu conhecimento acumulado, constituíam-se num ponto de vista, que me ajudou a ler Proust.

Peço um pouco de paciência pois desejo demonstrar a vocês como foi que isso aconteceu. Para tanto, será necessário que eu reproduza alguns trechos do próprio Proust, cuidadosamente selecionados, como os mais sugestivos, para que o fenômeno de suporte clínico possa ser retratado. Vejamos.

Escreve Proust, magistralmente, quando o grupo de garotas aparece na sua vida:

> *Quando, quase ainda na extremidade do dique, onde faziam mover-se uma estranha mancha, vi que se aproximavam cinco ou seis mocinhas, tão diferentes, no aspecto e maneiras, de todas as pessoas com quem estávamos acostumados em Balbec, como o seria, chegado não se sabe de onde, um bando de gaivotas que executa na praia a passos medidos – as retardatárias alcançando as outras num vôo – um passeio cuja finalidade*

se antolha tão obscura aos banhistas, a quem elas não parecem ver, quão claramente determinado por seu espírito de pássaros. (p. 289).

Pois um dos maiores encantos da juventude não está justamente em quebrar o costume? Era assim que Tiane irrompia no consultório, com seu bando de gaivotas e sua incompreensível algaravia. E eu, qual uma *banhista* tola, observava o passeio de sua turma pelo mundo, cuja finalidade *se me antolhava tão obscura!*

> *A falar a verdade, fazia tão poucos instantes que eu as via e sem ousar olhá-las fixamente, que ainda não tinha individualizado a nenhuma delas [...] quando (segundo a ordem em que se desenrolava aquele conjunto maravilhoso... mas que era confuso como uma música de que eu não pudesse isolar e reconhecer as frases no momento da sua passagem, distinguidas mas esquecidas imediatamente depois), eu via emergir um oval branco, olhos negros, olhos verdes, não sabia se eram os mesmos que já me haviam trazido encanto ainda há pouco, e não podia reportá-los a determinada menina que eu tivesse separado das outras e reconhecido.* (p. 290).

Ao lê-lo, eu me acalmava, pois era impressionante a agudeza da descrição da estranha sensação que eu experimentara com a turma dos "ii" que ficava no meu consultório.

Antes de Proust eu não pudera perceber que aquilo de que falava Tiane e que impregnava a atmosfera da minha sala era apenas um reflexo da vitalidade, da confusão e falta de nitidez do próprio grupo. Descobri que Tiane simplesmente me falava das evoluções de seu bando no ar, através dos diques de sua imaginação. Foi então que me dei conta: Proust, pelo acúmulo da repetição de suas precisas descrições do grupo, havia formulado o conceito de *mancha* ¾ a perda de identidade que experimentamos ao entrar na adolescência, que dissolve as individualidades que permanecem indiscriminadas no grupo. De meu lado bastava observar, "esperar a banda passar" e, suavemente, ajudá-la a destacar-se da *mancha*. Nada teria utilidade além da espera: esta e o trabalho analítico a destacariam do grupo. Continua Proust:

> *Mas [as garotas] não podiam ver um obstáculo sem divertir-se em transpô-lo, tomando impulso ou de pés juntos, pois estavam todas plenas e exuberantes dessa juventude que temos tamanha necessidade de expandir que, mesmo quando estamos tristes ou doentes, obedecendo mais às necessidades da idade que ao humor do dia, jamais deixamos*

passar uma oportunidade de salto ou deslizamento... (p. 229, grifo meu).

E esta era uma grande questão de Tiane, esta exuberante necessidade de se expandir, que, se vista sob a costumeira ótica de um *acting-out* agressivo, ficava demasiado apequenada e de mais a mais não dava conta do fenômeno em questão, pois, na *pele*, eu não podia sentir como primariamente, ou mesmo até secundariamente, destrutivo o seu comportamento. Ao contrário, outros pacientes, de comportamento manifesto suave, já me induziram a reações de extrema violência, vividas na *carne* da sessão.

E segue, esplêndido, o mesmo trecho:

> [...] A esposa de um velho banqueiro, depois de hesitar entre diversas exposições para o marido, tinha-o sentado numa espreguiçadeira defronte ao dique [...] A tribuna dos músicos formava acima dele um trampolim natural e tentador, sobre o qual, sem a mínima hesitação, pôs-se a correr a mais velha do bando; saltou por cima do velho apavorado. (p. 229).

Quantas vezes não presenciei Tiane tomando impulso, saltando – metáfora extraordinária – por cima das pernas dos *banqueiros*, os executivos amigos de seus pais, em suas andanças pelo outro lado da cidade, como ela mesma se referia a seus passeios? E quantas vezes este impulso, quando malcuidado, não a levara a *quebrar a cara*?

Novamente, outro trecho esplêndido:

> As pessoas que andavam a seu lado ou vinham em sentido inverso, não obstante se chocavam com elas, enredavam-se nelas, porque tinham sido reciprocamente, da sua parte, objeto da mesma atenção secreta, oculta sob o mesmo aparente desdém: pois o amor – e por conseguinte o temor – da multidão constitui um dos mais poderosos móveis entre todos os homens, quer procurem agradar aos outros ou espantá-los, ou então mostrar-lhes que os desprezam. (p. 290).

Este é justamente o tema que antecede a entrada do cortejo, o aparecimento da *mancha das raparigas em flor*. Aos poucos, não sem receio e sem dor, Tiane foi se destacando, para mim e para si mesma, de seu cortejo. Muitas vezes reiterou seu temor desse movimento, inevitável considerando-se seu nível de articulação mental, superior ao da sua turma. "O que fazer com o pensamento e com a possibilidade de enxergar?", ela me indagava, nesta dialética entre *o amor e o temor* da multidão.

O afastamento em relação ao grupo de garotas começou com um passo em direção à heterossexualidade, com a conquista do namorado. Também assim, na narrativa proustiana, uma das *raparigas*, Albertine, se deixa conquistar pelo narrador. E foi assim que Billy fez sua aparição na vida de Tiane, ajudando-a, juntamente com a análise, a despregar-se do grupo de meninas, do protegido mundo familiar, principalmente da adesividade de sua mãe. Mais tarde surgirá o movimento de individuação, independente e à revelia de Billy, em direção a si própria e a seus anseios.

Assim me pareceu ser a adolescência: um paradigma tanto da *ruptura de campo* quanto das múltiplas vozes identitárias, tema do penúltimo livro de Herrmann, muito esclarecedor a este respeito, *A psique e o eu* (1999a).

Mais uma vez Proust vem em nosso socorro. Incontáveis passagens de *À sombra das raparigas em flor* dão testemunho de uma verdadeira teoria dos múltiplos eus, e menciono uma das que mais me agradaram:

> *Havia, pelo menos, duas Gilbertes. As duas naturezas, a do pai e da mãe, não se limitavam a misturar-se nela; disputavam-na, e ainda seria falar inexatamente e faria supor que uma terceira Gilberte sofria durante esse tempo por ser presa das duas outras [...] E às vezes tamanha era a distância entre as duas Gilbertes que a gente se perguntava, aliás em vão, o que lhe poderia ter feito para encontrá-la assim tão diferente.* (p. 110).

Assim nos resguardamos do risco de tentar induzir a idéia de uma solução identitária, que só poderia se constituir enquanto prótese. Todavia, nem tudo é movimento. Existe, ainda que ilusório e cobrando sua importância, o *eu regente* ou *eu principal* de uma pessoa, aquilo que tanto parece buscar o adolescente.

O que o adolescente busca é o conhecimento, e é isto que devemos ajudá-lo a agenciar: que *eus* são esses, quais suas potencialidades realizáveis, que *disfarces* (Herrmann, 1999a) servem, quais atrapalham, qual o *eu* principal, ao invés de reduzirmos sua análise a alguns poucos vieses interpretativos.

Podemos considerar que a entrada de Proust foi de modo a se consumar em mim, enquanto analista, a operação de *ruptura de campo*. Pois, muito embora eu estivesse convencida de que Tiane não *encaixava* somente no modo analítico habitual de se considerar a adolescência e, neste sentido, já estando muito bem acompanhada por teóricos pouco usuais – Ferrari, Garcia-Roza, Herrmann

A OPERAÇÃO DE RUPTURA DE CAMPO EM SUAS RELAÇÕES COM A PSICANÁLISE... 133

– e contasse com o substancial apoio de Márcio Giovannetti, meu supervisor, o fecho final foi dado através da leitura de Proust. Através da potência de sua escrita, criticamente analisada, fui *teoricamente* lançada em outro plano. Com seu profundo conhecimento da alma humana, Proust comprovara tanto as minhas observações, quanto as agudas percepções de Giovannetti[6] e ainda mais, as insólitas proposições de Ferrari sobre o *acting* na adolescência e a reversão do espírito da pulsão de morte, vista enquanto possibilidade de emergência do novo, ensejada por Garcia-Roza (1990). Foi como se eu encontrasse em Proust a *prova literária* da reversão destas expectativas teórico-clínicas habituais, no achado de Luvison Pinto[7]. E também, como afirma Modesto Carone, aprendesse para a vida, com Proust. Seja como for, é importante sublinhar que, de outro lado, o meu conhecimento da metapsicologia freudiana, de certo modo, também conduziu a minha leitura de Proust. Por exemplo, a leitura do fenômeno das raparigas enquanto mancha, da solda que havia entre elas, só fez o seu sentido pleno quando pudemos pensá-la para além das dissoluções identárias, considerando também a importância da *liga* do homossexualismo feminino, no desenvolvimento da feminilidade, magistralmente apontado por Freud.

Ainda Freud: Luvison Pinto, no seu comentário, lembra que em Freud, a prova literária circunstanciada sempre foi muito importante. Ainda é o caso de nós, analistas, nos perguntarmos acerca da, eu chamaria, função comprobatória, ou organizadora, que a literatura pode ter dentro da prática teórico-clínica. Será a potência do imaginário, criado por grandes escritores, aquilo que nos auxilia, ao passo que nos desterritorializa? Em todo caso, a resposta a esta questão não está no escopo deste trabalho, pois ensejaria uma pesquisa à parte, com um levantamento exaustivo do exame das relações entre literatura e Psicanálise, já realizado por muitos.

Considero que uma demonstração mínima do acontecido entre Tiane, Proust e mim, foi dada, embora pudesse me estender ainda por muitas páginas, cotejando as extraordinárias *metáforas* de Proust,

---

[6] Vale sublinhar que a postura de Márcio Giovannetti foi fundamental para que o agenciamento de teorias distintas fosse possível. A ele, os meus agradecimentos.

[7] Comunicação oral do colega Osmar Luvison Pinto como comentador deste trabalho quando se sua apresentação ao *II Encontro Psicanalítico da Teoria dos Campos*.

que jorravam de seu texto, com trechos da análise de Tiane e os efeitos vividos naquela leitura. Gostaria de enfatizar que para conforto do leitor reduzi ao mínimo possível as citações pois, durante a leitura das *Raparigas...*, era praticamente um acontecer cotidiano na análise de Tiane. Talvez seja bom esclarecer que Tiane não teve *notícias* imediatas deste processo, nunca *repassei* as citações a ela, porque achava que não era o caso, não por ter algo contra. Tudo isso fez parte de um movimento interpretativo mais amplo, cujos resultados se formularam no próprio encaminhamento das interpretações e, sobretudo, dos silêncios.

Mas, já é tempo de passarmos adiante.

2. A DESCOBERTA DO CÓDIGO E SUAS RELAÇÕES COM A CLÍNICA CONTEMPORÂNEA[8]

Agora comecemos a tratar do problema que nos ocupa para os fins deste escrito.

Creio ter tido uma espécie de esclarecimento em relação à situação da obra de Herrmann, a partir daqueles seminários de Proust. O Prof. Modesto insistia em pensar na questão da descoberta do código, seus riscos, sua potência, o ônus para o escritor. Por meu turno, não conseguia deixar de pensar: acho que Fabio descobriu uma espécie de código de funcionamento básico embutido na obra freudiana, operando em todo campo analítico e, talvez, também nas outras terapias e abordagens interpretativas, o que torna ainda mais inquietante a sua teoria. Não pode ser sem conseqüências a revelação da operação de funcionamento básico das terapias todas – a *ruptura de campo – o deixar que surja e tomar em consideração:* operação que significa a imersão de terapeuta e cliente em sentidos desconhecidos durante o processo analítico e que reconduz o paciente a novas auto-representações, que andavam lá pela periferia de seu sistema perceptivo e que, pelo movimento do *vórtice,* voltam da periferia do eu-principal do momento, entram em circulação vertiginosa, assim como a água da pia quando destampamos o ralo. Convém lembrar que é deste movimento que se origina a palavra *vórtice.* Ele pode acontecer em qualquer linha de trabalho, pois funciona como uma espécie de estrutura básica, a qual se acrescentam as singularidades. Funciona como

---

[8] Devo à Sandra Moreira Souza Freitas a sugestão de publicar esta idéia.

uma espécie de matriz crítica em direção a todos os conceitos psicanalíticos. Não fora isso, como teria Melanie Klein criado um outro sistema teórico, altamente singular, baseada sobretudo na sua aplicação do método psicanalítico à análise de crianças muito pequenas? Como referenciar as proposições das posições esquizoparonóide e depressiva, a relação primitiva com o seio, a figura de pais combinados, com a *psicologia* predominantemente falocêntrica e edípica de Freud?

Creio que a descoberta da operação básica que põe a funcionar a análise é trabalhosa para seu autor, leitores e colegas. Vejamos numa amostra clínica, o que a postura interpretativa, pautada na *ruptura de campo*, impõe ao analista.

Na manhã do dia 11 de setembro eu chego de viagem. Começo a atender de imediato pois não houve tempo para ver as mensagens na secretária eletrônica. George tinha uma reposição às 10:15 da manhã. Como ele não chega, às 10:30 olho as mensagens e encontro uma de George, deixada na véspera: "Cecilia, dá para você me ligar? Não me lembro mais qual é o meu horário".

Penso: "É mesmo o George". Ligo para ele e George começa a falar com sua frase habitual, quando falta: "Cecilia, isto aqui está o caos!". Entretanto, sua voz está tremendamente transtornada, ele quase grita e penso, mas já um pouco suspeitosa: "É mesmo o George". Acho-o demasiadamente perturbado, fala aos borbotões, não consigo entender nada. George, quando está apressado, e está sempre apressado, acentua demais seu sotaque e fala como se estivesse com uma batata dentro da boca. Penso: "Será que ele resolveu, finalmente, enlouquecer?". Ele se acalma um pouco e me fala de bombas no *World Trade Center*, no Pentágono. E eu: "*World Trade* o quê? Pentágono? O que será que ele quer dizer?". George, vendo minha lerdeza, diz: "É porque você está chegando agora, você não está sabendo de nada, liga a televisão. Eu vou para x, estão precisando de gente lá na redação, vou ajudar os caras, nem sei se amanhã eu vou". Penso novamente: "É mesmo o George".

Mais tarde, já no carro de volta para casa, ouço a repórter da Rádio Eldorado. Ela também tem a voz totalmente transtornada e começo a desconfiar que George tem razão – eu é que não estou sabendo mesmo de nada...

Em casa, vejo horrorizada os acontecimentos pela tevê e penso: "Não é possível tal sincronicidade! Teria Jung razão? De toda a minha clínica, somente George podia me avisar 'que isto aqui está o caos'...". No dia seguinte George não vem à sessão pois está de ressaca. Ele e os amigos organizaram uma festinha do *fim de mundo* e ele diz: "Cecilia, este foi o dia mais emocionante para a minha geração". Engulo em seco pois já havia acabado de presenciar um adolescente que me entrou porta adentro *fantasiado* de *Taleban*, dizendo que estava cansado da influência norte-americana, que já era tempo de nos identificarmos com os árabes, e por isso enrolara um grande lenço árabe, como o de Iasser Arafat, em seu pescoço, estando vestido com um *jeans* caríssimo, de *griffe DKNY*! E o lenço, diga-se de passagem, também era moda na Europa, quando morou lá...

George celebra o fim do mundo, talvez sem se dar conta de que está num caldeirão de possibilidades, aonde a ordem vem se impor, paulatinamente. Celebra o fim de mundo, quando na verdade é o começo de um novo mundo para ele, ou seja, o começo do fim da representação de que ele está louco, de que não consegue se organizar. George também não vem na sexta-feira, e deixa uma mensagem: "Cecilia, isto aqui está a maior *confusão*. Arriou a bateria do meu carro, eu não vou conseguir chegar". Penso: "Que progresso, passamos do caos à confusão, algo bem mais ordenado na sua escala de valores".

É porque vocês não conhecem George. Deixem-me apresentá-lo.

George, em análise há quatro anos, outro adolescente tardio, veio de sua cidade natal, expulso pela família, só que dentro de uma condição de *duplo vínculo* pois, formalmente, ele veio para estudar. Sua mãe insiste, inconscientemente, para que São Paulo o *adote*, através de solicitações a amigos comuns. George vive boa parte do tempo desesperado. Vai para lá, vem para cá, faz um curso, troca por outro, muda de casa com freqüência, não assume sua condição de *exilado*. É inviável mantermos o *setting* tradicional. George mais falta do que vem. Inacessível a qualquer abordagem interpretativa de suas faltas, George insiste que desde criança é o *seu jeito de fazer análise*. E já avisa, cansado de outros contatos, que só suportará fazer análise comigo, *porque sou firme* (sic!), diz ao colega que o encaminhou.

Talvez seja porque sua mãe, superinvasiva, esteja sempre lhe enviando mensagens enlouquecedoras. Como eu, tem de ser mantida à distância. Malgrado todas as *disposições clínicas em contrário*, resolvo respeitar o *setting* que George *cria*. E observo.

Observo que George faz progressos constantes, em meio ao *caos*. Quer trabalhar numa área difícil e está conseguindo, embora ainda muito acidentadamente. Quase sempre, quando falta, avisa: "Cecilia, isto aqui está o caos" e conta a "bola da vez" daquele dia.

Seja como for, o moço de aparência desordenada, movimentos desconjuntados é capaz de escrever um importante texto para um concurso, em meio à quarta mudança de casa. Rompemos o campo do *caos*. George se dá conta que sob a aparência caótica há uma sólida organização mental que sustenta um moço expulso do paraíso, seu rico *habitat* mineiro, com sua doce pajem, e, segundo ele, sua mãe de verdade. Atualmente, quando se vê imerso no *caos*, George diz: "Estou me segurando para não deixar tudo dançar outra vez", e dá mostras visíveis de seus esforços: consegue ingressar num disputado curso de sua área, cuja exigência, além da competência do postulante, é que more na região de São Paulo para a qual se mudou recentemente. Um curso gratuito, além de tudo raro, e com direito a estágio no exterior.

No momento, George está às voltas com seu novo/antigo caos. Ao chegar, de férias, em sua cidade natal, encontrou a família em estado de grande desorganização financeira, ameaçando os seus projetos de organização. O caos de sua família funciona como um ímã tentador, do qual esperamos que ele vá se libertar. De novo, um novo *setting*. Suspendemos seus horários, que a família estava pagando, até que ele volte novamente para São Paulo e resolva como vai se organizar. No entanto, George *ainda está em análise*, é o que ele enfatiza, no seu modo peculiar de estar comigo.

Seja como for, neste caso, o que encontramos de *diferente* não foi a interveniência de nenhuma teoria literária e sim a criação de um novo *setting*: sessões tradicionais com faltas nada tradicionais. O movimento de sua análise fez com que se criasse o seu *setting*.

Como disse mais atrás, creio que a descoberta da operação básica que põe a funcionar todas as terapias é trabalhosa para seu autor, leitores e colegas.

Porque se de um lado confere uma extraordinária liberdade ao trabalho terapêutico, deixando que surja um Proust, como teórico da adolescência, de outro lado também assusta.

A revelação da arte da ruptura de campo, que estava lá entranhada na obra freudiana, *não obriga, nem privilegia o uso de qualquer teoria consagrada*, ou mesmo de qualquer outra. Mesmo um tratado literário sobre a adolescência, como o fez Proust, entra sem pedir passagem.

Mas não só Proust. Outros autores, menos utilizados, também. Vejamos, numa outra vinheta clínica, como entrou André Green, com um aporte fundamental para a compreensão do caso. No caso de Carlos, algo parecido se deu. Foi uma idéia psicanalítica mais à margem do caudal tradicional, a única capaz de organizar, de fato, meu pensamento clínico, neste caso.

Carlos foi criado pela mãe para ser órfão, pois a mãe havia perdido seus pais e temia que o mesmo acontecesse com Carlos. Carlos é filho único, sua mãe abortou quando ele era pequeno e não desejou mais ter filhos. Tampouco Carlos foi desejado. Lembro-me de, certa vez, durante um seminário clínico Monique Schneider comentar de um modo indescritivelmente pungente, a propósito de um caso semelhante, o ônus que representava para a vida psíquica de um sujeito, não ser o fruto de um dom de amor.

Pudemos experimentar isto na carne. Carlos, dispendia sua análise a queixar-se da esposa, infindavelmente, e a ignorar solenemente o meu trabalho, colocando sempre a mulher e eu no lugar daquela mãe, experimentada como muito insuficiente, porém considerada por ele como a melhor pessoa do mundo. O seu pungente lamento, originalmente endereçado a sua mãe, na falta de encontrar-se com um destinatário, que falha, voltava-se para o mundo.

O que eu conhecia de Psicanálise ajudava pouco os meus esforços de compreendê-lo, até que conheci a teoria do neutro e a identificação com a mãe morta de André Green. A importância dos estados de desafetação, a inacessibilidade solene que ele me demonstrava, enfim, os novos elementos aportados por Green se coadunavam com minha observação de Carlos e esclareciam seu comportamento enigmático. Era, ele mesmo, o morto-vivo. E sua mãe, a filicida.

A falência de minhas representações teóricas, principalmente em relação ao complexo de Édipo, que simplesmente não se colocava, me ajudou a pôr em circulação outros pontos de vista.

Colocava-se antes, muito mais, o mito de Tântalo, aquele que foi condenado pelo filicídio que cometeu para zombar dos deuses, a penar de fome e sede no Hades, imerso na água e rodeado de árvores frutíferas por todos os lados. Uma ilha de sequidão! A cada vez que Tântalo, como Carlos, se aproxima daquilo que necessita, as árvores crescem, os frutos ficam inalcançáveis e a água escorre por entre seus dedos. Carlos, condenado a penar pela falta da mãe, paga caro o crime de sua *genos*.

Além do mais, com Carlos, como sugere Camus, precisamos imaginar Sísifo feliz. No instante em que consegue rolar sua pedra montanha acima, obtém a satisfação da consciência do dever cumprido para, no momento seguinte, ver a pedra rolar montanha abaixo e recomeçar tudo outra vez. Tântalo e Sísifo, embora não com a mesma intensidade de Proust no caso de Tiane, vieram também em meu auxílio.

Por articulada que seja, da teoria da arte de interpretar, codinome da Teoria dos Campos, não brotam critérios necessários, que lhe sejam intrínsecos, de como decidir com que teorias metapsicológicas trabalhar. Entretanto, é bom sublinhar que o conceito de *ruptura de campo* traz em si embutida uma teoria do funcionamento do processo analítico, dentro do consultório, e, se não chega exatamente a constituir-se numa teoria da subjetividade, não deixa de hipotetizar a propriedade fundamental do funcionamento da psique, que é a própria *ruptura de campo*.

Tentando explicar: o movimento de mergulhar com o paciente dentro das franjas desconhecidas de seu universo auto-representacional supõe uma certa visão de homem, que não é do homem, de uma maneira geral, e sim a do *homem psicanalítico*, aquele homem posto a descoberto pela arte da interpretação. Há que se ter um mínimo de articulação teórica para tanto, qual seja: este homem move-se num universo representacional rotineiro, fruto de um consenso inconsciente, cujo substrato é um real desconhecido, produtor do primeiro – a rotina. Para que as coisas não se desorganizem demais, há que se supor uma função mental que dê coesão a esta aparência rotineira. É a *função da crença* (Herrmann, 1998) que faz com que acreditemos serem as coisas aquilo que aparentam ser. As aparentes contradições são enfeixadas no mesmo sistema pois o espírito não gosta daquilo que o incomoda: as incongruências, as contradições. Por isso nosso espírito esmera-se por contar estórias razoáveis. Lembrando Freud: mesmo no sonho nosso de cada dia, por mais absurdo que pareça, há uma função mental postulada, muito assemelhada à *função da crença*, que ainda tentaria dar ao sonho um mínimo de arranjo e conexão, estabelecendo falsas ligações, fazendo-o contar uma espécie de história lógica, com um certo começo-meio-e-fim, ainda que mal-ajambrada. É aquela função que Freud, no sexto capítulo da *Interpretação de sonhos* (1900), chamou de *elaboração secundária*, – um dos processos do *trabalho do sonho* –, que por sinal, provocativamente, ele vai colocar operando na base das doutrinas filosóficas e do pensamento científico.

Durante o processo de análise, as crenças do paciente são profundamente arreliadas. O paciente entra num estado expectante de angústia, no trânsito de uma auto-representação outrora acreditada para outras, que do *vórtice* surgirão. À estruturação destas representações fortemente investidas, chama-se *campo*, o que define a relação que a dupla vem mantendo. Quando rompido, é o movimento que entra em jogo, é o *homem psicanalítico* que se faz presente, o homem visto pelo ponto de vista do consultório, testemunhando a coabitação num mesmo ser humano de vários eus, como as três Gilbertes de Proust, ou como a Tiane-social e a Tiane-do-Billy – a Tiane-sincera –, contraditórios ou colaboradores do eu-oficial. Seja como for, na sucessiva exploração destes movimentos procuramos nos conhecer melhor e quem sabe, com um pouco de sorte, nos tornamos melhores.

Mesmo contando com este grande *esqueleto* da psique, a questão volta a se impor: partindo apenas do exercício do método analítico, não temos como decidir que teorias empregar. Mas, seja como for, há um leito, um tecido anterior, do qual ele brota, que é a metapsicologia freudiana. Método analítico e metapsicologia freudiana nascem juntos, como podemos comprovar numa leitura cuidadosa de *Os estudos sobre histeria* (Freud, 1895), texto que é um verdadeiro manancial de descobertas teórico-clínicas, que Freud desenvolverá ao longo de toda a sua obra. Em que pese a esta respeitável fonte geradora – a metapsicologia freudiana –, o uso da operação de *ruptura de campo* é como se fora uma *sintaxe*, sem a correspondente e asseguradora semântica. Não é fácil.

Vejamos o que o próprio autor tem a dizer a respeito. Que ingrata vocação é esta, a da ruptura de campo?

O fato é que quase ninguém a consegue utilizar plenamente. De início pensa-se na ruptura de campo como uma espécie de susto pregado no paciente; depois, na ruptura de seu sistema representacional por meio de leves toques, boa técnica; por fim, em facultar a imersão em sentidos desconhecidos, o que já funda uma clínica heurística, como deve ser. Todavia a radicalidade dessa episteme negativa, criada por Freud para expor a posição contraditória do conhecimento humano, repele a quase todos nós, como os pólos de mesmo sinal de dois ímãs. Haverá alguma espécie de maldição pesando sobre a essência do método psicanalítico? Não poucos colegas operam à perfeição nosso instrumento [...] Contudo,

A OPERAÇÃO DE RUPTURA DE CAMPO EM SUAS RELAÇÕES COM A PSICANÁLISE... 141

ao se defrontarem à falência insuperável do conhecimento positivo e à relatividade implicada necessariamente pelo método de pensamento por ruptura de campo, sentem-se perdidos e retomam a modos familiares de pensar [...]. Decorre, dessa misteriosa condição se me entendem, que conhecimento algum é objeto de posse na Psicanálise, nem se universaliza para lá de seu campo, nem se pode fixar. (Herrmann, 1999b, p. 16-7).

Vemos assim que o autor partilha de nossas inquietações.

O fato de descobrir-se que há um código básico operando em todas as terapias certamente é fonte de consideráveis dissabores; senão, por que revelaria nas *Intenções* de seu último livro que:

Talvez um escritor seja mais ou menos isto: sobrevivente da idéia que decidiu habitá-lo...

Pois bem, nestes anos tenho procurado sobreviver a ela e, para manter-me à tona, construí, por jangada, um sistema de pensamento que não chega a ser uma escola – não só por falta de discípulos, senão pela vocação diferente de minha única idéia. (Herrmann, 2001b, p. 16).

Tudo isto posto, sentimo-nos implicados em pensar a questão: qual a inserção desta descoberta em relação às teorias psicanalíticas?

Acredito que a inserção desta descoberta é da ordem de uma revolução porque desarranja tudo o que já estava posto no panorama das teorias consagradas. Se a *ruptura de campo* funciona como uma matriz crítica que *aspira e liquefaz* nossas representações teóricas habituais, não é mais possível utilizar-se das teorias de um modo ingênuo. Principalmente a idéia de teorias como doutrinas ou filiações a serem observadas caem totalmente por terra. Ainda que não se admita, por não ser de bom-tom, que sigamos teorias como doutrinas, na prática, até mesmo por angústia de suportarmos o *vórtice* das representações teóricas, muitas vezes apelamos à teorias como doutrinas. Mesmo a questão da filiação torna-se mais complexa nesta acepção. Se *a família é o espaço trágico por excelência* (Green, 1969, citado por Meiches, 2000), é bom lembrar que o trágico não se dá sem tensão. Além do quê, a família analítica é uma metáfora, não é a própria, o que implica que, se não pudemos escolher pai e mãe, ao contrário, no desenvolvimento analítico, temos a obrigação de ensejar múltiplos campos transferenciais, pois o tragicômico seria repetir a *genos* grega (as maldições familiares), numa *genética metafórica* (Meiches, 2000).

Isto faz pensar no contraponto entre o mito de filiação e uma certa orfandade do analista, no que se refere à adoção de doutrinas, nos dias que correm. Tem-se falado muito em contarmos com as fratrias, aspecto pouco explorado do mito do parricídio original. E, quanto ao futuro da revelação da operação fundamental da Psicanálise – a *ruptura de campo*? Não sabemos ainda aonde nos levará a correnteza do movimento analítico.

O futuro desta descoberta parece estar menos no deixar que surja, que já está *surgindo*, para deter-se nos cuidados que deve demandar, daqui por diante, a operação de *tomar em consideração*, que é onde as teorias canônicas e outras podem reencontrar o seu lugar, desde que, é bom frisar, sejam postas em circulação, em *vórtice*, como quaisquer outras representações. O *vórtice* é o preço que pagamos pela abertura dos sentidos, por essa circulação.

Se, como pensava Sartre, desde o seu princípio o homem está destinado a ser livre, ser livre é uma condenação. O mesmo ocorre com nosso método: usá-lo também é uma espécie de condenação. Provavelmente a maldição de que fala nosso autor.

É muito difícil ser responsável por esta liberdade no sentido de interrogar se é ou o quanto é possível, no dia-a-dia, sustentar tal radicalidade. Será que nossa clínica, tanto intra como extramuros, é capaz de suportar o peso de tamanha liberdade?

Essa temática faz-me pensar em Kiko.

Kiko começa sua análise em meio a uma crise com a namorada que culmina, em poucos dias, na separação, provocada por ele. Ele já tem 40 anos, contava casar-se com ela. Ele ainda tenta utilizar-se da vinda à análise como barganha para continuar a relação e insiste nela, apesar da visível fragilidade do relacionamento. Kiko sabe que ela é inconstante e conclui que ela só queria alguém para cuidar de seus negócios. Quando Antônia percebe que Kiko é muito trabalhoso, possessivo, ciumento, resolve *pular fora*. Kiko, em meio a muito sofrimento, conta que só embarca em *canoa furada*.

Quando a separação se consuma, Kiko vai ao apartamento dela, que ambos pareciam estar montando para uma vida a dois, rasga o colchão de casal a facadas, retira tudo o que era seu, quebra algumas coisas que eles têm em comum e que lhe dão muita raiva. Sai do prédio com o carro abarrotado, fica na esquina esperando-a chegar, para tomar satisfações. Quando ela chega em seu carro e o vê, imediatamente retorna. Kiko a persegue pelas ruas com o carro cheio, até que numa lombada quebra o próprio carro. Recorre então à mãe, como sempre.

A OPERAÇÃO DE RUPTURA DE CAMPO EM SUAS RELAÇÕES COM A PSICANÁLISE...   143

Kiko é órfão de pai, desde pequeno. Seu pai faleceu num acidente de carro, numa explosão do tanque de gasolina. Dos três irmãos, Kiko é o único que *não deu certo* na vida. A mãe é uma profissional bem-sucedida. Kiko, que mora com ela, não consegue levar adiante a própria carreira embora tenha competência para isso. Seus relacionamentos afetivos e de amizade também não vão adiante. Teve um primeiro casamento que estava indo bem, com uma moça muito afetiva, e, subitamente, ele não quis mais o casamento, de modo inexplicável. Tinha amigos, de quem gostava muito e, um belo dia, não sabe por quê, não quis mais manter as amizades. Simplesmente, ele *corta* – ou, *explode* como o pai. Só a família, muito continente, *suporta* Kiko.

Kiko, que já havia feito duas tentativas de suicídio no passado, pouco efetivas, começa sua análise e, em meio a tempestades, prossegue já há mais de um ano, protegido pela medicação anti-depressiva, cuja indicação relutou muito em aceitar.

Ódio, traição, vingança e corte. Como encetar uma análise com tais elementos? Este é o desafio com Kiko.

Como manter a abertura necessária para se deixar investir pelo paciente e descobrir a teoria compatível num caso desses, tão complicado? Como trabalhar sob a constante ameaça do corte da análise, da própria vida? A tentação de um modelo que pudesse ir vestindo no paciente pareceria mais fácil. Mas, o que percebo claramente, usando alguns elementos da teoria da melancolia em Freud (1914) é o conhecimento de que o suicida pode estar se vingando de uma das imagos fundamentais, faço o que posso para me aliar ao eu sadio de Kiko e jamais cair numa posição em que ele possa querer se vingar de mim. Com isso, evito o risco de suicídio, mas também aspectos cruciais da transferência. Contudo, por ora, é com isto que podemos trabalhar. Tenho de ser o fiel condutor que o reconduza à vida. Felizmente, o jogo tem dado certo. Nossa *aliança terapêutica* tem feito com que Kiko retome seus interesses profissionais e alguns vínculos afetivos. A análise de seu objeto melancólico fica para depois. Quer dizer: o que se convencionou chamar de uma *boa análise* terá de aguardar uma conjuntura menos mortífera. Melhor dizendo: a *boa análise* de Kiko é esta que temos feito.

Pois se o paciente a nossa frente, sentado, deitado ou em pé, no consultório ou fora dele, é o *homem psicanalítico*, ele é o homem do movimento, o ser da revelação, do indeterminado, do vazio de significações pré-determinadas. Já é tempo, então, de elucidar a questão:

O que significa, para o espírito humano, uma convivência tão amiúde, a que nos obrigamos na clínica, com o quase-nada – o indeterminado? Desafiador para uma criação, como para um artista, no momento em que vai realizar uma obra. Mas, será sempre isto possível?

CONSIDERAÇÕES FINAIS

A questão anterior encaminhou o trabalho para um lado inesperado. Vejamos:

Que o fundo de todo o sentido psicanalítico é somente nosso método ¾ ou, do contrário, uma presunçosa arbitrariedade. E que, quando se chega ao fim de uma tradução do psiquismo, a verdade que surge é sempre o próprio método, revestido a cada vez da figura psíquica por ele descoberta. (Herrmann, 2001b, pág. 11).

Nunca será demais refletir sobre o sentido desta frase.

Pois se vivemos no tempo do absurdo, se nosso método tem espessura ontológica, revelando a propriedade do ser absurdo da psique, conforme analisei em outro artigo, não será demais pensar:

Acontece que, no nosso mundo contemporâneo, justamente por uma espécie de massa excedente de possibilidades representativas, padeceríamos de uma sorte de síndrome de desrealização, gerada pelo grande descompasso entre o homem (que se acreditava prenhe de substância) e a extrema aceleração do desenvolvimento tecnológico. O abuso do crescimento tecnológico cria tensões que parecem estilhaçar o eu e sua relação com a pertinência histórica. Isto que faz o homem sentir-se tão apequenado, uma espécie de índio pós-moderno, temendo a "high-tech" e as potências econômicas, assim como temiam chuvas e trovoadas os nossos antepassados.

Este novo homem, talhado para o aparecimento da Psicanálise na face da terra, sofre desta síndrome que põe em crise a crença na substancialidade da realidade cotidiana e, como realidade e identidade são, nesta acepção de forte sabor fenomenológico, os dois lados de uma mesma moeda, já se vê: crise na realidade, crise na identidade. É parte daquilo que o autor vai chamar de Homem Psicanalítico: O Homem visto pela ótica do método interpretativo (...) O homem apreendido pelo método psicanalítico não é a totalidade do Homem, mas coincide com esse homem em crise, sendo este o nosso objeto de conhecimento. (Orsini, 1999, pp. 65-6).

Talvez seja melhor começarmos a pensar no nosso método de trabalho como uma das figurações, das mais privilegiadas, do absurdo reinante. E o analista como a sua figura-mor, um grande personagem kafkiano. Ou melhor, freudiano, uma vez que Herrmann crê que podemos nos considerar como personagens do grande enredo criado por Freud (Herrmann, 1999a). E agora, por que Kafka? Voltando àquele artigo (Orsini, 1999, pág. 81):

> E para terminar, pensemos junto ao mestre do absurdo, e também mestre confesso do autor – Kafka. Herrmann paga seu tributo a Kafka, ao afirmar:
>
> "Este real demasiado humano, e por isso mesmo absurdo, domina vasta porção do pensamento deste tempo que bem poderá vir a ser conhecido como o século de Kafka, provavelmente seu intérprete mais realista – época marcada pela aguda noção de realidade, desafio cuja justa resposta consiste para nós, ao que tudo indica, numa atitude epistemológica de descrença relativa, solução do confronto entre objetividade tecnológica e ceticismo niilista" (Herrmann, texto inédito:16).[9]
>
> *Segundo Modesto Carone Kafka desrealiza o real para realizar o irreal, que é verdadeiro; ficar mareado em terra firme, era o que Kafka dizia. A realidade verdadeira está atrás da fachada: Kafka entra com a cunha e o verdadeiro parece estar lá dentro. O narrador entra dentro da coisa e mapeia a alienação por dentro, não é um texto iluminista onde o narrador explica. Não temos mais o narrador onisciente; ele cria o narrador insciente (não ciente, ignorante), que não sabe de nada, tanto quanto o personagem. A figura do narrador insciente é colocada por Kafka como se estivesse montado às costas do personagem, fazendo o leitor experimentar a alienação dentro de si.*

Não será que corremos o risco, por um excesso de desalienação, como Gregor Samsa, personagem da *Metamorfose*, de Kafka, de amanhecermos, um belo dia, transformados?

Pois, se como quer Modesto Carone, na brilhante interpretação que faz do romance de Kafka (1983), a transformação de Gregor

---

[9] Trata-se do livro *A Psique e o Eu* (Herrmann, 1999a, p. 28)

num inseto era a única forma de se livrar da condição sacrificada e alienante em que vivia, e se o processo de alienação na sociedade humana chegou a tal ponto que é impossível pensar num ser humano completamente desalienado, nós, analistas, que trabalhamos com um método desalienante, corremos o risco, como Gregor, de nos desumanizarmos, por uma espécie de efeito colateral indesejável do abuso da *arte de interpretar.*

Condição enigmática, cujas implicações, se quisermos prosseguir na direção de uma clínica ampliada, dará muito que pensar.

Referências Bibliográficas

ANDRÉ, S. *O que quer uma mulher*. Rio de Janeiro: Jorge Zahar, 1998.

BRANDÃO, J. *Mitologia Grega*. Petrópolis: Ed. Vozes, 1987.

CALLIGARIS, C. *Adolescência*. São Paulo: Publifolha, 2000.

CARONE, M. Sobre Kafka, a *Metamorfose*: o parasita da família. *IDE*. 19: 25-32, 1983.

_____. Seminários de literatura. (em curso)

CAMUS, A. *Le mythe de Sisyphe*. Paris: Gallimard, 1998.

CITÁTI, P. *Proust e a Recherche*. São Paulo: Companhia das Letras, 1999.

FERRARI, A. B. *A adolescência: o segundo desafio*. São Paulo: Casa do Psicólogo, 1996.

FLEM, L. *O homem Freud – o romance do inconsciente*. São Paulo: Ed. Campus, 1994.

Freud, S. 1895. *Estudos sobre a histeria*. Rio de Janeiro: Imago, *ESB*, 2.

_____. 1900. *A interpretação de sonhos*. Rio de Janeiro: Imago, *ESB*, 4 e 5.

_____. 1905. Caso Dora. Rio de Janeiro: Imago, *ESB*, 7.

_____. 1913. *Totem e tabu*. Rio de Janeiro: Imago, *ESB*, 13.

_____. 1917. *Luto e melancolia*. Rio de Janeiro: Imago, ESB, 14.

_____. [1914]. *O manuscrito recém-descoberto – Neuroses de transferência: uma síntese*. Imago: Rio de Janeiro, 1987.

_____. 1925. *Algumas conseqüências psíquicas da distinção anatômica entre os sexos*. Rio de Janeiro: Imago, ESB, 19.

_____. 1920. *Além do princípio de prazer*. Rio de Janeiro: Imago, ESB, 18.

_____. 1930. *O mal-estar na civilização*. Rio de Janeiro: Imago, ESB, 21.

_____. 1931. *Sexualidade feminina*. Rio de Janeiro: Imago, ESB, 21.

_____. 1939. *Moisés e o monoteísmo*. Rio de Janeiro: Imago, ESB, 23.

GARCIA-ROZA, L. A. 1990. *O mal radical em Freud*. Rio de Janeiro: Jorge Zahar.

_____. Seminários de Filosofia e Psicanálise. (em curso).

GREEN, A. *Narcisismo de vida, narcisismo de morte*. São Paulo: Escuta, 1988.

HERRMANN, F. *Andaimes do real: uma revisão crítica do método da Psicanálise*. São Paulo: EPU, 1979.

_____. O homem psicanalítico. *Revista Brasileira de Psicanálise* 17:4, 1983.

_____. *A psique e o eu*. São Paulo: HePsiché, 1999a.

_____. O Momento da Teoria dos Campos na Psicanálise. In: *Psicanálise I Encontro Psicanalítico da Teoria dos Campos* (anais). São Paulo, 1999b, p. 6-17, e a Introdução desta coletânea.

_____. Daqui pra frente. In: *II Encontro Psicanalítico da Teoria dos Campos* (anais). São Paulo, 2001a, p. 15-26 e capítulo de Conclusão desta coletânea.

_____. *Introdução à teoria dos campos*. São Paulo: Casa do Psicólogo, 2001b.

_____. *A infância de Adão e outras ficções freudianas*. No prelo.

MC DOUGALL, J. *Plaidoyer pour une certaine anormalité*. Paris: Gallimard, 1978.

MEICHES, M. *A travessia do trágico em Psicanálise*. São Paulo: Casa do Psicólogo, 2000.

MONZANI, L. R. 1989. *Freud, o movimento de um pensamento*. Campinas: Ed. Unicamp.

_____. A fantasia freudiana. In: Prato Jr., B. *Psicanálise e filosofia*. São Paulo: Ed. Brasiliense, 1991.

ORSINI, C. M. de B. A sexualidade é o absurdo? Ou um problema para o nosso tempo. *In:* Sagawa, R. Y. *A Teoria dos Campos na Psicanálise*, São Paulo: Ed. HePsiché, 1999.

PROUST, M. 1988. *Em busca do tempo perdido*. Volumes 1, 2, 3 e 7. Rio de Janeiro: Globo.

Capítulo 3

O Divã a Passeio ou um Passeio pela Arte de Narrar? Ainda à Procura da Psicanálise onde Não Parece Estar...

Mônica do Amaral[1]

Ao discorrer sobre o grande dilema do romance contemporâneo, Theodor W. Adorno, filósofo identificado com a Escola de Frankfurt, menciona o paradoxo que o atravessa: "Não se pode mais narrar, ao passo que a forma do romance exige a narração." (1980, p. 269). Ainda neste breve artigo, o autor sugere que a identidade da experiência, como vida articulada e contínua em si mesma, apenas

---

[1] Do Instituto de Psicanálise da SBPSP. Docente da FCL-UNESP-Araraquara. DEA de Psicanálise na Université Paris VII. Doutora em Psicologia pelo IPUSP. Autora do livro *O espectro de Narciso na modernidade - de Freud a Adorno* (Estação Liberdade/FAPESP, 1997) e co-autora do livro *Psicanálise, fim de século* (Hacker, 1998)

a postura do narrador é capaz de sustentar. Ora, com a desintegração da experiência que acompanha o mundo administrado e a estandardização da subjetividade, verifica-se o empobrecimento da arte de narrar que nada mais é do que a *experiência comunicável*, conforme bem assinalara outro filósofo alemão, Walter Benjamin (1980). Um processo que se iniciara com a Primeira Guerra Mundial – em que as pessoas retornavam mudas dos campos de batalha diante das atrocidades vistas e cometidas – e que não mais se deteve, dando ensejo a uma pobreza que se estende para além da vida privada, atingindo a própria experiência da humanidade, visto que a mesma se extingue na imediaticidade da informação, sem que desta se possa afastar como mediação refletida.

Mas, contra o pessimismo que se pode depreender da leitura de Adorno a esse respeito, Benjamin, como assinala uma estudiosa do autor, J-M. Gagnebin (1994), sempre insistirá na perspectiva salvadora que a crise da tradição poderá oferecer à ação histórica dos homens. Salienta que não se trata de um otimismo ingênuo, ou uma confiança na técnica simplesmente, mas "...porque, através desse desmoronar da identidade da linguagem, da história e do sujeito, poderia, talvez, enfim passar o sopro de uma palavra inteiramente redimida, que atravessa todas as línguas e pulveriza o peso do sentido, esta consumação silenciosa de todas as palavras humanas que Höderlin, na sua 'loucura', teria ouvido, e que seria sua tradutibilidade integral." (Gagnebin, 1994, p. 35). O retorno ao passado, perdido, recalcado ou mesmo negado, por meio de uma espécie de jogo lúdico da lembrança e do esquecimento, ao modo da rememoração involuntária – a que se deixou levar Proust em sua obra *Em busca do tempo perdido* (1987) – adquire, para Benjamin, o valor emancipador e até revolucionário, de onde se depreende uma concepção de história que nada tem a ver com o suceder dos fatos e tampouco com uma explicação lógica que lhe seja exterior. Trata-se de concepções de história e de narração, para as quais se torna essencial a busca das origens e não propriamente da gênese. A esse respeito, esclarece Gagnebin, o termo *Ursprung*, a origem benjaminiana, designa mais o salto, do que a perspectiva cronológica niveladora: "...visa, portanto, mais que um projeto restaurativo ingênuo, ela é, sim, uma retomada do passado, mas ao mesmo tempo – e porque o passado enquanto passado só pode voltar numa não identidade consigo mesmo – abertura sobre o futuro, inacabamento constitutivo." (Gagnebin, 1994, p. 17).

Uma concepção, pois, que se aproxima do sentido da própria pesquisa psicanalítica, em que a reconstrução criadora substitui a repetição inconsciente. Um processo que foi concebido por Freud (1914) como um trabalho de elaboração (ou de perlaboração), que o autor remete à sua dimensão econômica, idéia ausente nas reflexões de W. Benjamin. Embora obscuro, esse conceito freudiano refere-se a um trabalho psíquico de elaboração fundado na vivência (*Erleben*) das pulsões recalcadas que alimentam a resistência (cf. Laplanche e Pontalis, 1983). Ou seja, um trabalho que, ao romper a resistência inconsciente, inscreve o sujeito numa temporalidade psíquica, fundada numa particular dialética em que o lembrar se distancia do esforço da vontade consciente, dependendo muito mais de se deixar esquecer e, desse modo, abrindo um campo fértil para a rememoração involuntária, essencial à narrativa inaugurada por Marcel Proust, na *Recherche* (1987).

Daí minha intenção, neste artigo, de aproximar as idéias de W. Benjamin sobre a narrativa literária e de sua salvação, ao método psicanalítico, tanto na sua versão clínica, como de crítica da cultura.

Benjamin lamenta o fim da narrativa tradicional, como forma de restaurar a idéia do complicado entrelaçamento da rememoração e do esquecimento, inerente ao modo humano de existir; para ele, a rememoração involuntária exaltada por Proust, como condição de sua escrita, está muito mais próxima do esquecimento do que daquilo que se entende usualmente por lembrar. Ou como esclarece Gagnebin, do processo de rememoração involuntária, em que se tece "...a dupla trama da palavra rememoradora e esquediça que constitui o sujeito." (Gagnebin, 1994, p. 5).

Acontece que a absolutização do indivíduo a que conduziu o avanço do capitalismo, calcado em uma competitividade desenfreada, tem conduzido a uma espécie de desrealização do real (nas dimensões, tanto identitárias, quanto da realidade da representação, cf. Herrmann, 1998), e do próprio sentido de existência do indivíduo. E por que não? Da própria arte de narrar e de lembrar, tão essenciais ao trabalho analítico.

Se hoje se pode dizer que a arte de narrar caiu na cotação, para que se depreenda o que é que se perdeu com isso, não se pode esquecer, conforme salienta Benjamin, quais os últimos baluartes da narrativa oral – o marinheiro mercante, que muitas histórias tinha para contar das terras longínquas por ele percorridas, assim como o lavrador sedentário, que bem conhecia as histórias e tradições de sua terra. Esses dois tipos arcaicos de narradores encontraram na condição do artífice medieval a síntese da troca de experiência, tão essencial, não apenas à transmissão do ofício de artesão, como à arte de narrar . Conforme o autor, "...nela se unia o conhecimento do lugar distante (na condição de mestres e aprendizes volantes), como o traz para casa o homem viajado, com o conhecimento do passado, da forma como este se oferece de preferência ao sedentário." (Benjamin, 1980, p. 58).

W. Benjamin nos faz lembrar que o bom narrador é antes de tudo aquele que sabe bem aconselhar, sobretudo se considerarmos o conselho não como uma resposta a alguma questão, mas a continuidade de uma história narrada por aquele que pede o conselho. Portanto, o conselho depende da experiência e sabedoria em matéria de vida vivida, tanto do narrador como do ouvinte, podendo o primeiro oferecer a este, ou uma lição de moral, ou uma indicação prática, seja por meio de um ditado ou norma de vida. Acontece que com a experiência em declínio, procede-se à agonia da sabedoria e ao fim da arte de narrar.

A leitura desses autores nos campos filosófico e psicanalítico me levou a pensar que talvez a psicanálise sofra de um paradoxo análogo ao da narrativa. Dadas as semelhanças entre o aprendizado do artífice medieval e a transmissão analítica, o contador de histórias e a atividade do analista, à medida que a construção do *savoir faire* em psicanálise depende da troca de experiências entre *mestres e aprendizes* — cuja relação se faz mediada pelo acúmulo de experiências (teórico-clínicas) ao longo da formação — (ou seja, a despeito da impossibilidade crescente de se ser sujeito na contemporaneidade e de se poder ser autor da narrativa de sua própria história), a psicanálise para se realizar, exige que se possa ser sujeito de sua própria história, ao menos enquanto promessa vindoura. Ora, a questão que se coloca é de como fica a transmissão e a própria atividade do analista se a subjetivação está passando cada vez mais por uma opacificação da experiência e pela agonia da sabedoria, que acompanham o declínio da arte de narrar?

No artigo *Interpretação: a invariância do método nas várias teorias e práticas clínicas* (1989), Herrmann salienta que a Psicanálise pretende curar o homem, não apenas de seu esquecimento, mas de seu *descentramento fragmentário*, visando, ao contrário de uma unidade perdida, *revelar seu descentramento essencial e a insaciabilidade do desejo*. O pequeno deslocamento de sentido que se pode identi-

O Divã a Passeio ou um Passeio pela Arte de Narrar? Ainda à Procura... 155

ficar entre um e outro — a cura do esquecimento e a do descentramento fragmentário — impõe, a meu ver, uma reflexão a respeito das diferenças de como se constituiu o sujeito barrado do inconsciente, na época de Freud, no final do século XIX e início do século XX, e de como estaria se constituindo hoje, no início do século XXI. Ora se o segredo da repressão sexual de outrora era apresentar a satisfação como uma promessa rompida, jogando-a, muitas vezes no limbo do esquecimento, ou inscrevendo-a numa moralidade cínica[2], na atualidade, a satisfação sexual explode em fragmentos como forma de claudicar, ou mesmo mutilar toda e qualquer expressão sincera da mesma, o que segundo Herrmann estaria fragmentando o próprio corpo sexual erótico. Uma questão suscitada por tais circunstâncias da contemporaneidade é que a própria expressão do desejo diante da fragmentação que aliena o sujeito de seu descentramento constitutivo (em sua dupla face do esquecimento e da rememoração), não pode ser da mesma natureza de outrora. Basta se ter um olhar atento para a nossa clínica que se encontra atravessada pelo que se tem denominado de clínica do narcisismo ou das patologias do eu, em que, conforme salientam diversos autores, a sexualidade inconsciente não mais se exprime sob a forma do desejo, mas como uma tendência a excitar a pulsão em direção à descarga ou à repetição, o que acaba curto-circuitando qualquer elaboração possível (cf. Green, 1999). O que quero dizer é que a revelação ao sujeito de seu descentramento essencial constitutivo do desejo exigiria do método psicanalítico a apreensão desse deslocamento de sentido sugerido por Herrmann entre aquele e o descentramento fragmentário ao qual o sujeito é submetido no mundo contemporâneo.

Contra a desrealização delirante do real a que a aceleração de imagens imposta pela mídia conduz, que segundo Herrmann "...claudica o sentido de interioridade que alimenta a experiência

---

[2] Conforme ampla pesquisa histórica organizada por Peter Gay, em A experiência burguesa – da Rainha Vitória a Freud, publicada em 05 volumes (Companhia das Letras, 1988-2000), a necessidade das classes médias de redefinir os domínios da privacidade, sob a égide da respeitabilidade, acabou lhe impondo um sério tributo à regulação dos afetos de amor e ódio, fazendo-as substituir a expressão sincera dos sentimentos e da própria sexualidade pelo cálculo e a moral cínica, cujas principais conseqüências foram o nervosismo e a prática generalizada da prostituição. Esta, contando não apenas com a exploração declarada das mulheres de baixa renda, mas também com uma certa atração exercida pela lascívia popular que havia sido banida da sociedade burguesa.

do cotidiano e lhe dá sentido..." (1994, p. 313), o autor acredita, ou melhor credita à Psicanálise, o papel desmistificador em sua função de *imantação recíproca dos planos de vida, de crítica das ilusões e do acolhimento integral dos desencontros entre desejo e real*, promovendo um jogo de redefinição das posições relativas dos sujeitos, o que supõe uma redefinição até mesmo do real psíquico como forma de aproximação do saber psicanalítico da vida perene dos indivíduos na contemporaneidade.

Na verdade, inspira-se nos poemas de T.S.Eliot (1963, 1980), para sustentar que o sintoma da época se vê marcado por uma *vacuidade, pelo tédio da mesmidade oca*, idéias tão bem exploradas pelo poeta logo após a Primeira Guerra Mundial, que na atualidade exprime-se por um estado de *incredulidade* que se infiltra no sujeito da cultura de um modo que poderíamos considerar mesmo perverso, à medida que o indivíduo é induzido a crer cada vez mais no que vê, sem que seja sustentado por uma identidade, em que a mutabilidade das representações fica apensa a uma espécie de vazio da experiência.

Dois poemas de Eliot, um escrito em 1922, *Terra desolada* e outro, *Os Homens ocos*, de 1925, sugerem um espírito em ruínas que precisa ser visto em suas entranhas para que se possa fazer emergir qualquer esperança em uma civilização agonizante. Embora esteja se referindo ao que restou da Grande Guerra, podemos pensá-los a propósito do que foi decantado dos conflitos mundiais que deu início ao processo de expansão de fronteiras a que assistimos em meio à globalização, cujas incidências se fazem sentir não apenas nos campos econômico e cultural, mas nos recônditos mais íntimos da alma humana. Basta voltarmos nosso olhar para a guerra contra o terrorismo que se iniciou após a invasão do Afeganistão pelos EUA; um conflito movido pela desrazão presente tanto no fanatismo terrorista, como em um sistema econômico-militar sustentado pelos países ricos que tende a fazer engrossar as fileiras das misérias – econômica e espiritual – mundiais. Questões tão candentes na atualidade, que foram tratadas com maestria pelo poeta Eliot, e concebidas por Benjamin e Adorno como sendo a barbárie dos tempos modernos; no domínio psíquico, Herrmann o teria anunciado como a *desrealização do real*, ou a perda da *substancialidade das representações sociais*.

Há momentos da *Terra desolada*, em que Eliot nos faz ter acesso ao sofrimento da vacuidade de uma cultura em ruínas que clama por que algo seja feito, embora sem esperança, como expressa tão bem por meio da alusão às estações do ano:

"Abril é o mais cruel dos meses, germina
Lilases para além da terra morta, mistura
Memória e desejo, aviva
Agônicas raízes com a chuva da primavera."(1963, p. 89; 1980, p. 37)

Referindo-se ao mês de abril que na Europa sucede a um longo inverno, onde nada brota, toma-o como uma metáfora, em que a germinação de algo tão belo como os lilases não se faz sem reavivar um passado recém-agonizante, misturando a dor da terra devastada com o que nela pode surgir de vida, em que se mesclam memória e desejo, o passado, o presente e o futuro.

Ou quando no poema *Os Homens ocos*, ao qual Herrmann se refere, onde define mais precisamente a qualidade de tal vacuidade da existência:

"Nós somos os homens ocos
Os homens empalhados
Uns nos outros amparados
O elmo cheio de nada. Ai de nós!"

....

Forma sem forma, sombra sem cor,

Força paralisada, gesto sem vigor;" (1963, p. 117; 1980, p. 56)

Uma visão de progresso que muito se aproxima da crítica ao historicismo empreendida por W. Benjamin que, em suas *Teses sobre a Filosofia da História* (1989), número 9, recorre à figura do anjo de Paul Klee, para descrever às custas de quê se tem promovido o progresso: com olhos estupefatos voltados para as ruínas do passado, o anjo se vê impelido para a frente, como que movido por um furacão, que o impede de se acercar desse passado em ruínas. Tese tão atual diante dos conflitos atuais entre os povos, movidos, além da miséria, pela intolerância generalizada, seja religiosa ou política.

Eliot, ainda, descreve-nos uma terra de cegos, em que o encontro, uma palavra, um sentido que dela pudessem proliferar, termina na imagem de *uma estrela agonizante*, a não ser que isso tudo resultasse em um novo olhar:

"Sem nada ver, a não ser
Que os olhos reapareçam
Como a estrela perpétua

Rosa multifoliada
Do reino em sombras da morte
A única esperança
De homens vazios."(1963, p. 119; 1980, p. 58)

Um olhar que, como propõe Herrmann, deve proceder mais do que nunca à crítica das aparências, promovendo a ruptura de campo e a liberação dos sentidos suprimidos, condição, a meu ver, para restituir a narrativa ao sujeito agonizante da contemporaneidade. Aliás, o autor o faz de um modo nada usual em seu livro *O Divã a Passeio* (2001), onde nos apresenta uma série de temas da psicanálise – como a sessão e o processo psicanalíticos, a metapsicologia e a psicopatologia – por meio da narrativa de uma coletânea de histórias reunidas ao longo de suas viagens pelo oriente que, ao modo do marinheiro mercante, nos faz revisitar o passado através do relato das lendas de terras longínquas. Como todo bom narrador, Herrmann mergulha na vida de quem relata a história apresentando as circunstâncias em que ele mesmo tomou contato com o relato que se segue. Assim inicia a narrativa da história de captura do rosto da bela Padmini, rani da cidade de Chittor:

"Dizia-lhes portanto que era muito bela a rani de Chittor. Ninguém me soube explicar como era, naturalmente, mas faço dela uma imagem leve e esguia como a torre de Vitória, sensualmente curva, como a estatuária mewar, plácida como o laguinho em que se havia de refletir." (2001, p. 79)

Acrescenta, ainda, ter imaginado o rosto de Chittor como o próprio rosto de Padmini, o que talvez explicasse a atração do sultão de Delhi pela beldade, tendo este cercado a cidade fortificada com seu exército, exigindo conhecê-la nos idos de 1303. O esposo de Padmini, cônscio do assédio amoroso implícito no cerco promovido pelo sultão, propôs-lhe um trato: poderia vê-la através de um espelho colocado estrategicamente em um lugar, cujo acesso direto pela visão seria impossível. Um estratagema que Herrmann traduz da seguinte maneira:

"Ele poderia ver sem ver, contemplar o semblante da rani num espelho e a segura distância, e assim elevar a tensão do desejo para sonhar por toda a vida com o reflexo arredio." (2001, p. 79)

Mas, como o sultão em nada pretendesse se afastar de sua vocação imperial, nem mesmo respeitar as regras da reciprocidade da boa hospitalidade, assim que entreviu pelo espelho a imagem refletida da rani – que Herrmann associa à cena primária – ao sair da cidadela, raptou seu anfitrião com o intuito de chegar à sua bela esposa. Sucederam-se guerras e lutas pela retomada do poder de Chittor até sua rendição, que deu lugar, em seguida, a um suicídio coletivo.

Ora, apoiando-se nesta lenda, Herrmann nos aproxima da cena de humanização, essencial a todo processo analítico, da qual se furtou o sultão, que no jogo de espelhos para reter o semblante da rani, não suportou o eclipse do corpo da carne da bela rani. Ou seja, não suportou o jogo a que se submete o desejo no campo transferencial: se se deixa ver a cara, não vê a rani. Se procura vê-la, não vê quem a vê. Um afastamento em eclipse de si enquanto carne, para que possa tornar visível o avesso da carne, ou o rosto de seu desejo, do qual, aliás, está em busca todo aquele que procura análise. Algo que me fez lembrar as palavras de uma jovem paciente: "Então a análise deverá me conduzir a uma combinação entre as figuras de Dionísio, o deus da loucura e da luxúria, que sempre predominou em minha vida, e Apolo, o deus da sabedoria ...e assim começo a aprender que uma distância se impõe entre o que se quer fazer, o meu desejo, e o fazer propriamente dito ..."

Optando, no caso, por uma via mais rica de encontro com seu objeto do desejo, que Herrmann descreve em oposição ao furor melancólico: "...constrói-se nova capital, ampliada e menos defendida, mais rica porém reproduzindo o mesmo rosto." (2001, p. 86).

Herrmann propõe, ainda, que o fato de poder reconhecer-se através do espelho proposto pelo rana-analista é equivalente a um sultão que, abdicando do império absoluto, diria o seguinte: "...não é este senhor gentil meu analista, ele está aí em cima e é apenas um espelho, não se zanga, não proíbe, não acaricia, nem mesmo conduz, reflete. Movo-me e me descubro diferente cada vez que me perco no reflexo do meu desejo." (2001, p. 84).

É na confluência dos saberes da Fenomenologia e da Psicanálise que Herrmann redescobre o rosto na sua *função de quase-objetividade da subjetividade*, por onde se constrói uma *forma de identidade histórica*, sugerindo por meio do conto da Rani de Chittor, qual seria a função da análise: "...adquirir um rosto significa, antes de mais nada, reconhecer-se agradecidamente habitado pela história humana." (Herrmann, 2001, p. 98). Mas como nem sempre se consegue ficar tão agradecido pela história que nos habita, parece-me mais interessante quando o autor recorre à dimensão mítica da psicanálise, sugerindo fazer parte do *experimento de humanização*, a que dá início cada sessão de análise, produzir a reativação psíquica dos mitos pessoais do analisando, para em seguida, desmontá-los, criando espaço para uma incansável recriação de novas versões mitopoiéticas sobre si mesmo. Uma forma encontrada pelo autor para pensar uma espécie de episteme *sui-generis* da psicanálise, em que o analista, ao modo quase distraído de ouvir histórias, abre-se para a escuta dos sentidos originários e a partir destes hipotetiza uma teoria ou mais teorias derivadas da clínica de cada paciente.

A meu ver, o olhar enviesado através do espelho, proposto como estratagema ao sultão de Delhi para saciar seu desejo de ver a beldade de Chittor, nos ensina muitas coisas a propósito da arte do bem narrar, assim como sobre o método psicanalítico. Uma arte que nos dois casos supõe a captura da atenção, naquilo para o qual costuma-se estar desatento, por meio de uma particular aderência à história narrada, mas que dela se separa por um ângulo de visão em que se possa olhar... o campo do desejo... sem vê-lo.

Aliás, podemos encontrar em Lacan (1990), ao menos em um momento de maior aproximação do pensamento fenomenológico, uma espécie de dialética do olho e do olhar, que, à semelhança de Herrmann, também se aproxima das idéias de Merleau-Ponty (1971) a respeito da reversibilidade do visível e do invisível.

Mas o que seria o olhar, de acordo com Lacan?

A afirmação do ser no mundo conduzida pelo olhar, significa para o autor, *modificação ativa* (anulação ativa), o que pressupõe a redução do sujeito da representação. O olhar seria o que mais se especifica como inapreensível: "Na relação escópica, o objeto de que depende a fantasia à qual o sujeito está apenso numa vacilação essencial, é o olhar." (Lacan, 1990, p. 83). Supondo que o olhar seja o *avesso da consciência*, levanta dúvidas quanto à possibilidade mesma de imaginá-lo. Para responder a esta questão, Lacan recorre às idéias apresentadas por Sartre em sua obra *O Ser e o Nada* (1997). Inspirando-se na obra deste último, Lacan sustenta que o olhar emerge a partir do momento em que o sujeito é surpreendido pelo "olho daquele que me olha como objeto" (Lacan, 1990, p. 83). Ao mesmo tempo é possível depreender de suas idéias a oposição e até mesmo a anulação que se instaura entre o olhar e o campo da

O Divã a Passeio ou um Passeio pela Arte de Narrar? Ainda à Procura... 161

visão: "...no que estou sob o olhar, escreve Sartre[3], não vejo mais o olho que me olha, e se vejo esse olho, é então esse olhar que desaparece." (Lacan, 1990, p. 83)

Na verdade, são idéias que muito se aproximam da lenda de Chittor, que Herrmann associa à sessão analítica, em que se apreende o rosto do desejo, ou do olhar sartreano, por meio da eclipse da visão do corpo da carne.

Lacan, inspirando-se nas proposições de Merleau-Ponty, reconhece que é na reciprocidade do olhar que, originalmente, passamos a perceber do que trata o olhar. Mas a alteridade imaginária que se constrói a partir da reciprocidade do olhar, é ilusória pelo fato de permanecer no campo da aparência adaptativa, inerente aos fenômenos da percepção. O autor adverte-nos sobre os *disfarces da consciência*, ao logro da visão, referindo-se a uma aparência enganadora que se instaura *no domínio da Voyura* (cf. expressão de J. Lacan, 1990, p. 84), que é responsável pelo escamoteamento do próprio desejo.

É, pois, na esquize do ser, ou na ruptura de campo (da visão?, da experiência?), que se instaura a possibilidade do olhar ou de se ter acesso ao rosto do desejo. O que Lacan denomina de alteridade imaginária, podemos encontrar um correlato nas idéias de Herrmann, a propósito da paixão imaginária pelo analista que há que se converter em paixão pelo método, ou seja, por essa captura do desejo, sustentada pelo viés do espelho fornecido pelo analista, que nada vê, a não ser o olhar que vê.

Enquanto Lacan entrevê na esquize do sujeito uma espécie de duplicação de si mesmo que aparece à consciência conotando

---

[3] Lacan parece estar se referindo ao seguinte trecho do capítulo IV, "O Olhar", de *O Ser e o Nada* (Sartre, 1997): "...ao contrário, longe de perceber o olhar nos objetos que o manifestam, minha apreensão de um olhar endereçado a mim aparece sobre o fundo de destruição dos 'olhos que olham': se apreendo o olhar, deixo de perceber os olhos; estes estão aí, permanecem no campo de minha percepção, como puras apresentações, mas não faço uso deles; estão neutralizados, excluídos, não são objeto de uma tese, mantêm-se no estado de fora do circuito em que se acha o mundo para uma consciência que efetua a redução fenomenológica prescrita por Hurssel" (Sartre, 1997, p. 333). Na verdade, essa noção do olhar do outro como constitutivo do sujeito, inscreve-se no contexto de sua teoria do outro, a qual se revela sempre com relação ao mundo, afastando-se de uma *consciência solitária e extramundana*. É por meio do olhar do outro que se constitui a consciência de si mesmo, como sugere no trecho seguinte: "Não podemos perceber o mundo e captar ao mesmo tempo um olhar sobre nós; terá de ser uma coisa ou outra. Porque perceber é olhar, e captar um olhar não é apreender um objeto no mundo (a menos que esse olhar não esteja dirigido a nós), mas tomar consciência de ser visto." (Sartre, 1997, p. 333).

falsidade, associando-o, entretanto, mais ao disfarce, à máscara, como o que identifica o sujeito fazendo-o emergir sob a condição de fazer-se logro, Herrmann leva a idéia da paixão pelo disfarce a seu ponto máximo – quando, por exemplo, revela em *A paixão pelo disfarce* (1999), como sendo esta a *própria natureza da convenção teatral intrapsíquica*. Embora Lacan, neste momento não explicite, como fará posteriormente, a questão do inconsciente estruturado como linguagem, sugere que o que permite que o sujeito jogue com a máscara como algo mais além do que o olhar, tornando o sujeito mais independente da captura imaginária, é a própria incidência do simbólico (*O Outro*) no plano intersubjetivo em que se desenvolve o imaginário. Já segundo Herrmann, a ruptura de campo deve promover a emergência de sentidos suprimidos, devolvendo ao sujeito sua capacidade de se reconhecer como um ser habitado pela história, cuja abordagem teórica o aproxima mais da dialética proposta por Walter Benjamin (1989) a respeito da experiência e da busca salvadora das origens quando este sustenta que o enriquecimento da experiência privada (*Erlebnis*) depende de se poder articulá-la com o campo da experiência coletiva (*Erfahrüng*). Não se pode esquecer que o arrefecimento dessa dialética incide negativamente sobre a arte de narrar, visto que a mesma depende da possibilidade de se comunicar experiências. Ou dito de outro modo, como afirmara mais de uma vez Adorno: quanto mais o indivíduo se torna independente da experiência social e esta, por sua vez, afasta-se do que a torna propriamente humana, mais a experiência privada se esvazia, decretando-se *definitivamente a sentença de morte contra o sujeito* (cf. expressão de Adorno, 1992).

Todas estas questões da cultura incidem de um modo particular sobre a clínica contemporânea. A meu ver, não cabe mais discutir a questão da analisabilidade dos pacientes, ou no mínimo, há que se considerar esta questão sob novos ângulos. Esta é uma questão equívoca, pois diante do crescente empobrecimento do espírito ocidental, há que se envidar esforços nos diversos campos do saber, para se tentar restituir o que Herrmann considera possível através da análise – o processo de humanização do qual os sujeitos têm se visto cada vez mais apartados.

Referências Bibliográficas

ADORNO, T. W. (1951). *Minima Moralia*, trad. Luiz Eduardo Bicca. São Paulo: Ática, 1992.

_____. (1958). Posição do narrador no romance contemporâneo. *In: Textos escolhidos, W. Benjamin, M. Horkheimer, T. W. Adorno, J. Habermas*, trad. de José Lino Grünnewald...[*et al.*]. Coleção *Os Pensadores*. São Paulo: Abril Cultural, 1980.

BENJAMIN, W. (1969). O narrador – observações acerca da Obra de Nicolau Leskov. *In: Textos escolhidos, W. Benjamin, M. Horkheimer, T. W. Adorno, J. Habermas*, trad. de José Lino Grünnewald...[*et al.*]. Coleção *Os Pensadores*. São Paulo: Abril Cultural, 1980.

_____. Experiencia y pobreza. *In: Discursos interrumpidos I*, trad. Jesus Aguirre. Madrid: Taurus, 1989.

_____. Tesis de Filosofia de la Historia. *In: Discursos interrumpidos I*, trad. Jesus Aguirre. Madrid: Taurus, 1989.

_____. A imagem de Proust. *In: Magia e técnica, arte e política – ensaios sobre literatura e história da cultura*, trad. Sérgio Paulo Rouanet. São Paulo: Brasiliense, 1986.

ELIOT, T. S. (1963). *Poesia*, trad. Ivan Junqueira. Rio de Janeiro: Editora Nova Fronteira, 1981.

_____. *The Complete Poems and Plays 1909-1950.* New York: Harcourt Brace & Company, 1980.

FREUD, S. (1914). Rémemoration, répétition et perlaboration. *In: La technique psychanalytique.* Paris: PUF, 1997.

GAGNEBIN, J-M. *História e narração em W. Benjamin.* São Paulo: Perspectiva, 1994.

GAY, P. *A Experiência Burguesa – da Rainha Vitória a Freud* (05 vol.), trad. Sérgio Flaksman. São Paulo: Cia das Letras, 1988-2000.

GREEN, A. Génèse et situations des états limites. *In:* André, J. (org). *Les états limites.* Paris: PUF, 1999.

HERRMANN, F. (1992) *O Divã a passeio: à procura da Psicanálise onde não parece estar.* São Paulo: Casa do Psicólogo, 2001, 2ª edição.

_____. Interpretação: a invariância do método nas várias teorias e práticas clínicas. *In:* Sérvulo Augusto Figueira (org.). *Interpretação: sobre o método da psicanálise.* Rio de Janeiro: Imago, 1989.

_____. Mal-Estar na Cultura e a Psicanálise no fim do século. *In:* Junqueira, F.I.C.U. (org.). *Perturbador Mundo Novo.* São Paulo: Escuta, 1994.

_____. *Psicanálise da crença.* Porto Alegre: Artes Médicas, 1998.

_____. A paixão do disfarce. *In: A psique e o eu.* São Paulo: Ed. HePsyché, 1999, p. 145-220.

LACAN, J. Os quatro conceitos fundamentais da psicanálise. *In: O seminário.* Rio de Janeiro: Editora Zahar, 1990, livro 11.

LAPLANCHE, J. & PONTALIS, J. B. *Vocabulário de Psicanálise,* trad. Pedro Tamen. São Paulo: Martins Fontes, 1983.

MERLEAU-PONTY. *O visível e o invisível.* São Paulo: Editora Perspectiva, 1971.

PROUST, M. *Em busca do tempo perdido.* São Paulo: Editora Globo, 1992, 7 volumes.

SARTRE, J-P. *O ser e o nada.* Petrópolis: Editora Vozes, 1997.

Capítulo 4

O HOMEM PSICANALÍTICO E O TEMPO – LINHAS DE CONTINUIDADE ENTRE A TEORIA DOS CAMPOS E OUTRAS PRODUÇÕES PSICANALÍTICAS

Sandra Lorenzon Schaffa[1]

Em 1933, Walter Benjamin (1971) diagnosticou a pobreza em experiência da época moderna designando-a como uma conseqüência catastrófica da guerra mundial. Uma década depois, Camus (1942) deu-nos o seu testemunho desse extremo desenraizamento afetivo na comunidade humana através da brutal anestesia de sua personagem Mersault.

Em *Infância e História*, Giorgio Agamben constata que a destruição da experiência pode prescindir da evidência de uma ca-

---

[1] Psicanalista. Membro Efetivo da SBPSP.

tástrofe – a vida cotidiana numa grande cidade é suficiente para garantir esse resultado.

"Na jornada do homem contemporâneo, não há quase mais nada a traduzir em experiência: nem a leitura do jornal, tão rica de notícias irremediavelmente estrangeiras ao leitor mesmo que lhe digam respeito; nem o tempo passado nos engarrafamentos na direção de um automóvel; nem a travessia dos infernos onde se precipitam as ramificações do metrô; nem o cortejo de manifestantes barrando subitamente a rua; nem as nuvens de gás lacrimogênio, sequer as rajadas de metralhadoras que explodem não se sabe onde; nem a fila de espera diante dos guichês de uma administração; nem a visita ao supermercado; nem os instantes de eternidade passados com desconhecidos nos elevadores e ônibus, numa muda promiscuidade. O homem moderno chega em casa esgotado por uma miscelânea de acontecimentos – divertidos ou entediantes, insólitos ou comuns, agradáveis ou atrozes – sem que algum deles tenha se transformado em experiência". (Agamben, 1989, p. 20).

A doença do homem de hoje é a sua impossibilidade de traduzir em experiência os acontecimentos de sua vida, diagnostica o filósofo italiano ao retomar criticamente a concepção revolucionária da história legada pelo materialismo dialético para explicitar sua (implícita) concepção de tempo e conduzi-la à altura da concepção marxista de história. Agamben trata de depurar a concepção marxista de seus sentidos bastardos comprometidos com uma representação vulgar de tempo (a de um *continuum* pontual e homogêneo), comprometimento que, antes dele, já havia sido denunciado por Benjamin. Nessa crítica, o caráter ingênuo da concepção temporal da filosofia marxista teria contribuído para enfraquecer o conceito marxista de história. Mostrara já Benjamim que por essa brecha a ideologia se teria insinuado no sítio do materialismo histórico.

A análise de Agamben reconhece como inerente à toda concepção de história uma certa experiência do tempo. Desta conclusão decorre que toda cultura é, propriamente, uma certa experiência do tempo. Nesse sentido, não seria concebível uma cultura nova sem a transformação dessa experiência temporal. Também o primeiro objetivo de uma verdadeira revolução não seria o de *mudar o mundo* mas de *mudar o tempo*. Ao tempo vazio, contínuo e infinito do historicismo vulgar, opõe-se o tempo pleno, descontínuo, finito e acabado do prazer. "O verdadeiro materialismo histórico não consiste em perseguir longitudinalmente o tempo linear infinito, a miragem vaga de um progresso contínuo; mas em saber deter o tempo de que se fez a experiência nas revoluções autênticas, que sempre foram vividas, tal como lembra Benjamin, como uma suspensão do tempo e uma interrupção da cronologia; mas a revolução a mais densa em conseqüências, a única também que nenhuma restauração poderá recuperar, é a revolução que se traduziria não por uma nova cronologia mas por uma mutação qualitativa do tempo." (Agamben, 1989, p. 130).

I. O PSICANALISTA E A DOENÇA DO HOMEM CONTEMPORÂNEO

Responder como psicanalistas ao desafio do diagnóstico da doença do homem contemporâneo, dentro do marco de nossa disciplina, exige do psicanalista, que ele seja clínico ou engajado numa instituição, as credenciais resultantes de uma problematização do sentido de sua formação. Implica situar-se em relação à herança freudiana sem se deixar restringir à órbita das preocupações técnicas da prática de consultório.

Freud legou-nos essa idéia de que a doença humana não pode ser pensada através de um construto moldado nas proporções do indivíduo. A metapsicologia freudiana abre-se para além da história individual encontrando o enraizamento da psique numa identificação coletiva. O caráter simbólico dessa identificação originária é figurado por Freud pelo mito do assassinato paterno em *Totem e Tabu*. Mas é em *O Homem Moisés e a Religião Monoteísta* que assistimos ao auge dessa exploração do conflito entre a integridade narcísica de cada um e a evolução impessoal do conjunto. A idéia da existência de um pacto — sabemos que Freud faz intervir aí a figura do pai — configura-se como o elo imprescindível entre os destinos individuais e os destinos da espécie.

O encaminhamento dessa idéia pelo movimento psicanalítico, todavia implicou, depois de Freud, a perda da espessura antropológica original. A produção psicanalítica não mais sustentava o porte especulativo da visada metapsicológica do criador que mantivera sempre seu objeto de investigação dependente dos investimentos libidinais da história supra-individual. O destino individual do paciente freudiano nunca deixou de ser tributário do destino da espécie, cumpre insistir.

Coube a Lacan, no início da década de cinqüenta denunciar o extravio dessa referência exigindo um retorno a Freud. A posição do eu tal como Freud a formulou em *Introdução ao Narcisismo, O Ego e o Id, Além do Princípio de Prazer, Psicologia das Massas e análise do Ego* acusa a ilusão fundamental do vivido humano. Caberia, propõe Lacan, avançar no sentido revolucionário da descoberta freudiana (comparada por ele a uma revolução copernicana inacabada) a partir do descentramento do eu em relação ao problema da constituição da realidade humana. Lacan sublinhará o papel das instâncias ideais nessa determinação procurando circunscrever a idéia de um vínculo que solde os membros da multidão. Retira da obra de Freud a referência simbólica ao pai, ao *Nome-do-Pai*, fazendo dessa idéia um conceito essencial que, como o conceito de narcisismo, instituirá um dos vetores a partir dos quais se operam as possibilidades da constituição subjetiva. O acesso à referência paterna constituiu para Lacan a carne dessa noção abstrata, afetivamente tão potente, que é a pertinência à espécie humana[2]. A visada de Lacan dirige-se certeira à situação do homem contemporâneo.

Em 1953, inspirado em Heidegger, Lacan descreverá essa *profunda alienação do homem da civilização científica que encontramos quando fala de si* (Lacan, 1966). A civilização científica nascida no século XVII perseguiu uma objetivação em seu discurso e nesse trabalho construiu seu sujeito como função da ocultação do sentido singular de sua existência. O discurso científico, mostrou Lacan, subverte nossa língua e nossas relações sociais. No interior desse discurso onde o homem é construído, o poder poético da língua foi banido em proveito de seu valor instrumental e como conseqüência "...o eu do homem moderno tomou sua forma no impasse dialético de sua bela alma que não reconhece a razão de seu ser na desordem que ela denuncia no mundo" (Lacan, p. 281). A problemática de um pacto social determinante da estruturação psíquica do sujeito individual conduziu a análise aguda do mal estar intrínseco à condição civilizatória da humanidade levando Freud a reconhecer a sua condição na exigência imposta a cada sujeito individual dessa renúncia instintual instrumentada pelo luto edípico.

Hannah Arendt (1989, Parte III) em sua análise do sistema totalitário[3] encontrou um modelo de organização de massa diferente do da *Psicologia das massas* freudiano. O movimento inaugural da humanização do homem constituiu-se na obra freudiana sobre o interdito do assassi-

---

[2] Tal como discute Zaltzman, 1988.

[3] Referida por Zalzman, 1988.

O Homem Psicanalítico e o Tempo – Linhas de Continuidade... 169

nato e do incesto. O luto edípico instrumenta a identificação simbólica ao pai que, desde então, inscreve-se simbolicamente como lastro da saga identitária de cada indivíduo. A herança paterna dota seus descendentes dessa referência comum, fonte libidinal insecável do investimento de si. A configuração estudada por Arendt impõe a relativização dessa referência como caução da humanidade do homem. Nos regimes totalitários, agudamente analisados pela autora, a identificação com o líder não mais se oferece como a contrapartida na trama identificatória que constitui o indivíduo entre os demais e frente ao grupo.

Somos hoje colocados diante de configurações clínicas onde as marcas da história edípica mal se reconhecem e o edifício identitário parece sustentar-se por algo que não caberia compreender como resultante do luto pelo assassinato do pai primordial. O luto edípico na experiência freudiana afiançou o tempo da experiência humana constituída sob o modo condicional. Teríamos que, mais uma vez, abandonar a *neurotica* freudiana para aproximarmo-nos do fundamento traumático dessa modalidade de expropriação do tempo onde a regência da satisfação pulsional insculpe-se num presente imediato mais propriamente que sob o modo condicional[4]?

Valeria, nesse sentido, afirmar, como fez Jacques André em conferência recente, que "...a estética de Freud muito *Quattroccento* e sua idéia da representação demasiadamente formada à Idade Clássica contribuíram para constituir em fato de natureza, a natureza do inconsciente, isso que poderia ser uma figura particular, inseparável do *ponto de partida histérico* da teoria" (André, J., 2001). O autor coloca-nos de fato diante de uma configuração clínica que desafia os recursos da imaginação clínica do analista. Ao longo da discussão clínica, o autor procura deslocar os sentidos da proposição *paciente-limite* visando uma ultrapassagem dos limites da tópica freudiana tal como a clínica da histeria a descobriu.

Zalzman (2000), sensível à questão da formação do analista diante das configurações que crescentemente se apresentam à clínica, reconhece a problematicidade da questão do manejo da transferência nas situações onde vigora um contra-investimento camu-

---

[4] O homem (ou mundo humano) em condição de análise como propriedade do Método é chamado por Fabio Herrmann (1984 e 1998), *Homem Psicanalítico*. O presente condicional descreve a regência temporal do psiquismo desse Homem no campo transferencial, isto é, no processo de trânsito representacional instaurado pela análise; é o tempo que governa o trânsito do sujeito psíquico sustentado pelos complexos de sentido que habitam a superfície representacional da consciência.

flando um desinvestimento ao qual é necessário cuidadosamente aceder. "Quando o homem não é mais o remédio do homem, o que diz a psicanálise?", pergunta Zaltzman. Zaltzman retoma a observação de François Vila[5] ao analisar a função identificante da figura humana com relação à espécie. Vila denuncia o fator de resistência ao processo analítico que a pregnância da forma humana oferece à psique do analista. Abandonar a pregnância da forma humana é procurar o humano além das formas familiares. Uma tal disponibilidade é condição necessária à penetração dos sentidos que sustentam o nosso cotidiano alcançando a lógica dessa ferocidade indiferente que marca em nosso tempo a história de cada um. Disponibilidade que se forma no despojamento de referências que alcançaremos se tivermos êxito em suportar a perda do rosto humanizador, quer dizer, suportar uma rigorosa abstinência de apego a formas ou condições humanas reconhecíveis[6].

II. Luto e melancolia do homem contemporâneo

Herrmann (1999) encontrou na figura do turista o *disfarce* preferido do homem contemporâneo. Através de seu uso, tão batido, poderíamos reconhecer sua demanda cotidiana de análise. Turistas sempre chegando aos lugares, mas sem nunca neles chegar a estar. *Turista, registro, fotografo,* celularizo, tvideotizo, *navego. Plugado (em quem?) busco (o que?) zapeando freneticamente transmitir este pedido que me seja* delivery express *de vida* light *enquanto eu me* diet, *eu me* fitness, *eu me* botox, *eu me* Viagra *ou eu me* Prozac.

Nosso cotidiano parece querer afirmar a supremacia de nossos avanços tecnológicos isentando-nos de quaisquer dos tributos que se devam à esfera dos conflitos e acordos que regem as relações dos homens. Analistas, colocamo-nos à contracorrente dessa pressa cotidiana dispondo-nos à condição de abertura a uma outra modalidade temporal

---

[5] "Et quand c'est la personne meme de l'analyste qui est l'obstacle".

[6] "Seria escandaloso afirmar que nada é mais estranho à psicanálise que o homem e seu humano?" (Fedida, 1988). A interrogação de Fedida, ao avaliar o estatuto da atividade psicanalítica, atividade que se sustenta pela sua essencial negatividade, converge, segundo nosso ponto de vista, para esse solo, condição de negatividade, onde Herrmann (2001) enraíza suas definições essenciais (*ruptura de campo / campo transferencial*), metodológicas, do trabalho analítico, desenvolvidas em *Andaimes do Real: o Método da Psicanálise*.

O Homem Psicanalítico e o Tempo – Linhas de Continuidade... 171

compatível com a do reconhecimento nessa pressa turística de um *rosto*[7]. A perda de substancialidade do homem contemporâneo exigiria que refletíssemos sobre a especificidade do luto cujo trabalho se impõe como caução à nossa pertinência a humanidade. A perspectiva metodológica de F. Herrmann permite que sustentemos uma definição do luto que garanta o pacto humanitário dentro de sua dimensão essencial para além da espessura que encontrou na descoberta freudiana. Em sua definição fundamental, o luto humanizador é assim designado por Herrmann: *luto primordial*. Lastro de humanidade no âmago das nossas relações cotidianas, humana relutância em desprender-se do objeto original – vencida todavia pelo encontro dos objetos substitutivos da posse de si mesmo (autobastância) – a impregnar todos os objetos da vida.

Alcançar o *sentido*[8] de *nossa impossibilidade de traduzir em experiência os acontecimentos da vida* exige a penetração nesse tempo de terrores e maravilhas exilados do cotidiano que reanimam sua história secreta. Penetrar o grande tempo mítico da origem de nosso sintoma, *tempo da neurose* (Herrmann, 2001, cap. VII, 3ª Parte), não é tanto buscar um tempo anterior mas, a partir das marcas de nosso cotidiano, alcançar-lhe a dimensão mítica em que ganha sentido a sua moção geradora. A análise trata do *porquê*, propõe Herrmann, isto é, da ocupação do tempo dentro do tempo — cumpre *tomar em consideração* o regime temporal de maciça presentificação onde a imediaticidade que rege nossos atos celebra a suspensão de toda expectativa futura na qual fomos engendrados. Para seguir o autor nessa análise é preciso que mergulhemos no seu vórtice gerador — seu fim de mundo.

Em *Duas palavras*, Herrmann (2001. p. 7-11) procura alcançar esse momento em que se teria edificado a nossa *mentira original*: o ideal tecnológico ao qual nos identificamos, em torno do qual gravita o nosso destino. "Durante o século XX...", lembra-nos,

---

[7] O conceito de rosto é desenvolvido particularmente em *A Rani de Chittor: O Rosto*. "A forma pela qual o desejo humano faz-se presente é sempre fisionômica, quer dizer, é uma cena estruturalmente idêntica ao movimento anímico que ele excita: ninguém chega a ver seu desejo diretamente, nem o objeto vale por si; contemplar a cena em que o desejo diretamente se vislumbra é contemplar as entranhas da alma na única posição em que estas se deixam ver..." (Herrmann, 2001a, p. 83).

[8] Há um *sentido da neurose*, um outro nível de experiências que não se manifesta apenas nos sintomas, mas na coexistência de uma atividade imaginária muito discrepante de sua conduta prática. (Herrmann, 2001, cap. VII, 3ª Parte, p. 263).

"...tangenciamos a completa aniquilação nuclear, beiramos o nada instrumentados pela cultura tecnológica." (Herrmann, F., 2001. p. 7-8).

Nosso cotidiano com seus objetos de última geração desvelam sua dimensão psicanalítica: resíduos do tempo em que foram forjados por essa potência, esse voto de aniquilação das gerações futuras pelo qual nos conceberam nossos antepassados.

A análise dirige-se a esse momento em que o sonho tecnológico alcançou seu auge, momento *zero* da detonação da ameaça de destruição atômica que fecundou a nossa humanidade. Paridos dessa ameaça, sobrevivemos. Mais do que isso, identificamo-nos fielmente aos traços insubstanciais subtraídos de nossa matriz geradora e para mitigar a violência do confronto com os limites temporais de nossa existência erigimos como ideal a forma que nos concebeu.

As gerações que nos precederam foram filhas de pais que sonharam a vida futura de seus descendentes. Já nossos antepassados nos legaram *nada*. Seu sonho tecnológico de destruição atômica concebeu-nos seres inexistentes para o futuro destinados senão a um presente virtual, pura potência tecnocrática. Nosso ideal científico-tecnológico celebra *o nada instrumentado pela cultura tecnológica* que nos concebeu e nossa desapropriação da experiência ritualisticamente o comemora.

A abordagem de Herrmann considera o trauma não tanto como o ponto de partida desse processo mas como fonte da forma especial de instrumentação da vida anímica; o trauma conforma o desejo. É molde através do qual o sujeito conforma-se e conforma os seus objetos. "Os sintomas representam o trauma, isto é, os esquemas básicos da situação traumática perpetuam-se no desenho do desejo." (Herrmann, 2001, p. 264).

Edificamos nossos totens tecnológicos, ao fazê-lo cumprimos nosso destino essencial de homem: curvar-se de modo sempre original ao imperativo civilizatório. *Des-obede-serás!* (Herrmann, 1985, cap. 6, Parte Segunda) Sim, cumprimos nosso destino, realizamos esse trabalho de destruição da experiência construindo-nos eficientemente em torno desse ideal tecnológico. Materializamos, por meio dos objetos descartáveis que projetamos incansavelmente, nossos totens tecnológicos, ou o que seriam todos esses nossos carros-marca que adoramos?

O Homem Psicanalítico e o Tempo – Linhas de Continuidade...

A linguagem tecnocrática que nos moldou rege nossas motivações, seu protótipo discursivo, o *slogan*, é o diretor de nossa errância. O *slogan* ultrapassou as formas da máxima e do provérbio na medida em que, nestas últimas, o pronunciamento da ordem fundamentava-se na autoridade da experiência. Já o *slogan* é esse imperativo desenraizado ao qual o nosso automatismo obedece. A análise do slogan *faz surgir*, tragicamente, o sentido denunciador dessa nossa condição, nossa doença, como considera Agamben: *a impossibilidade de traduzir em experiência os acontecimentos de nossa vida.* Ao *tomar em consideração*, em sua natureza, nosso *modus* discursivo, o *slogan* a escandir o desejo de nossa era tecnológica, somos levados ao reconhecimento de sua natureza sintomática; seus procedimentos de ocultação desvelando-se à operação metodológica – a realização desse trabalho defensivo de dominação, sufocamento da dor e do êxtase que a memória assegura à existência, em nome de nosso *culto do antepassado*[9].

Pela análise do *slogan* confrontamo-nos com a ordem produtora de nossa *cega* obediência aos ideais tecno-científicos de quem somos, obedientemente, filhos. No campo literário, o retrato dessa nossa condenação à cegueira é magistralmente executado por José Saramago (1995).

Nossa *impossibilidade* (de traduzir em experiência os acontecimentos) significa, sintomaticamente, o incansável, repetitivo, esforço de servir a um ideal. Reconhecemos nela a expressão de uma função defensiva, *crença* (Herrmann, 1998), trabalhando eficazmente na eliminação das referências conservadoras da memória. Como resgatar esse espécime científico-tecnológico pertencente ao gênero *Homem Psicanalítico* se, em sua errância, parece desconhecer a escansão da modalidade condicional do tempo?

"Se a geada pudesse ao menos quebrar os vidros", pensava Benjamin, "tudo estaria presente na memória e o relato poderia contar, ou mesmo restituir os acontecimentos felizes."[10] A subjetividade da recordação seria essa espécie de conquista sobre o fastio de tal sorte que a morte não fosse sufocada e reduzida ao silêncio. Da melancolia poderia se

---

[9] "Para justificar a nossa ocupação de um segmento da vida, idealizando o valor da atividade com que a ocupamos e negando os limites temporais da existência porque não suportaríamos realizar a fulminante decisão de viver uma vida e não outra qualquer, mitigando a violência da crua opção, cultuamos os antepassados". (Agamben, 1989, p. 20).

[10] *Infância em Berlim*, citado por Fedida (1998, p. 54) em *Ce peau de temps à l'état pur.*

dizer[11] que ela é *essa doença da memória que longamente espera tirar de suas próprias forças autodestrutivas uma recolocação em vida da recordação*. Fedida (1998) retoma da análise de Benjamin em *Para um retrato de Proust* essa expressão proustiana – *ce peau de temps à l'état pur* – onde Proust vê a abertura do instante ao infinito; a abertura da morte na própria vida.

"As rugas e as pregas do rosto são os registros das grandes paixões, dos vícios, dos saberes que se exprimiram em nós, mas nós os mestres, nós estávamos ausentes", formula belamente Benjamin (1993)[12]. A atenção que dá Fedida a esses escritos de Benjamin conduz sua finíssima análise sobre a dimensão temporal na melancolia e o faz avançar a pergunta: "Nossa prática psicanalítica não nos leva a dar lugar à morte na recordação de infância?" (Fedida, 1998, p. 53). Para Fédida, "...trata-se menos de um morto encriptado (mesmo que esse possa ser o caso, particularmente no caso da depressão) que poder qualificar o lugar — sempre de extrema fragilidade no limite do *estranhamento inquietante* — onde se dá a recordação (...)" (Fedida, 1998 p. 53). A melancolia poderia então ser assim definida: *afeto de um tempo negligenciado*. "Infância em Berlim", de W. Benjamin, ressuscita certas lembranças da infância mas o que lá conta é antes de tudo a experiência de constituição dessas lembranças "...pois as verdadeiras recordações não vêm tanto dar conta do passado como descrever precisamente o lugar onde o explorador dele se apropria."[13] É preciso reconhecer que o presente aí produzido pela recordação está numa localidade engendrada pela percepção da finitude do tempo.

III. A TEMPORALIDADE DO MÉTODO OU A RECORDAÇÃO COMO POTÊNCIA REMINISCENTE

O caráter defensivo de uma atitude privilegiando a rememoração da infância seria, pois, o sintoma da consciência em sua *melancólica* luta contra a potência reminiscente da recordação. "Recordar no campo transferencial não depende maiormente de lembrar-se. Recordar significa retornar ao coração, no sentido do *campo*

---

[11] Tal com faz Pierre Fédida (1998) ao analisar a melancolia como dimensão temporal da experiência em *Ce peau de temps à l'état pur*.

[12] Citado por Fedida (1998, p. 53).

[13] Citado por Fedida (1998, p. 53).

Psicanalítico, dirigir-se aos nós emocionalmente relevantes da própria história." (Herrmann, 2001, p. 272). A natureza da interpretação como operação afirma-se aqui: "Ao contrário do que vulgarmente se crê, interpretar *na* transferência não se reduz a operar uma certa transformação simbólica de lugar e tempo." (Herrmann, 2001, p. 271). Naquilo que nos interessa descobrir, esse mundo já está totalmente aí: "o trauma é uma espécie de nó que perdura como forma dileta do desejo muito para além das circunstâncias imediatas que lhe deram origem". (Herrmann, 2001, p. 271).

Ferdinando Camon em seu romance *La malattia chiamata uomo* assim considera o término de sua experiência analítica: "Na verdade o homem é uma doença e não há remédio para a doença humana. O homem empreende uma análise não para curar mas para saber *porque* empreende uma análise."[14] Vale extrair a sentença de seu contexto literário para dar-lhe o sentido psicanalítico postulado por Herrmann – *o homem é o porquê*, mostra-nos, em "O Porquê e o Tempo na Terra de Hotu Matu'a" (Herrmann, 2001b).

De fato, a análise desse homem deserdado da experiência que somos nós, empreendida por Herrmann, efetua-se como uma operação que prescinde dos moldes configurados a partir do homem do luto edípico que Freud identificou[15]. Seu rosto pode ser reconhecido no silêncio de não saber – na abstinência de representações psicomórficas – onde se arrisca um salto, na recusa de "...aprisionar o inconsciente psicanalítico na forma de uma *causa primeira* psicológica..." (Herrmann, 1994, p. 309). Essa operação permite a Herrmann (2001, prefácio) figurar o trauma que constrói a perda de substância como *cerco*[16] encobridor do nosso cotidiano. A imaginação de nossa crise, exige uma suspensão, *deixar que surja* o vórtice que o automatismo das nossas fórmulas cogitativas usuais encobre. O porquê desse homem tecnológico que encarnamos não pode ter resposta dentro do tempo que obedece a nossas fantasias pragmáticas, será preciso imergir em seu tempo próprio para formular a questão corretamente.

---

[14] Citado por Zaltzman (2000).

[15] A concepção de *luto primordial* reporta-se à matriz do processo que permite a substituição entre objetos do desejo assegurando a forma humana essencial , em cuja falta, a humanidade perderia o seu lastro.

[16] A noção de *cerco das coisas* é tratada em diversos momentos da obra de Fabio Herrmann e especifica a condição limite da atividade representacional que sustenta o sujeito psíquico.

Penetrar o nosso cotidiano *prosac-isado* reconhecendo-lhe a dor da expropriação da experiência, exige a mesma atenção, a mesma distância instrumental formada na busca do sentido humano em forma plena entre os moai perdidos na poeira do Tahai. Em *O Por quê e o Tempo* (Herrmann, 2001b) somos apresentados à dimensão mitopoética na qual se forma a atenção analítica; dimensão na qual se pode escutar a voz do tempo e reconhecer o sentido das nossas ações. A formação analítica depende da faculdade dessa imersão através da qual o trabalho de ruptura de campo pode se instaurar.

Impregnados da leitura de *O Porquê e o Tempo na Terra de Hotu Matu'a*, deixemo-nos que sua lógica interprete esse sintoma diante do qual nos coloca Agamben: alcançar o sentido da perda da substancialidade das representações sociais, que caracteriza o nosso mal-estar[17] exige um *salto*[18] que, demonstra-nos Herrmann, só pode ter a natureza de uma *operação*.[19]

Só a confiança na operação metodológica, permitindo ao autor generalizar a Psicanálise às múltiplas condições da psique, alcançará uma definição do inconsciente – "esse inconsciente generalizado e potencial"[20] – compatível com a perda de substância de que sofre o homem, filho da ciência tecnológica. Nessa operação, a descoberta freudiana do sistema inconsciente, fruto da renúncia humanizadora exigida pelo ato civilizatório, é conservada em seu sentido essencial e generalizada às múltiplas condições da psique. Posto em outros termos, a operação metodológica permite a graduação instrumental de configurações psíquicas distintas, rastreando estratos de inconscientes relativos, redes de determinação psíqui-

---

[17] O desenvolvimento dessa tese encontra-se em *Mal-estar na cultura e a Psicanálise no fim de século* (Herrmann, 1994).

[18] O cuidado com a renovação do pensamento, mesmo o que de dá em níveis superiores de abstração, contra a recorrência de esquemas cogitativos aprisionantes exige a ousadia de um salto dialético: "...conquanto historicamente inserido, ele transcende sua relatividade no sentido de que não é só um produto histórico, mas também faz história, redireciona em certa medida o próprio sentido cultural de que decorre." (Herrmann, 1994, p. 307).

[19] O método psicanalítico é a dimensão logicamente anterior e eticamente necessária da validação do conhecimento, sua espessura é operacional. O extenso desenvolvimento desta tese encontra-se em *Andaimes do Real: o método da Psicanálise* (Herrmann, 2001).

[20] O inconsciente derivado legitimamente da operação metodológica "não desfruta de qualquer substância ontológica distinta daquela de suas manifestações..." para Herrmann, "...a psique está entranhada no seio das coisas e dos fatos." (Herrmann, 1994, p. 308 e 309).

ca inconsciente, desvelando-lhes a organização de seus sistemas de relação dos diferentes produtos culturais.

Para figurar o mal-estar contemporâneo é preciso atravessar esse vórtice temporal – é preciso transporte ou translação vivencial, condição na qual faz-se possível alguma forma de ruptura de campo no sujeito da experiência – no interior do qual um ponto de vista pode vir a formar-se. Um ponto de vista, ou melhor, um ponto de fuga, a partir do qual nosso olhar possa formar-se nessa geometria visual, concebida para nada ver mas para se deixar deformar/formar no campo transferencial até o reconhecimento dessa invisível arquitetura sustentada sobre *definições estruturais vazias de conteúdo* que corresponde à situação analítica. E a perspectiva que, nessas condições, pode vir a se instaurar não faz *senão pôr em movimento linhas estruturais que não devem se materializar mais que metodologicamente*, como escreveu certa vez Fabio Herrmann.

Considerar o problema da cura analítica a partir da dimensão temporal do método psicanalítico supõe uma renúncia às referências ideais humanizadoras, denunciadas por Villa e Zaltzman, na fonte da resistência à instauração do processo analítico. Se ainda é possível falar em *direção da cura*[21] não cabe nele nenhuma pretensão de reinfundir a substância perdida, ou ainda, reintegrar o indivíduo na história ideal. Reintegração, sim, mas no regime de tempo da realização das ações do homem. Cabe concluir – o remédio do homem, quando o homem não é mais o remédio do homem, é da natureza de uma *operação* que dura tempo.

Se o desafio de responder à doença do homem contemporâneo, sua impossibilidade de traduzir em experiência os acontecimentos de sua vida, questiona o sentido de nossa formação, caberia considerar essa idéia de que a atenção analítica *forma-se* metodologicamente. Deixar-se guiar pela perspectiva metodológica é considerar o sintoma, não como expressão deficitária – com referência a algum suposto modelo –, mas como processo. Não é suficiente supor que a interpretação se exerça *per via di levare*, como escreve Freud, citando Leonardo da Vinci. Mais que isso, trata-se não somente de nada acrescentar ao extrair do material bruto a forma que ele contém, mas considerar que a resistência que as superfícies oferecem ao escultor exigem uma disponibilidade

---

[21] A expressão *cura* é tomada aqui no sentido desenvolvido em *A Cura*, (Herrmann, 2000) A expressão *direção da cura* é de Lacan, Colóquio de Royaumont, 1958.

subjetiva de *imersão num tempo fora do tempo* (Herrmann, 2001b) necessário para construir a recordação da história que já se deu.

O método, em sua acepção legítima temporal, transpondo os limites estreitos do como, compromete-nos profundamente com o sentido revolucionário da história postulado por Giorgio Agambén: "jamais mudar o mundo", mas "mudar o tempo". Mudar o tempo no sentido psicanalítico é habitar essa condição da psique que toma a forma de seu porquê aberta ao reconhecimento dos tempos nos quais são ativos os signos que se converterão em história. O sentido revolucionário da cura analítica inscreve-se numa definição temporal: o porquê da ocupação do tempo dentro do tempo. A psique possui essa vocação revolucionária que se encarnou na idéia cuja força insufla o seu movimento analítico que não é outro senão o dessa operação de incessante ruptura dos regimes de ocupação sintomática do tempo *irremediavelmente* finito da existência humana.

Referências Bibliográficas

Agamben, G. "Essai sur la destruction de l'expérience" in *Enfance et histoire*, Éditions Payot, 1989.

André, J. *O ponto de tocar*. São Paulo: SBPSP, 2001. (Conferência pronunciada em Reunião Científica).

Arendt, H. *Origens do totalitarismo*. São Paulo: Companhia das Letras, 1989.

Benjamin, W. Le narrateur. In *Poesie et Révolution*. Paris: Dënoel, 1971.

_____. Para um Retrato de Proust. In: *Obras Escolhidas*. São Paulo: Brasiliense, 1993.

Camus, A. *L'étranger*, Éditions Gallimard, 1942.

Fédida, P. La Psychanalyse n'est pas un humanisme. In: *L'Écrit du Temps*. Paris: Les Éditions de Minuit, 19, Automne 1988.

_____. Ce peau de temps à l'état pur. *L'Inactuel: États de Memoire*, 1, 1998. (Ed. Circe)

Lacan, J. Função e campo da palavra e da linguagem na psicanálise. In: Lacan, J. *Écrits*. Paris: Éditions du Seuil, 1966, p. 281.

Herrmann, F. O Homem Psicanalítico. Identidade e Crença. *Revista Brasileira de Psicanálise*, 17, n. 4: 417-424, 1983.

_____. Andaimes do Real: O Cotidiano. São Paulo: Vértice, 1985.

_____. *Andaimes do Real: o método da Psicanálise*. São Paulo: Casa do Psicólogo, 2001, 3ª edição.

_____. A Rani de Chittor: o rosto. In Herrmann, F. *O Divã a Passeio: à procurada psicanálise onde ela não parece estar*. São Paulo: Casa do Psicólogo, 2001a, p. 77 a 110.

_____. O porquê e o tempo na terra de Hotu Matu'a. In: Herrmann, F. *O Divã a Passeio: à procurada psicanálise onde ela não parece estar*. São Paulo: Casa do Psicólogo, 2001b, p. 113-173.

_____. Mal estar na cultura e a Psicanálise no fim do século. In: Junqueira Filho L. C. U. (org.) *Perturbador Mundo Novo: história, psicanálise e sociedade contemporânea, 1492- 1900-1992*. São Paulo: Escuta, 1994, p. 305-333.

_____. *A psicanálise da Crença*. Porto Alegre: Artes Médicas, 1998.

_____. A Paixão do disfarce. In Herrmann, F. *A Psique e o Eu*. São Paulo: HePsyché, 1999.

_____. A cura. In *Jornal de Psicanálise*, 33, n. 60/61: 425-442, 2000.

_____. *Introdução à Teoria dos Campos*. São Paulo: Casa do Psicólogo, 2001.

Saramago, J. *Ensaio sobre a cegueira*. São Paulo: Cia das Letras, 1995.

Zaltzman, N. "Le normal, la maladie et l'universel humain" in *De la guérison psychanalytique*, pp. 102-3. PUF, 1988.

_____. *Quand l'homme n'est plus le remede de l'homme. Que dit la psychanalyse?* Paris: Association Psychanalytique de France, 2000. (Conferência pronunciada em Reunião Científica).

Capítulo 5
O Campo da Virtualização na Pós-modernidade, uma Leitura pela Teoria dos Campos

Caio César S. C. Próchno[1]
Flávia Galvão Marquez[2]
Léia Souza Alves Araújo[3]

" ...em sua vocação de ciência da Psique, a Psicanálise tem de preparar-se para ser uma ciência completa do indivíduo, da coletividade, e sobretudo da psique do real-o reino do sentido humano que constitui, a rigor, o mundo em que vivemos..."
(Herrmann,1999, p. 11)

---

[1] Professor Adjunto da Universidade Federal de Uberlândia. Doutor em Psicologia Social pelo Instituto de Psicologia da USP.

[2] Psicóloga e Especialista em Clínica Psicanalítica — Teoria dos Campos.

[3] Psicóloga na Universidade Federal de Uberlândia, Mestranda em Educação/FACED/UFU e Especialista em Clínica Psicanalítica — Teoria dos Campos.

A partir do encontro e do aprofundamento do estudo da Teoria dos Campos, reafirmamos nosso interesse em trabalhar com a *Ciência Psicanalítica* para além do consultório. Para tal, neste trabalho, fazemos uma interlocução com a Sociologia e a Filosofia mediante a análise do momento social atual, o pós-modernismo, enfocando a questão da virtualização. Acreditamos que é função da Psicanálise investigar *o mal-estar da civilização atual*.

A passagem da modernidade para a pós-modernidade, gestada por volta da década de 1950 e fortalecida nos anos sessenta, se deu na medida em que foram havendo transformações sociais, culturais, políticas, tecnológicas e científicas, e temos agora, para certos autores, um ambiente e um homem pós-moderno. As explicações e teorias construídas sob a égide do paradigma da modernidade, da racionalidade científica, não se mostraram mais suficientes para explicar toda a complexidade do homem e da sociedade pós-moderna. E esta é também uma questão que deve ser objeto de estudo da Psicanálise, por isso, ao se colocar a Teoria dos Campos em perspectiva com o movimento pós-modernista, pretende-se fazer uma reflexão acerca de suas contribuições e avanços teóricos, técnicos e metodológicos que colaborem para o aperfeiçoamento da investigação, compreensão e análise do homem psicanalítico no contexto pós-moderno.

Para compreendermos o mundo e mais especificamente o homem, é necessário levarmos em conta que profundas transformações econômicas, sociais, culturais, científicas, acontecem e repercutem na vida, nos costumes e na subjetividade deste mesmo. O ambiente pós-moderno é dominado pela tecnociência, que é a ciência aliada ao uso da tecnologia, invadindo nosso cotidiano; a preponderância dos meios tecnológicos de comunicação, que não apenas nos informam sobre o mundo, mas criam um simulacro, refazendo-o à sua maneira, hiper-realizando-o. Nesse contexto, procuraremos discorrer sobre o processo de virtualização, dentro de um enfoque filosófico (conceito), antropológico (processo de humanização) e o sóciopolítico (compreender a mutação contemporânea).

O VIRTUAL, VIRTUALIZAÇÃO, HOMINIZAÇÃO

Segundo o filósofo Pierre Lévy (1996, p. 15): "A palavra virtual vem do latim medieval *virtualis*, derivado por sua vez de *virtus*, força, potência. Na filosofia escolástica, é virtual o que existe em potência e não em ato."

Seria igualmente interessante a distinção entre possível e virtual de acordo com Deleuze (1988). O *possível* já está todo constituído, mas permanece no limbo. O possível se realizará sem que nada mude em sua determinação nem em sua natureza. É um real fantasmático, latente. O possível é exatamente como o real: só lhe falta existência. Já o *virtual* não se opõe ao real, mas sim ao atual. Contrariamente ao possível, estático e já constituído, o virtual é como o complexo problemático, o nó de tendências ou forças que acompanha uma situação, um acontecimento, um objeto, e que desencadeia sempre um novo processo de resolução: a atualização, que aparece como a solução de um problema que não estava contida previamente. A atualização é criação, invenção de uma forma a partir de uma configuração dinâmica de forças e de finalidades. É mais do que a dotação de realidade a um possível ou que uma escolha entre possíveis pré-determinados. A atualização se trata de uma produção de qualidades novas, uma transformação das idéias, um devir que alimenta de volta o virtual. Portanto: "O real assemelha-se ao possível; em troca, o atual em nada se assemelha ao virtual: responde-lhe." (Lévy, 1996, p. 17).

A virtualização pode ser definida como o processo inverso da atualização. Uma passagem do atual ao virtual, uma *elevação à potência* da entidade considerada. "Não mais o virtual como maneira de ser, mas a virtualização como dinâmica." (Lévy,1996, p. 17). A virtualização fluidifica as distinções instituídas, aumenta os graus de liberdade, cria um vazio motor.

Segundo Lévy (1996), a espécie humana se constituiu na e pela virtualização, e é justamente neste ponto que ele se fundamenta para defender a idéia de que o processo de virtualização no qual nos encontramos hoje se trata de uma busca de humanização continuada. Nos primórdios, o bicho homem ascendeu à condição humana, basicamente por três processos de virtualização:

— O desenvolvimento da linguagem, ou a virtualização do presente.

A linguagem inaugura o passado, o futuro, e o Tempo como um reino em si. Com isso, passamos a habitar um espaço virtual, a existir numa história temporal. O tempo humano é portanto uma situação aberta, e assim a ação e o pensamento estão num processo de reelaboração constantes. Por isso vivemos o tempo como problema vivo. O passado herdado, rememorado, reinterpretado, o presente ativo e o futuro esperado, imaginado são da ordem psíquica, existenciais. "...tempo como extensão completa não existe, a não ser virtualmente." (Lévy, 1996, p. 17).

— A técnica, ou a virtualização da ação.

A técnica virtualiza os corpos, as ações, e também as coisas. A ferramenta cristaliza o virtual. Antes só se conhecia o fogo presente ou ausente, com o advento de duas pedras lascadas como ferramenta para se produzir fogo, ele passou a ser virtual, existir mesmo sem estar presente. Tal como o filósofo K. Marx nos indica: "Pode-se distinguir os homens dos animais pela consciência, pela religião ou por tudo que se queira. Mas eles próprios começam a se diferenciar dos animais tão logo começam a *produzir* seus meios de vida, passo este que é condicionado por sua organização corporal. Produzindo seus meios de vida, os homens produzem, indiretamente, sua própria vida material." (...) "O modo pelo qual os homens produzem seus meios de vida depende, antes de tudo, da natureza dos meios de vida já encontrados e que têm de reproduzir. Não se deve considerar tal modo de produção de um único ponto de vista, a saber: a reprodução da existência física dos indivíduos. Trata-se, muito mais, de uma determinada forma de atividade dos indivíduos, determinada forma de manifestar sua vida, determinado *modo de vida* dos mesmos. Tal como os indivíduos manifestam sua vida, assim são eles. O que eles são coincide, portanto, com sua produção, tanto com *o que* produzem, como com o modo". *Como* produzem. O que os indivíduos são, portanto, depende das condições materiais de sua produção." (Marx & Engels, 1998, p. 10-11).

— O Contrato, ou a Virtualização da Violência.

Este processo cresce com a complexidade das relações sociais. Os ritos, as religiões, as leis, são dispositivos para virtualizar as relações de forças, as pulsões, os instintos ou os desejos imediatos. Um contrato, por exemplo, rege uma relação independente de uma situação particular, independentemente das variações emocionais daqueles envolvidos, independe, portanto, das relações de força. A elevação da espécie ao estatuto de Humanidade se deu por esses e nesses processos de virtualização, entendidos como a condição de representatividade. Um processo de identificar-se e subjetivar-se. Representar-se e ao mundo, e se situar historicamente (passado, presente, futuro); já havia, portanto, uma identidade construída. O mundo também estava representado, nomeado, normalizado, equipado, estava inaugurada, concomitantemente, a realidade (que aqui estamos considerando, de acordo com Herrmann, como uma

O CAMPO DA VIRTUALIZAÇÃO NA PÓS-MODERNIDADE, UMA LEITURA PELA TEORIA DOS CAMPOS 185

apreensão subjetiva do real). A partir daí o real passou a ser reconhecido como realidade, e o homem e a humanidade passaram a ter uma identidade e uma subjetividade psíquica.

A ASCENSÃO INDIVIDUAL À CONDIÇÃO HUMANA *(baseando-nos em Herrmann, 2001a, cap. 9, para explicar a origem do psiquismo)*

Postulando a existência de alguns instintos fundamentais, dos quais o psiquismo seria um derivado – para Freud, os impulsos de vida *Eros* e de morte *Tanatos*. Estes seriam a origem positiva e corpórea para o espírito. Figurando a idéia de um bebê completamente submetido às necessidades fisiológicas e instintivas, e uma mãe ou alguém que a substitua e procure acomodar. Este é o espaço narcísico inicial, onde parece não haver espaço entre o eu que necessita e o eu que o satisfaz (entre o eu e o outro). Com a repetição das experiências de satisfação parcial, desencontradas da urgência da necessidade, estabelece-se um espaço de intercâmbio entre mãe e bebê, entre o eu e o outro. O momento estabelecido onde poderíamos pensar em comunicação seria quando o bebê induz uma reação da mãe sem que a necessidade a estivesse dominando. *A criança joga com a mentira.* O bebê de uma forma rudimentar representa o impulso na busca da obtenção de prazer (não mais o instintual, mas o relacional), onde a mãe o atende. "Prisioneira de um cerco de coisas materiais, ou seja, da necessidade fisiológica e das coisas que a podem satisfazer, a cria da espécie humana encontra de golpe uma porta de acesso à outra condição. Ela mente à mãe..." (Herrmann, 2001a, p. 113). O bebê indica à mãe uma necessidade fisiológica quando esta não está presente, às vezes recusa o seio quando tem fome, busca-o quando não tem.... Aqui se dá o broto da proto-intencionalidade, do início da capacidade para pensar e simbolizar, defendido por Bion. E assim o bebê se perde várias vezes no *cerco das coisas*, antes que se construa algum lastro mnêmico. Herrmann considera esta mentira, *efeito de não ser*, como ponto de partida da construção do psiquismo. Não sendo um fato individual, mas social, já que se dá no espaço entre mãe e bebê – espaço transacional a que Winnicott soube valorizar.

"Entre o *eu que sou* e o *eu que fala e pensa*, ocorrem diferentes tentativas de arranjo e síntese, restando, no entanto, uma fresta impossível de soldar, cujo vazio poderia, por direito, considerar-se como o mais autêntico sujeito do pensar, do sentir, do viver – numa palavra, do desejo humano. Que muitas formas de representação tentem ocupar esse lugar é perfeitamente notório para o analista, assim como o é o esforço desesperado do indivíduo para falar em nome desse vazio. Sua permanência é inevitável, todavia, sendo o preciso espaço onde se dá a possibilidade de substituição de representações no processo analítico, que só funciona graças a esse desencontro original." (Herrmann, 2001a, p. 117).

O processo de subjetivar-se pode ser entendido como uma continuidade no processo ontológico e biológico de ascensão à humanidade, constituição da psique. Em poucas palavras seria uma condição particular de representar a si e ao mundo, e com isso diferenciar-se. O subjetivar-se se dá nessa dialética entre indivíduo e mundo, entre desejo e real. Para Herrmann, *desejo* e *real* não constituem categorias muito diferentes. O desejo, o abismo interior que desconhecemos, faz parte do real, é como uma parcela dele seqüestrada. O desejo é compreendido como a matriz simbólica de nossas emoções, inconsciente, assim como seu complementar, o real também o é. Ambos constituem objeto de estudo da Psicanálise, porquanto inconscientes. Em inter-relação constante são o molde produtor da psique individual e social, geradoras de sentido humano – "...a forma geradora de nossas idéias e emoções tem lógica também: não a lógica racional, de superfície, mas uma lógica de produção..."(Herrmann, 2001a, p. 38) "...o mundo real, composto não de coisas propriamente ditas, mas de linhas de forças, ou *sistemas produtores de sentido humano*." (Herrmann, 2001a, p. 36) –, isso seria de uma forma geral o que Fabio Herrmann quer dizer com *psique do real*, não o real em si, mas as forças e sistemas que têm e produzem sentido, o inconsciente do real. Nesse sentido podemos salientar que a psique é o nosso espaço virtual e a psique do real o espaço virtual do mundo, as linhas de força promovedoras de sentido, onde se dão as possibilidades de representações, onde nos atualizamos. Então, ao que temos acesso, na intercomunicação entre estes dois psiquismos, o desejo e o real, são somente às suas superfícies de representações.

A Pós-Modernidade e a Teoria dos Campos

No Brasil, no meio psicanalítico, a partir também da década de 1960, (coincidentemente com o início do pós-modernismo) houve o surgimento das idéias do psicanalista já mencionado Fabio Herrmann, cuja intenção não era criar mais uma escola psicanalítica, ele pretendia somente fazer uma reflexão e tentar descobrir em que consistia o método psicanalítico. No entanto, foram surgindo e sendo sistematizadas uma vasta produção de noções teóricas e técnicas (que contribui para que os analistas utilizem o método psicanalítico com mais propriedade), que atualmente é designada como Teoria dos Campos. Herrmann nos mostra o que há de comum nas psicanálises, o método interpretativo, que opera por *ruptura de campos* e se constitui num caminho de constantes descobertas, de produção de conhecimento sobre o homem da Psicanálise e do universo em que ele vive.

São fortes os sinais de que estamos num momento de crise e de transição, que se instaura no momento em que um modelo não funciona mais por ser insuficiente para dar conta da complexidade da realidade. "A crise do paradigma dominante é o resultado interativo de uma pluralidade de condições, dentre elas as condições sociais e condições teóricas." (Santos, 2000, p. 68).

O pós-modernismo é um movimento intelectual de reação: "A vertigem que chamamos de "pós-modernidade" está associada a um duplo fenômeno: o advento da velocidade e a internacionalização das relações econômicas. Portanto, mais que mal-estar coletivo, trata-se de um processo histórico em pleno desenvolvimento. Um processo paradoxal, situado entre a degradação e a inovação, que contagiou várias tradições artísticas, culturais e intelectuais." (Gomes, 2001, p. 3).

Um dos pontos centrais do pensamento pós-moderno é a crise da representação, com a desintegração do significado, pois nada tem identidade fixa e não se distingue o falso do verdadeiro; e também o questionamento às pretensões totalizantes, universalizantes de saber, do pensamento moderno. O pensamento pós-moderno questiona e condena as *grandes narrativas* ou as *metanarrativas*, mediante as quais todas as coisas podem ser conectadas ou representadas. Na análise de Santos (1989) o pós-modernismo apresenta uma tendência a privilegiar o instável, o contraditório, o fragmentário, o paradoxal; contém um *DES*, um princípio diluidor, desenche/desfaz/desconstroi (para separar e reunir continuamente em novas combinações) princípios, regras, valores, práticas e realidades. É aberto, plural. Privilegia a superfície e o particular ao invés de conceitos universais que apagam as diferenças entre

188   O Psicanalista: Hoje e Amanhã

as coisas reais. Questiona todos os sistemas fixos de representação e interpretação. Está se passando de uma lógica baseada no *ou*, para uma fundada no *e*, que enfatiza a abertura ao infinito, pelo pequenino *e*, que permite englobar várias combinações teóricas e ecletismos. Estas são algumas das características do pós-modernismo, um movimento que busca captar e traduzir a forma como é este homem atual, que vive atordoado pelas contínuas transformações tecnológicas, pelo bombardeio maciço de informações fragmentadas e apelo ao consumo personalizado; desse modo, "...o circuito informação-estetização-erotização-personalização realiza o controle social agora na forma *soft* (branda), em oposição à forma moderna *hard* (dura, policial). O consumo e atuação no cotidiano são os únicos horizontes oferecidos pelo sistema. Nesse contexto, surge o neo-individualismo pós-moderno, no qual o sujeito vive sem projetos, sem ideais, a não ser cultuar sua auto-imagem e buscar satisfação aqui e agora. Narcisista e vazio, desenvolto e apático, ele está no centro da crise de valores pós-moderna." (Santos, 1989, p. 30).

É clara a intercorrelação entre as características da pós-modernidade e da virtualização:

— Não estar presente. O desprendimento do aqui e agora. O senso comum entende o virtual como não real, isso é falso, mas é tangível com essa sua característica, o virtual, é inapreensível, *não está presente*. Com isso, a virtualização reinventa uma cultura nômade, interações sociais, onde as pessoas se reconfiguram com um mínimo de inércia. Quando uma pessoa, um ato, se virtualizam, eles se tornam *não presentes*, desterritorizados. Separam-se do espaço físico ou geográfico ordinários e da temporalidade do relógio e do calendário. Nem por isso o virtual é imaginário, ele produz efeitos! Não estar presente, não impede a existência....

— Novos espaços, novas velocidades. Cada novo sistema de comunicação e de transporte modifica o sistema das proximidades práticas, isto é, o espaço cabível para as comunidades humanas. Uma situação em que vários sistemas de proximidades e vários espaços práticos coexistem. De forma análoga, os diversos sistemas de comunicação (oral, escrita, redes digitais) constróem ritmos diferentes. Cada *máquina tecnossocial* acrescenta um espaço-tempo diferente.

— O efeito Möebius. A passagem do interior ao exterior e vice-versa, do exterior ao interior. Esse efeito Möebius declina-se em vários registros – o das relações entre privado e público, próprio e comum, subjetivo e objetivo, autor e leitor, etc. Os limites não são mais dados. Os lugares e os tempos se misturam. A mutualização dos recursos, das informações e das competências provoca claramente esse tipo de indecisão ou de indistinção ativa, esses circuitos de reversão entre exterioridade e interioridade. "As coisas só tem limites claros no real. A virtualização, passagem à problemática, deslocamento do ser para a questão, é algo que necessariamente põe em causa a identidade clássica, pensamento apoiado em definições, determinações, exclusões, inclusões." (Lévy, 1996, p. 25).

Com uma sociedade e um homem vivendo assim neste ambiente pós-moderno, se fez necessário surgirem novas idéias, novas formas de pensar e conceber a prática clínica que pudessem acompanhar estas mudanças. A intenção de Herrmann não foi a de criar um sistema doutrinário fechado ou mais uma escola psicanalítica, e segundo ele esta escola não foi criada, por isso suas idéias e conceitos surgem eminentemente da prática clínica. Os pressupostos teóricos ganham estatuto crítico, estão sempre em crise, em um constante vir a ser, pois "...o lugar da teoria no processo analítico é o de estar *livremente flutuante* e não se tornar uma simples confirmação da teoria constituída universalmente e aplicável em um caso particular." (Sagawa, 1999, p. 39).

As teorias podem ser utilizadas e devemos recorrer a todos os recursos oferecidos pelas várias correntes (não é isto *ou* aquilo, é isto *e* aquilo – este é um jeito pós-moderno de pensar) porém não de uma forma reificada, buscando apenas confirmação de uma teoria pré-existente, ou procurando encaixar o paciente numa determinada explicação teórica. Por isso, um conceito muito interessante e apropriado, criado por Herrmann, é o de *zona intermediária*, que possibilita uma análise da superfície e impede que explicações e interpretações ditas mais profundas (como por exemplo baseadas no Complexo de Édipo, mecanismos de defesa) sejam utilizadas de forma apressada, saltando diretamente da superfície para a profundidade do inconsciente, *formatando* e encaixando o paciente numa explicação teórica universal, bem ao estilo do pensamento modernista. Para ele, "...o pensamento por rupturas de campo não admite pré-determinações teóricas fixas, operando em conceitos tão gerais..." (Herrmann, 2001a, p. 37). O gosto de Herrmann pelas teorias em *statu nascendi*, das prototeorias advindas principalmente da prática clínica e específicas à cada paciente em particular tanto mostra a maneira como pensa um psicanalista em ação, surgindo assim uma *filosofia do consultório psicanalítico*, como possibilita a apreensão deste homem pós-moderno, fragmentário, instável, que está em constante transformação. Por isso, só uma Psicanálise (ciência, com *P* maiúsculo) e uma prática psicanalítica (técnica, com *p* minúsculo) que permita a inserção de novos questionamentos e conhecimentos poderá sobreviver e dar conta desta realidade mutante.

Além do aspecto de contribuir com novas construções teóricas para a prática clínica na pós-modernidade, a Teoria dos Campos, produz uma ruptura epistemológica com o paradigma modernista, pois apresenta uma forma pós-modernista de explicar o homem e o mundo, por isso destacamos a seguir alguns pontos centrais de ruptura, citados por Harvey (1993, p. 48) que em alguma medida estão presentes na Teoria dos Campos:

Modernismo	**Pós-modernismo**
Raiz/profundidade	Rizoma/superfície
Forma (conjuntiva, fechada)	Antiforma (disjuntiva, aberta)
Propósito	Jogo
Projeto	Acaso
Determinação	Indeterminação
Distância	Participação
Domínio/logos	Exaustão/silêncio
Objeto de Arte/obra acabada	Processo/performance/happening
Criação/totalização	Descriação/desconstrução/antítese
Presença	Ausência
Centração	Dispersão
Gênero/fronteira	Texto/intertexto
Seleção	Combinação
Interpretação/leitura	Contrainterpretação fixa/desleitura
Sintoma	Desejo
Significado	Significante
Tipo	Mutante
Narrativa/*grande histoire*	Antinarrativa/*petite historie*
Transcendência	Imanência

O movimento pós-modernista é paradoxal, pois de um lado está associado à desconstrução das grandes idéias, valores e instituições, e por outro lado, à idéia de ruptura e inovação, por isso há uma vertente de intelectuais que o sentem como uma *praga boa e saudável*, pois: "Abala preconceitos, põe abaixo o muro entre arte culta e de massa, rompe as barreiras entre os gêneros, traz de volta o passado (os modernos só queriam o novo). Democratizando a produção, ele diz: que venham a diferença, a dispersão. A desordem é fértil. Pluralista, ele propõe a convivência de todos os estilos, de todas as épocas, sem hierarquias, num vale-tudo que acredita no seguinte: sendo o mercado um cardápio variado, e não havendo mais regras absolutas, cada um escolhe o prato que mais lhe agrada" (Santos, 1989, p. 70).

O CONTINUUM DA HOMINIZAÇÃO

O processo de *Virtualização Intensiva e Extensiva* (terminologia que usamos para elucidar a força e a abrangência do processo na atualidade) não se limita mais aos conteúdos latentes, mas à substância, ao manifesto. Lévy (1996) levanta as três grandes virtualizações do nosso tempo: a virtualização do corpo, a do texto e a da economia, ilustrando sobre o processo de desubstancialização que estamos vivendo:

— Virtualização do Corpo. Estar aqui e lá ao mesmo tempo, graças às técnicas de comunicação e telepresença. Não se trata mais de conhecer e cuidar do corpo, em explorá-lo em suas potencialidades, incorporar-lhe ferramentas e tecnologias, e sim em potencializa-lo, virtualizá-lo. E com isso, perde-se a noção dos limites, por exemplo, no caso da explosão esportiva de nossa época, ao esforço de ultrapassar limites, de conquistar novos meios, de intensificar as sensações, de explorar outras velocidades. Até onde os níveis alcançados se dão em função das potencialidades do corpo físico ou das tecnologias incorporadas? O processo agora leva a uma indiferenciação eu-outro, eu-máquina.

— Virtualização do Texto. O texto contemporâneo, o hipertexto, alimentando e alimentado por correspondências *on-line* e conferências eletrônicas, corre fluido em redes, desterritorializado no ciberespaço. O texto é transformado em problemática textual já que pode ser correlacionado concomitantemente com tantos outros textos e idéias. O suporte digital permite outros tipos de leituras e de escritas coletivas e torna-se impossível traçar seus limites, fixar seu contorno.

— Virtualização da Economia. Uma economia da desterritorialização. Os falados *novos mercados*, criados pela redes de comunicação digitais estão prestes a mudar a noção clássica de mercado. Os papéis entre consumidores, produtores e intermediários é que sofreram alterações. Assim como a virtualização do texto nos faz assistir à indistinção crescente dos papéis do leitor e do autor, também a virtualização do mercado traz em si a mistura dos gêneros entre consumo e produção. A informação e o conhecimento são doravante a principal fonte de riqueza. Com os conhecimentos com um ciclo de renovação cada vez mais curto, tornou-se difícil designar as competências de base num domínio... O saber prendia-se ao fundamento, hoje se mostra como figura móvel. Tendia para a contemplação, para o imutável, é-lo agora transformado em fluxo, ele próprio operação.

A crise da atualidade é de representação, crise do fundamento ontológico e filogenético da existência humana. Já não acreditamos nas representações da realidade e por conseguinte da identidade. A realidade virtual é uma realidade sem substância, onde tudo é possível, e nada é de verdade. Será que o homem ficou obcecado pela representabilidade? Lembrem-se da *mentira original* apontada por Herrmann – a fresta entre o eu que sou e o eu que falo, o lugar de possibilidade de experimentar representações, a fenda agora abismal.

A virtualização, potencialidade criativa, o espaço onde o homem criou-se. Criar-se em representações, e ao mundo. A fenda se alargando, e o momento atual da humanidade parece que é o de ser englobado quase totalmente por ela. O homem ficou obcecado pela condição de criar, com as possibilidades de representação de ser, de subjetivar-se, inclusive a de se fundir com o real, a questão da virtualização da substância, da matéria, explorada na atualidade. Ou no mesmo extremo, criar e se *con-fundir* com sua cria, a máquina, o computador, que estão a cada dia mais à sua *imagem e semelhança*, imitando feições humanas, ou tendo experimentalmente a base neuronal humana, no intuito que possam ser inteligentes e aprender sozinhos, desenvolverem suas próprias redes.

Herrmann nos alerta sobre: "... a *patologia dos possíveis*, que transforma o mundo num lodaçal de possibilidades, borrando quase por completo a hierarquia psíquica que ordena as coisas remotamente concebíveis, as razoavelmente prováveis e as completamente seguras, levando de roldão o bom e velho fato comprovado, o acontecimento. Sob o império dessa forma de patologia, o que é imediato decai a simples possibilidade e certo possível remoto, adquire certeza." (...) "Como você pode facilmente antecipar, a combinação de patologias dos possíveis e falta de sentido de imanência é muito virulenta para a representação de identidade e realidade, para a vida psíquica em geral: como o demonstram as psicoses, esta perigosa combinação é responsável pelo *limite* delirante, abre as portas da loucura individual ou coletiva, à menor perturbação da rotina." (Herrmann, 2001a, p. 154).

Estamos vivendo um momento de crise de paradigma? Perda ou liberação? Usando os conceitos de Herrmann, para pensarmos como está a psicanálise e as próprias contribuições da Teoria dos Campos, percebemos que houve epistemologicamente uma *ruptura de campos*, pois ao ser rompido um campo, ficaram expostas as regras de seu funcionamento, e outro campo, com novas regras está sendo estabelecido. Estamos vivendo um momento de *vórtice*, quando todas as representações rodopiaram e estão a girar? E qual é a nossa *expectativa de trânsito*, pois: "Há, portanto, um transito por uma terra de ninguém, um tempo, maior ou menor, de relativa irrepresentabilidade." Pois estamos num "...campo rompido e na expectativa de que outro campo vá surgir, ou melhor, da reorganização parcial e um tanto diversa do mesmo campo, que sofreu um golpe e se desativou." (Herrmann, 2001a, p. 55).

A virtualização tal qual a estamos apreendendo na atualidade vai trazer-nos uma nova ordem psíquica, uma nova ordem na apreensão e vivencia do tempo e do espaço, uma afetação nas funções perceptivas, cognitivas, assim concordando com Lévy (1996), é um devir outro, ou a heterogênese do humano. Herrmann também nos fala: "Hoje, porém, estamos às voltas com o modelo do *software* e da realidade virtual, onde o problema não é o da energia motriz despendida, mas o da configuração operacional e, conseqüentemente, o do estatuto da realidade. No nosso mundo converte-se em psiquismo extenso e, por tal razão justamente, a Psicanálise que Freud inventou torna-se indispensável para refletir sobre a realidade." (Herrmann, 2001a, p. 88).

A Psicanálise não é um corpo estático de conhecimentos adquiridos à partir do qual fazemos deduções simplistas e aplicamos sobre cada novo assunto que surgir. Ela propõe-se como método de suspensão de referências dadas, para que novas composições possam ocorrer e produzir música. Assim, pensamos que a aproximação a um tema tão complexo e novo só pode ter tido o caráter de sonorizar o conteúdo, ou, como diria Herrmann, *mapear o campo* dessa nossa reflexão correlacionando virtualização, homem na pós-modernidade e psicanálise. Avançamos agora num terreno de surpresas e incertezas. O que nos espera? Embora ainda não saibamos o real significado de todos estes movimentos, a ousadia do fazer é que abre o campo dos possíveis.

REFERÊNCIAS BIBLIOGRÁFICAS

DELEUZE, G. *Diferença e Repetição*. Rio de Janeiro: Graal, 1988.

FREUD, S. (1930). *O Mal-Estar na Civilização, ESB*. Rio de Janeiro: Imago, 1974, 21.

GOMES, P. F. Tudo sobre o período pós-moderno. *O Popular*, 23/09/2001.

HARVEY, D. *A condição pós-moderna*. São Paulo: Loyola, 1993.

HERRMANN, F. *Andaimes do Real: Psicanálise do Quotidiano*. São Paulo: Casa do Psicólogo, 2001, 3ª edição.

_____. *A Psique e o Eu*. São Paulo: HePsyché, 1999.

_____. *Introdução à Teoria dos Campos*. São Paulo: Casa do Psicólogo, 2001.

LÉVY, P. *O que é o Virtual?* Trad. Paulo Neves. São Paulo: Editora 34, 1996.

MARX, K. &ENGELS, F. *A ideologia alemã (Feuerbach)*. São Paulo: Martins Fontes, 1998.

SAGAWA, R. Um percurso constitutivo da Teoria dos Campos na Psicanálise. In: Sagawa, R. (org.). *Teoria dos Campos na Psicanálise*. São Paulo: HePsyché, 1999.

SANTOS, B. S. Para um novo Senso Comum: A Ciência, o Direito e a Política na transição paradigmática. In: *A crítica da razão indolente contra o desperdício da experiência*. São Paulo: Cortez, 2000, vol. 1.

SANTOS, J. F. *O que é Pós-Moderno*, Coleção Primeiros Passos. São Paulo: Brasiliense, 1989, 6ª ed.

PARTE IV
SOBRE A CLÍNICA

PARTE IV

SOBRE A CLÍNICA

APRESENTAÇÃO

Marilsa Taffarel

SOBRE A CLÍNICA – ONDE HAVIA "OUTRA COISA", HÁ PSICANÁLISE

Esta secção possibilitará ao leitor acompanhar uma vital movimentação da psicanálise que consiste em sua saída da esfera do consultório e seu retorno para o âmbito do qual partiu, um retorno marcado pelas andanças institucionais.

A idéia de que se pode praticar psicanálise para além do espaço do consultório não é nova. Trabalhos de psicanalistas com grupo em instituições são hoje clássicos e muito contribuíram para a geração de novos conhecimentos sobre o Homem psicanalítico e, com isto, para a prática de consultório. Vide Bion. Outro gênero de trabalho institucional bastante conhecido – as consultas terapêuticas – é o realizado pelo pediatra e psicanalista inglês Winnicott.

É Winnicott que inspira e orienta o atendimento, institucional e em consultório, exposto no artigo de Tânia Vaisberg, situado nesta parte de nosso livro. A contribuição de Winnicott para o atendimento a crianças é particularmente profícua. Ela se fundamenta em inovações técnicas e em uma concepção do desenvolvimento infantil. Isto não basta? Tânia irá mostrar que não pois a falta de clareza quanto ao que é essencial à psicanálise permite que se perpetue o equívoco de considerar não psicanalítico o que o é. Apesar da conhecida afirmação de Winnicott de que ao utilizarmos certos recursos que ele disponibilizou estamos fazendo "outra coisa" que não psicanálise, estamos sim operando psicanaliticamente, afirma Vaisberg.

Utilizando-nos de marionetes-psicanalistas que não interpretam, mas permitem a instalação de um novo campo ou na tentativa de passar da *passividade receptiva à receptividade ativa*, com um adulto num serviço de atendimento ou numa supervisão institucional como relatam, Cristianne S. Marques e Joana D'Arc dos Santos, no terceiro trabalho desta seção, estamos praticando psicanálise. E esta não é uma questão apenas nominal. Afinal é indispensável que saibamos quando estamos fazendo psicanálise para que possamos, por exemplo, evitar a contaminação por intervenções restritivas, meramente corretivas ou falsamente *liberadoras*, todas elas marcadas pela exterioridade em relação ao paciente.

A operação fundamental do psicanalista em sua prática é a interpretação. Hoje sabemos, no entanto, que na história do movimento psicanalítico a concepção do que é interpretar tem variado muito. Também é sabido que esta variação correlaciona-se com a noção de vida psíquica vigente em cada associação ou grupo psicanalítico. As tentativas de encontrar a base comum a estas concepções diversas de interpretação esbarraram com a necessidade de definir, quanto mais não seja, o termo transferência e sua abrangência. Transferem-se conteúdos? Transfere-se o modo de transferir conteúdos? Ou devemos pensar a transferência inspirados em Merleau-Ponty, como este turbilhão que a presença do outro humano nos produz e que, pensamos nós, se mostra na linguagem? E então entramos na questão da abrangência. Quem é objeto de transferência?

Para a Teoria dos Campos a *nota de corte* da prática psicanalítica é a interpretação entendida como ruptura com o discurso vigente em cada um num dado momento, o qual mais que um discurso é uma maneira de se por no mundo das intrincadas relações intersubjetivas. O analista, como qualquer outro que ocupe uma posição de ouvinte privilegiado, será absorvido por este campo de auto-representações ou auto-apresentações. Como sua escuta é para o que é distônico à fala dominante, ele tem a condição de viabilizar sua ruptura e a emergência de outra. Aqui se verá como em se tratando de crianças a família toda esta envolvida na confecção do campo.

Na intervenção isolada, como é o caso da consulta terapêutica, pode se ver a ruptura e instalação de um novo campo claramente como um duplo movimento da marionete-analista e da criança. No trabalho de Marion Minerbo nos depararemos com o desenrolar de um processo analítico onde novos campos e novos eus podem emergir e se desdobrar através da eficiente ajuda de animais e da internet. Sobretudo de três cães, maravilhosos animais que acompanham felizes o absolutamente incerto quotidiano de nossos mendigos e que, sabiamente, Nise da Silveira, há muitos anos, permitia que acompanhassem, garantindo a humanidade de suas vidas, a seus loucos-artistas no hospital Pedro Segundo no Rio de Janeiro.

Capítulo 1

MARIONETES EM CONSULTAS TERAPÊUTICAS: A TEORIA DOS CAMPOS NA FUNDAMENTAÇÃO DE ENQUADRES TRANSICIONAIS

Tânia Maria José Aiello Vaisberg[1]

Certa vez, Winnicott (1949) ponderou que, segundo sua visão, era possível posicionar-se de duas diferentes maneiras diante da psicanálise: fazendo uso do procedimento padrão desenvolvido por Freud para a psicoterapia de pacientes diagnosticados como neuróticos ou *sendo um psicanalista capaz de fazer outra coisa mais apropriada para a ocasião*. O trabalho institucional que realizou, co-

---

[1] Professora Livre docente do Departamento de Psicologia Clínica do Instituto de Psicologia da Universidade de São Paulo. Coordenadora de "Ser e Fazer": Oficinas Terapêuticas de Criação, serviço do Laboratório de Saúde Mental e Psicologia Clínica. E-mail tanielo@uol.com.br

nhecido como consultas terapêuticas, é um excelente e criativo exemplo de como é possível ser um psicanalista fora do enquadre clássico. Entretanto, ainda que estivesse convicto, em sua prática, acerca da necessidade do cultivo de posturas flexíveis e inventivas, este autor não chegou nunca a usufruir de um sólido apoio epistemológico e metodológico que lhe permitisse defender sua *clínica ampliada* em termos de uma articulação teoricamente coerente. A meu ver, a Teoria dos Campos se constitui, de modo rigoroso e fecundo, como a melhor alternativa que tenho conhecido no sentido de permitir que as consultas terapêuticas winnicottianas, bem como nossas próprias experiências, que se vêm caracterizando pela disponibilização de mediadores, que tornam a dimensão lúdica maximamente visível, sejam pensadas detidamente.

As consultas terapêuticas winnicottianas se basearam no uso do jogo do rabisco, uma atividade especialmente prazerosa para este psicanalista, que nos deixou uma rica e estimulante coletânea de casos profundamente inspiradores. Fiéis ao espírito que norteou esta prática, mas considerando que a desenvoltura exigida pelo jogo do rabisco nem sempre é encontrada, principalmente em profissionais iniciantes, buscamos desenvolver outras formas, psicanaliticamente fundamentadas, de realização das consultas. Neste sentido, temos feito uso tanto do Procedimento de Desenhos-Estórias de Trinca (Borges, 1998) como do uso de *marionetes-analistas*, com os quais as crianças tem conversado diretamente acerca de suas questões pessoais (Vaisberg, 2000).

Sabemos que, em nosso país, por muitos motivos, o sofrimento psíquico infantil é grande e particularmente expressivo em segmentos populacionais fortemente marcados pelas profundas desigualdades sociais. Este grande contingente não chega, claro está, aos consultórios privados, a que apenas tem acesso a parcela capaz de arcar com o custo de um tratamento particular. Por outro lado, tem aumentado a participação dos psicólogos em instituições tais como hospitais, orfanatos e junto ao poder judiciário, sem contar sua maciça presença em organizações não governamentais, o que, de todo o modo, trouxe, salutarmente, um desafio no sentido de busca de formas de novas modalidades de atendimento, que levassem em conta as condições de vida no mundo contemporâneo, que, no Brasil, traz a infeliz marca da exclusão social assustadoramente numerosa.

Deste modo, o psicólogo passou a ser cada vez melhor conhecido pelos outros profissionais que se encontravam já nestas instituições:

pediatras, professores, enfermeiros, assistentes sociais e outros. Se inicialmente era chamado apenas quando uma determinada criança se mostrava particularmente problemática, em termos de apresentação de comportamento disruptivo e socialmente perturbador, passou a ser cada vez mais requisitado no sentido de uma participação mais direta no cotidiano coletivo. Deste modo, o antigo sistema de encaminhamento a consultórios estabelecidos institucionalmente em equipamentos de saúde mental ou em clínicas escolas tornou-se rapidamente insuficiente.

Ainda que existam diferentes referenciais teóricos a sustentar o atendimento psicológico de adultos e crianças, em nosso meio predomina a orientação psicanalítica, não apenas pelo seu alto potencial na resolução de problemáticas emocionais, como também por se constituir, em seus desenvolvimentos contemporâneos, como visão que reconhece a importância fundamental da subjetividade humana em todas as circunstâncias. Assim, não se pensa em termos de dar atenção aos acontecimentos *em si mesmos*, mas sobretudo à forma pela qual as pessoas estão vivendo estes acontecimentos, vale dizer, à experiência emocional e pessoal de cada um a qual, é importante ressaltar, acontece sempre no que é denominado campo intersubjetivo. Fala-se em intersubjetividade porque se considera que os seres humanos vivem, essencialmente, em condições de coexistência, de modo que o significado emocional das experiências de vida é sempre vincular, vale dizer, implica os demais.

De acordo com o referencial psicanalítico, as manifestações da conduta humana estão sempre dotadas de significado emocional, mesmo quando este não é aparente, mesmo quando é desconhecido ou inconsciente. Sendo inconsciente, a dimensão emocional oculta pode gerar sofrimento psíquico importante, tornando-se sintomática sob diferentes formas, segundo a área de expressão envolvida – como fenômenos psicológicos, tais como ansiedade ou depressão, como fenômenos corporais, no caso das psicossomatoses, ou como problemáticas diversas de comportamento e relacionamento, como nos desentendimentos relacionais, nos distúrbios da agressividade ou na drogadição. A psicoterapia psicanalítica,devotou-se, desde seus primórdios, à busca da dimensão emocional inconsciente das diferentes manifestações. Entende que aquilo que é percebido e reconhecido compartilhadamente, como aspecto da vida humana, no âmbito de uma relação transferencial (Ogden, 1996), pode vir a ser melhor assimilado, elaborado e transformado pelo paciente. Estes pressupostos são observados sempre, porque são aspectos constituintes do próprio método, que é o invariante de toda intervenção psicanalítica. De fato, o reconhecimento do humano, em toda e qualquer manifestação, por mais bizarra e sem sentido que possa parecer, à primeira vista, é o postulado fundamental que possibilita à psicanálise entender que não existem limites para a compreensibilidade das condutas (Paz, 1976). Entretanto, as estratégias terapêuticas se diferenciam, no plano concreto, em função das problemáticas psicopatológicas envolvidas, dos objetivos propostos, do âmbito individual ou coletivo de atuação, das situações concretas de vida, enfim de toda uma série de aspectos sob os quais pode ser recortado o acontecer humano.

A meu ver, o ponto fundamental deve ser ressaltado quando nos preocupamos em captar o que a psicanálise apresenta como contribuição fundamental ao conhecimento do humano – a consideração da existência de um avesso estruturante de toda e qualquer manifestação humana, que usualmente denominamos campo ou inconsciente relativo. Entendo que Herrmann (2001) é particularmente feliz quando pode esclarecer que não se há que pensar o inconsciente em termos substanciais mas sim como conjunto de regras lógico-emocionais de efeito estruturante. Ser psicanalista consiste, a seu ver, em suspeitar do inconsciente, em suspeitar que estamos sempre em um campo maior, que não percebemos e que nos contém, o qual, ao ser percebido, já se rompe e nos lança em outro campo (Herrmann, 2001b). Todo e qualquer trabalho clínico que se queira psicanalítico, desde a psicoterapia individual da neurose até a intervenção psicossociológica psicanalítica, pode se afirmar como psicanálise se este pressuposto fundamental for mantido. Em conseqüência, pode-se afirmar que é a correta apreensão da noção de campo, o que vai permitir que enquadres novos sejam propostos e que conhecimento inovador seja produzido.

Abordemos, agora, a questão clínica que aqui nos interessa mais de perto – o sofrimento emocional infantil. A infância, como a adolescência, a maturidade ou a velhice, é uma condição existencial que apresenta suas próprias dificuldades e incertezas. Sua peculiaridade, que pode ser o que atenua seu padecer, em alguns casos, e o que o acentua dramaticamente, em outros, é justamente o fato da criança estar dependentemente ligada aos pais ou a sucedâneos destas figuras. O que dizer quando a sobrecarga da doença física, com tudo o que traz de ansiedade, tristeza, raiva, medos e inseguranças, vem acrescentar-se? O que dizer quando as condições sociais e econômicas geram insegurança quanto à sobrevivência material e deixam a criança em situação de exclusão no que tange à possibilidade de realização pessoal digna, em termos de impossibilidade de projeto de vida? Obviamente, toda carência é vivida como experiência de sofrimento humano, como sofrimento subjetivo, requerendo, concomitantemente a outras providências, atenção psicológica. A percepção deste fato resultará, no meu entender, em expressiva contribuição à saúde mental das gerações futuras e no incremento dos níveis de sensibilidade e ética da sociedade como um todo, pois, evidentemente, existe uma profunda relação entre o modo como uma formação social trata o sofrimento infantil e o grau de seu desenvolvimento humano e espiritual.

Todo atendimento psicanaliticamente orientado, individual ou grupal, breve ou sem prazo pré-determinado, acontece a partir do fornecimento de um espaço propício à expressão subjetiva e emocional do paciente. Freqüentemente, isto significa, por exemplo, dar espaço à expressão de um ódio autêntico que, como experiência humana, tem mais valor do que a falsa submissão ao que é socialmente esperado. O paciente se expressa diante do psicanalista que traz consigo, a partir de uma apropriação absolutamente pessoal, teórica e vivencial, o conhecimento/suspeita de que toda e qualquer manifestação comporta um avesso produtor que, ao ser apreendido, é sempre, em alguma medida, rompido[2]. Deste modo, a psicanálise tem efeitos curativos já de saída, pois, repousando sobre uma aposta de que todo gesto humano, por mais sórdido, sublime ou bizarro que seja, pertence, ine-

---

[2] Muitos psicanalistas que se inspiram nas idéias de Winnicott compreendem erradamente a afirmação segundo a qual a operação básica do método psicanalítico é a ruptura de campo, entendendo que a clínica winnicottiana se centraria na sustentação dos campos que garantem a experiência de continuidade do ser, a qual, quando rompida, comprometeria o *sentido de imanência* (Herrmann, 2001). Reportando-se à noção de que para que o infante possa vir a estabelecer uma relação com a realidade independente do si mesmo, uma experiência onipotente de ilusão deve preceder o processo de desilusão, afirmam que a ao invés de romper o campo, o terapeuta há que sustentar o paciente psicótico ou *borderline*. Existe aí um evidente mal-entendido, que confunde a ruptura de campo com uma suposta ruptura da relação. Quando tal confusão conceitual é superada, fica claro que também na clínica winnicottiana a operação básica é a ruptura do campo, sendo que o atendimento aos pacientes mais regredidos corresponde, exatamente, à ruptura do campo das agonias impensáveis (Winnicott, 1968), razão pela qual esta clínica pode ser considerada como essencialmente psicanalítica à luz da Teoria dos Campos.

O USO DE MARIONETES NO ATENDIMENTO PSICOLÓGICO INFANTIL

Certos cuidados se fazem necessários quando existe interesse clínico na criação de condições propícias à expressão emocional infantil, na medida em que a criança não tem pleno domínio da comunicação verbal. Por este motivo, há décadas o brincar em geral, e os desenhos em particular, têm sido usados como recursos sempre presentes na clínica psicológica infantil. Entretanto, o que a experiência vem mostrando é que, mesmo no que diz respeito ao atendimento de adultos, o uso de outras linguagens expressivas, tais como a pintura, a confecção de arranjos florais, a dramatização e outras, pode colaborar decisivamente para o encontro psicoterapêutico, na medida em que se instaura uma situação propícia para a troca intersubjetiva. De todo modo, permanece a prática plenamente justificada de disponibilização de materiais mediadores que permitam uma expressão lúdica à criança.

Na clínica infantil, é já consagrado o uso de variados brinquedos e de materiais de papelaria, pintura, massinha, argila, etc, tanto em atendimento individual como grupal, seja ou não realizado em ambiente hospitalar (Turbiaux,1996). Em ludoterapia individual, este material normalmente vai compor o que é denominado *caixa lúdica*. Em modalidades de atendimento grupal, o material é deixado à disposição dos participantes, já sobre a mesa ou ainda em estantes, abertas ou fechadas. Normalmente, além dos materiais tais como papel, lápis, lápis de cera, caneta hidrocor, tela, guache, etc., são usados brinquedos que representam seres humanos, animais e objetos os mais variados. Fantasias e fantoches estão, também, freqüentemente disponíveis, ensejando, obviamente, a realização de dramatizações. Um exemplo interessante é a *boneca-flor*, que Dolto (1993) utilizou inicialmente para atendimento de crianças psicóticas, a partir do trabalho realizado pelas mães. Grupos realizados em ambiente hospitalar, mesmo quando são limitadas as condições de compra de material, tem freqüentemente feito uso de marionetes (Amadio, 1999; Pereira, 2000).

É importante notar, a partir da arteterapia na clínica winnicottiana, que as marionetes podem ser usadas basicamente de duas formas no atendimento psicológico: ou como parte de um conjunto de materiais ludicamente disponíveis, no sentido de ser um brinquedo a mais, passível de ser usado como qualquer outro, ou como recurso diferenciado (Vaisberg, 2000). Como freqüentemente acontece, o uso de marionetes como materialidade mediadora surgiu de modo clínico-intuitivo, relevando-se imediatamente fecundo (Sales, 1999). Não estamos, contudo, dada à eficácia clínica constatada, dispensados da busca de compreensão dos processos psicológicos que têm possibilitado a obtenção desses efeitos clínicos construtivos, principalmente porque já aprendemos, com Winnicott (1951) que o importante não é o objeto mas o uso do objeto.

A apresentação da marionete, que temos utilizado, não consiste, em termos práticos, nem na disponibilização de vários fantoches, que podem ser manipulados pelas crianças e pela psicoterapeuta, nem no uso do fantoche à guisa de entretenimento, tal como normalmente ocorre, tanto no teatro infantil comum, como quando são apresentados em ambiente hospitalar. A prática que propomos, que se harmoniza com a disponibilização de outros materiais, em *oficinas de rabiscos e outras brincadeiras*, consiste no uso diferenciado de uma ou duas marionetes, que se caracterizam como individualidades. São apresentadas pelo psicoterapeuta, dispondo-se a conversar com crianças, familiares e equipes profissionais, num contexto análogo ao que conhecemos, na clínica psicológica que tem em Winnicott seu inspirador, como consulta terapêutica. Tais consultas podem ocorrer tanto em salas de atendimento, como em salas de espera, em brinquedotecas, em enfermarias ou mesmo em salas de procedimentos médicos.

Winnicott é um psicanalista que, por ser também um pediatra, foi capaz de fazer uma contribuição notável em termos de um conhecimento bastante refinado do desenvolvimento emocional infantil. Trabalhou por mais de quarenta anos em um hospital infantil, entendendo, a partir de sua convicção de que o ser humano traz consigo um potencial inerente para o crescimento pessoal, que na grande maioria dos casos é suficiente fornecer ao paciente uma escuta genuína, a partir da qual a elaboração de conflitos e angústias permitiria a superações de bloqueios emocionais. Deste modo, indagava-se em termos de *quão pouco* deveria ser feito para beneficiar a criança. Entendia que o psicanalista poderia e deveria fazer uso de seu conhecimento em situações complexas, nas quais fatores sociais e individuais não aconselhavam nem permitiam a indicação da ludoterapia padrão.

A consulta terapêutica de Winnicott acontecia através do uso do que veio a ser conhecido como *jogo do rabisco*. O procedimento consistia em propor à criança uma brincadeira: começar a traçar um rabisco em um papel para que esta o completasse, como quisesse, para em seguida inverter o processo. A partir de um exame verdadeiramente superficial, muitos chegaram a considerar este procedimento como uma prática psicodiagnóstica. Trata-se, a meu ver, de um erro grosseiro, pois o jogo winnicottiano não corresponde, de modo algum, ao exame de um objeto por um perito, mas a uma estratégia sofisticada de estabelecimento de comunicação emocional não-verbal. Tem como pressuposto a assunção de que a clínica psicológica transcorre intersubjetivamente, de modo tal que o seu rigor não é, de modo algum, análogo àquele que se pode buscar nas ciências físicas e biológicas. Epistemologicamente, o conhecimento que esta clínica requer se constrói de modo peculiar, vale dizer, evitando decididamente que sua teorização se afaste do acontecer humano, tal como se dá na vida em geral e na clínica em particular. Abstrações e formalizações são, assim, decididamente evitadas.

De acordo com Abram (1997), a consulta terapêutica, originalmente realizada através do *jogo do rabisco*, estava fundamentalmente baseada na esperança e na confiança que a criança e sua família tinham no sentido de encontrar ajuda e amparo. O procedimento visava facilitar o brincar e a aparição do elemento surpresa, que permitia que questões verdadeiramente importantes, do ponto de vista emocional, pudessem vir à tona em curto espaço de tempo. Os rabiscos revelaram-se, assim, como passíveis de ser facilmente associados aos sonhos que, como sabemos, sempre trazem valiosas informações sobre a vida emocional do paciente. A expressão *consulta psicoterapêutica* foi cunhada com a intenção de diferenciá-la tanto da psicanálise como da psicoterapia, tendo em vista enfatizar, inclusive, que a primeira consulta, eventualmente única, poderia ter efeito terapêutico. Vale a pena recorrer à descrição que o próprio Winnicott faz do procedimento (1968):

"Em um momento apropriado após a chegada do paciente, com freqüência depois de solicitar aos pais que aguardem na sala de espera, digo à criança: 'Vamos brincar de alguma coisa. Sei de que quero brincar e vou lhe mostrar.' Existe uma mesa entre a criança e eu onde há folhas de papel e dois lápis. Apanho primeiramente algumas das folhas, dividindo-as ao meio, dando a impressão de que aquilo que estamos fazendo não possui qualquer importância, e logo digo: 'Este jogo de que eu gosto tanto não possui regras. É só pegar o lápis e fazer assim.' É bem provável que eu feche os olhos e faço um rabisco cego. Dou continuidade ao meu esclarecimento dizendo: 'Me diga se isso se parece com algo ou se você pode transformar isso em alguma coisa. Depois irá fazer o mesmo comigo. Aí eu verei se posso fazer algo com o que você me mostrar'. (...) Esta é a técnica. *Devo mencionar que sou absolutamente flexível mesmo nesses estágios tão precoces, de modo que, se a criança escolhe desenhar, falar ou brincar com os brinquedos, tocar uma música ou fazer bagunça, sinto-me à vontade para aceitar suas vontades.*[3] Geralmente o menino gostará de brincar com o que chama de *jogo que conta pontos*; ou seja, algo onde pode vencer ou perder. Contudo, em uma grande quantidade de entrevistas iniciais, a criança ajusta-se suficientemente bem ao que proponho e ao que ofereço em termos de brincar, para que algum progresso ocorra. Logo surgem alguns resultados, de modo que o jogo tem continuidade. Em geral, fazemos em uma hora, vinte ou trinta desenhos em conjunto. A combinação desses desenhos vai ganhando cada vez mais importância. A criança sente estar tomando parte da comunicação dessa coisa tão importante." (Winnicott, 1968, p. 301)

Considerando que o requisito fundamental, em termos de preparo profissional, é a apropriação internalizada de conhecimentos relativos ao desenvolvimento emocional infantil e à importância do meio ambiente humano como facilitador do crescimento psicológico, diz Winnicott (1971):

"Naturalmente não há nada de original no jogo de rabiscos e não seria correto alguém aprender como usá-lo e depois sentir-se preparado para fazer o que chamo consulta terapêutica. O jogo dos rabiscos é simplesmente um meio de se conseguir entrar em contato com a criança. O que acontece no jogo e em toda a entrevista depende da utilização feita da experiência da criança, incluindo o material que se apresenta." (Winnicott, 1971, p. 11)

Deste modo, não há uma indevida valorização do procedimento, por si mesmo, mas o reconhecimento de seu caráter mediador, no estabelecimento de uma situação propícia à comunicação significativa entre a criança e o psicanalista. Temos tido a oportunidade de trabalhar com outros procedimentos mediadores, com re-

---

[3] Os grifos são meus.

sultados comprovadamente positivos, em ambiente institucional (Borges, 1998). De fato, ao buscar alternativas de mediação comunicativa, estamos seguindo uma direção que o próprio Winnicott (1971) chegou a apontar:

"Não é possível evitarmos que alterações na base teórica de meu trabalho ocorram com o passar do tempo ao levarmos em consideração a experiência. Minha posição poderia ser comparada àquela do violoncelista que se empenha na técnica, tornando-se realmente capaz de executar música em função da própria técnica. Tenho consciência de que executo meu trabalho com mais facilidade e com um maior êxito do que era capaz há trinta anos. Minha intenção é comunicar-me com aqueles que se empenham ainda na técnica, enquanto lhes ofereço a esperança de que algum dia executarão música". (Winnicott, 1971, p. 6)

De todo o modo, o que importa enfatizar convictamente, é que a busca de formas facilitadoras da comunicação emocional, que não dependem exclusivamente da linguagem verbal, se faz no contexto do uso do método psicanalítico, fundamentalmente concebido como operação de ruptura de campo ou inconsciente relativo, de modo que as mediações são meros recursos que não desfiguram o caráter essencialmente psicanalítico do trabalho. Conseqüentemente, há que se recordar que as mesmas formas mediadoras podem ser usadas em contextos não psicanalíticos, a partir de outros referenciais de pensamento.

O USO DE MARIONETES COMO RECURSO MEDIADOR

Aos ouvidos de uma brasileira, as palavras de Winnicott fazem, quase instantaneamente, lembrar Hermeto Pascoal, o músico que tira som de qualquer objeto presente no cotidiano. Analogamente, parece lícito pensar que cada psicólogo pode criar o seu próprio *jogo de rabisco* , na medida em que invente a sua forma de brincar com a criança, de forma tal a permitir-lhe uma expressão genuína de seu ser, naquele momento de sua trajetória de vida. É neste contexto que verificamos como uma marionete *conversadora* que se abre tanto para brincadeiras como para a conversa com crianças, pode se revelar como uma mediação bastante promissora. A idéia foi colocada inicialmente em prática através do fantoche Chocolate, personagem criado e em contínua criação pela psicóloga Renata Soriano Sales (1999), que realiza atendimentos em ambiente hospitalar.

Atualmente, Lalinha, uma sereia, e a elefantinha Eliana tem-se oferecido como *marionetes-psicanalistas* capazes de permitir encontros humanamente importantes com crianças e até com adultos, tanto no âmbito da clínica privada como no do atendimento institucional. O fantoche Chocolate tem-se oferecido à interação com crianças, tanto em situação grupal informal, em brinquedotecas ou salas de espera, como em visitas a quartos e salas de procedimentos. Não deixa, também, de se comunicar com familiares e profissionais que estejam, no momento, junto com a criança. De um modo bastante natural, são criadas situações de compartilhamento grupal, bem como aquelas de privacidade individual, a partir da *espontaneidade do próprio fantoche*. Medos, desejos, tristezas, dúvidas são compartilhados com o Chocolate, tanto a partir de expressões diretas como a partir de comunicações simbólicas. É também possível *descansar* dos próprios problemas distraindo-se momentaneamente com brincadeiras e *pegadinhas*. Chocolate também aceita ser alimentado, ser cuidado, acariciado e até espancado, sobrevivendo sempre, mantendo-se sempre íntegro. Aliás é importante salientar que, de acordo com Winnicott, um dos aspectos mais fundamentais da psicoterapia é a possibilidade que tem o analista de se oferecer como alguém capaz de sobreviver, sem transformação, a eventuais demonstrações de raiva ou de amor primitivo do paciente. Nesta linha, é interessante notar que, ainda quando é colocado como doente, o boneco nunca é modificado pelo uso de curativos, ataduras ou outros indícios concretos de doença. Tem-se a nítida impressão de que as crianças querem conservá-lo imodificável, tanto para poder representar o outro que sobrevive à sua raiva, como para poder representá-las na inteireza de um ser interior que se mantém preservado, mesmo quando a doença traz modificações dramáticas na vida e no corpo.

Sendo um facilitador da comunicação emocional, ao disponibilizar-se durante situações de crises importantes, é, paradoxalmente, capaz de suportar aqueles difíceis momentos nos quais deve haver respeito ao direito da criança a não se comunicar. Winnicott (1963), foi sempre bastante sensível a esta dimensão da vida humana, entendendo que, na medida em que cada indivíduo se constitui como sujeito isolado, o direito a não se comunicar merece o devido respeito, numa atitude de reconhecimento à necessidade de conservar, dentro de si, uma área secreta e privativa de experiência. O autor lança um de seus famosos paradoxos no esforço de elucidar o significado da necessidade de estabelecimento de um eu privado que pode não se comunicar:

"É um sofisticado jogo de esconder em que é uma alegria estar escondido mas um desastre não ser encontrado." (Winnicott, 1963, p. 169).

A marionete é oferecida pelo psicólogo porque é parte de sua própria experiência pessoal, similarmente ao que ocorre na mamada, quando a mãe oferece o seio ou a mamadeira como algo que vem do seu ser, de seu movimento no sentido de alimentar o bebê. Entretanto, sabemos que para que o seio possa existir para a criança, é necessário que seja apresentado no momento e situação em que esta esteja pronta a criá-lo. Ou seja, todo seio é criado/encontrado. Pouco a pouco a criança se fortalece, psicologicamente falando, a ponto de chegar a poder admitir a existência de um mundo independente de sua própria pessoa. Entretanto, mesmo quando o paciente é um adulto relativamente maduro e capaz de suportar a realidade externa como independente e separada de si mesmo, regida por leis próprias e independentes de seus desejos, é preciso, no atendimento psicológico, abandonar, provisoriamente, o mundo da realidade humana cotidiana, para poder entrar numa zona especial de experiência, onde uma comunicação emocional profunda pode ter lugar. Nesta zona, o objeto deve ser trazido pelo psicólogo, mas ao mesmo tempo criado/encontrado pelo paciente. Estamos, portanto, lidando com o chamado objeto transicional, a primeira possessão não-eu do bebê, comumente materializado como uma chupeta, um ursinho ou um brinquedo macio qualquer, que tanto é importante porque simboliza o seio, como também por não ser, concretamente falando, o seio. A marionete é transicional, porque existe materialmente, não se reduzindo a um feixe de projeções, o que lhe pode garantir inclusive inteireza e sobrevivência, como também por poder representar, simbolicamente, tanto a própria criança como os outros significantes de sua vida.

Enfim, numa época na qual se percebe uma hipervalorização da tecnologia em detrimendo da sensibilidade clínica, a teoria winnicottiana incentiva os psicoterapeutas a desenvolver, com criatividade, formas de comunicação emocional que facilitem a realização do atendimento psicológico. Particularmente motivados, neste sentido, serão aqueles profissionais que exercem práticas em instituições, tais como os hospitais e ambulatórios, as escolas ou as varas de família, infância e juventude, tanto porque aí aparecem problemáticas em si mesmas merecedoras de atenção psicológica, como também porque as condições socioeconômicas da maioria da população, deixando muito a desejar, agravam os problemas de saúde, sociais e outros. A meu ver a busca de procedimentos que, respeitando o conhecimento aprofundado dos processos intersubjetivos subjacentes, concretizem-se, clinicamente, com desenvoltura, flexibidade e espontaneidade, resultará em melhor qualidade de atendimento. O uso de marionetes é um exemplo, aliás, muito instrutivo, porque caberá ao psicólogo interessado no seu uso inventar seu próprio personagem. Ou seja, o fantoche é um objeto transicional do terapeuta! É importante porque representa o terapeuta, mas também porque não é o terapeuta, tem sua forma, sua cor, seu cheiro e seu *estilo*! Nenhum fantoche psicanalista pode, evidentemente, ser emprestado... Outros procedimentos, que temos denominado apresentativo-expressivos, compreendendo praticamente tudo o que pode ser oferecido numa oficina de arteterapia, também podem ser produtivamente utilizados. Inventar procedimentos será, sem dúvida, uma tarefa gratificadora, sobretudo se houver liberdade para buscar inspiração em sua própria infância.

Se é verdade, como diz Winnicott (1971) que a psicanálise é um jogo sofisticado, que se dá pela superposição de duas áreas de brincar, a do terapeuta e a do paciente, o que coincide com a visão de Herrmann (2001), que nos ensina sobre o *jogo e suas regras*, o fato é que a instauração de um enquadre de trabalho no qual a dimensão lúdica é maximamente visível parece obter interessantes efeitos quando estamos interessados na facilitação da expressão subjetiva que venha a permitir a detecção e ruptura dos campos estruturantes conforme os quais estão determinadas as condutas e representações. A delicadeza da clínica winnicottiana, tal como a concebemos consiste, então, no uso desembaraçado do recurso a mediações lúdicas maximamente visíveis que permitem a realização do trabalho psicanalítico da ruptura de campo em um contexto intersubjetivo de sustentação suficientemente boa do vínculo terapêutico.

CONSULTAS TERAPÊUTICAS COMO CONVERSAS VERDADEIRAS

Caso Um: O menininho no fórum
O menino de quatro anos de idade, objeto da disputa entre seus pais separados, bem sucedidos profissionais liberais, está diante

da psicanalista forense. Passa todos os finais de semana com seu pai, por determinação judicial, e vive durante a semana com a mãe. Esta entra na justiça com um pedido de suspensão de visitas, entendendo que o ex-marido e sua esposa atual não são companhias adequadas para o pequeno, que estaria de uma certa forma prejudicado por este recente casamento. O juiz pede à perita um laudo. Esta, entendendo que sua tarefa não deve ser concebida como simples emissão de um parecer, aproveita a oportunidade para realizar um verdadeiro atendimento da criança. O encontro da criança com a perita começa visivelmente difícil, tenso. A caixa de brinquedos jaz ao lado, mas nenhum movimento é feito pela criança. No alto da pilha de brinquedos está colocado um pequeno *dedoche*, uma sereiazinha. A perita discretamente coloca-a no dedo indicador. O menininho abre um sorriso:

Menino: – Oi!

Sereia: – Oi!

Menino: – Eu não tinha te visto...

Sereia: – Eu estava aqui.

Menino: – Eu também to aqui.

Sereia: – Sei...

Menino: (abaixando a voz): – Eu estou muito nervoso mas não quero falar para ela.

Sereia: – É?

Menino: – É, eu to com um poblemão.

Sereia: – É mesmo?

Menino: – Não é pra falar pra ela (aponta para a psicanalista).

Sereia: – ...

Menino: – Eu estou muito nervoso porque o meu pai diz que é pra eu falar uma coisa e a minha mãe diz que é para falar outra.

Sereia: – Bom, deve ser muito difícil para um menininho esta situação.

Menino: – É mesmo.

Sereia: – Será que dá pra fazer alguma coisa? Quem sabe conversar com eles?

Menino: – Não adianta, sei que não adianta.

Sereia: – E acontece mais algum problema? Ou é isso aí que é muito difícil?

Menino: – É muito difícil isso...

A conversa segue, com o menino fazendo alguns desenhos para a Sereia, contando que foi à praia, respondendo perguntas tipo

MARIONETES EM CONSULTAS TERAPÊUTICAS: A TEORIA DOS CAMPOS NA FUNDAMENTAÇÃO... 217

qual o nome de sua professora, em clima absolutamente tranqüilo e descontraído. Antes de ir embora, a Sereia diz que vai falar com a psicóloga para ver se ela consegue deixar o papai e a mamãe mais tranqüilos e o menino sorri e faz um gesto afirmativo com a cabeça. Esta consulta, como vimos, é um verdadeiro brincar que cumpre duas funções. De um lado, permite ao menino expressar sua dificuldade, admitir seu desconforto e dar uma versão pessoal acerca do que lhe incomoda: estar sendo puxado por um e outro no sentido de se pronunciar a partir das injunções parentais ao invés de poder falar (ou calar) a partir de sua posição pessoal. Ser ouvido e reconhecido por um *dedoche* é nitidamente diferente de estar a comentar as dificuldades familiares com um adulto estranho e auxilia a perita, no sentido de perceber e poder transmitir aos pais da criança, e mesmo ao juiz, o quanto está sendo angustiante, no primeiro momento, não exatamente o fato do pai estar se casando novamente, mas uma situação emocional mais complexa. Esta situação provavelmente é reflexo da dificuldade de elaboração do processo de luto relativo à separação conjugal, que está levando os adultos a colocarem o menino numa situação dilemática absolutamente desgastante.

Ser ouvido e reconhecido por uma sereiazinha, fruto tanto da imaginação, como da realidade, aproxima a psicóloga e a criança num mundo compartilhado, em que ambos se sentem à vontade. Trata-se de uma situação bem diferente daquela em que a criança se veria *forçada* a se abrir com uma estranha. Neste clima acolhedor, é possível à criança ser espontânea e revelar o que verdadeiramente a angustia – tomar partido de uma ou outra figura parental, excluindo a outra. A perita tem, assim, elementos para fundamentar uma conclusão clínica no sentido de que a questão principal diz respeito à uma problemática do casal, que usa a criança, colocando-a diante de um dilema absolutamente desgastante, para expressar suas dificuldades na elaboração do luto relativo à separação conjugal.

Caso Dois: "O menininho do xixi"

A mãe do menininho de cinco anos está muitíssimo preocupada com sua enurese noturna. Sua própria mãe repreende-a por não levar o garoto para o banheiro durante a noite, para que, mesmo adormecido, possa urinar e acordar seco. A mãe sente-se preguiçosa e desleixada por ter sono e não conseguir seguir os conselhos da avó, mas, ao mesmo tempo, sente pena da criança que demonstra, pela manhã, ficar chateada por estar molhada. O menino chega ao consultório e já encontra, à sua disposição, papéis, lápis e vários brinquedos. Concorda em me acompanhar, deixando sua mãe na sala de espera. Ao entrar, começa imediatamente a conversar, fazendo observações sobre os brinquedos disponíveis e sobre os seus próprios brinquedos. É desinibido e falador, tem altura normal, mas é bastante magro. Diz que quer desenhar e começa a fazer sua mãe. Pede para que eu desenhe sua avó, o que faço. Neste momento, percebe os dois *dedoches* que mantenho numa mesinha ao lado de minha poltrona. Seguindo seu olhar, coloco-os em meus dedos e começo a falar com ele. Entra imediatamente na brincadeira e *entrevista* o gatinho e o cachorrinho. Diz que gosta muito de pular e que pode ensinar a eles como se faz. Pede então para colocar os *dedoches* nos próprios dedos, mas quer que eu continue fazendo a *voz* deles. Um certo período é gasto com pulos dos quais, eu, felizmente, estou dispensanda. Aí o menininho resolve fazer uma casa para os *dedoches*. Usando blocos coloridos, constrói um quarto com duas camas, uma para cada um. Dois cubos amarelos são usados para fazer banheiros-pinicos e a partir daí um certo tempo é gasto com tempos de dormir, que são seguidos de ruídos que imitam roncos, e períodos de fazer xixi, que são seguidos de um *chi* muito longo. A brincadeira se repete algumas vezes e aí o menino pergunta se pode chamar a mãe dele, que está na sala de espera. Repete a brincadeira para ela, que olha entre desconfiada e desconcertada. Pede-lhe, então, que fique no chão e passa a brincar de jogar os *dedoches* para que ela os apanhe, sem deixa-los cair no chão. A brincadeira se repete algumas vezes e a mãe consegue não deixa-los cair nenhuma vez no chão. Finalmente, a criança passa a se jogar nos braços da mãe, que o abraça carinhosamente várias vezes, agora já bem mais relaxada. A consulta acaba aqui, e a mãe retorna para uma devolutiva uma semana depois, relatando que a enurese desapareceu.

Esta consulta terapêutica mostra, como o caso anterior, que o uso dos *dedoches* cachorrinho e gatinho, propicia a expressão e a elaboração da questão emocional relativa à enurese. A dramatização desta situação noturna, diante da psicanalista que pode aceita-la, possibilita à criança arriscar-se diante da mãe. Esta é chamada e *testada* sucessivas vezes quanto à sua capacidade de acolhimento e sustentação da situação angustiante. Uma vez *aprova-*

da, a criança se torna confiante e *se joga nos seus braços*. Tive a impressão de que o menininho tanto se tornara mais seguro do amor de sua mãe por ele, como mais capaz de expressar o amor que sente pela mãe. Acrescente-se a isso que o encontro entre o filho e a mãe acontece na presença da psicanalista que é testemunha e, ao mesmo tempo, sustenta a relação amorosa de um para com o outro, ao mesmo tempo em que se rompe um campo no qual a enurese era vivida e representada como intolerável por ambos. A situação de brincadeira com os *dedoches* ofereceu-se como um ambiente transicional que pode auxiliar na elaboração da angústia implícita no sintoma, sem que nenhuma sentença interpretativa tenha sido emitida.

Caso Três: Na Brinquedoteca do Hospital de Oncologia Infantil
Sendo segunda feira, a psicóloga chega à brinquedoteca acompanhada de seu fantoche Chocolate. Um grupo de crianças está ao computador. Chocolate vem cumprimentá-los, sendo ignorado por um garotinho e solicitado por uma menininha, *Laurinha*, que está pintando uma tartaruga e que promete, ao terminar esta tarefa, fazer um bolo de chocolate para o fantoche, enquanto aproveita a ocasião para ir contando que não vai mais precisar vir ao hospital, porque está melhor, mas que virá toda segunda feira para encontrar-se com ele. Outra menina, *Suzana*, está fazendo uma lição e vem mostrá-la ao Chocolate, explicando o que deve cumprir. Tem na testa uma borboleta auto adesiva que tira e cola na bochecha do boneco. Esta interação é interrompida pela aproximação de um outro menino, de cerca de sete anos, que traz um bombom e propõe um jogo de matemática, fazendo perguntas que devem ser respondidas mentalmente. Após algumas perguntas e respostas, o menino conta que não pode ir à escola por causa das sucessivas internações. O menino se afasta e *Suzana* volta para brincar de casinha e trazer uma cachorrinha que deve permanecer sob os cuidados de Chocolate. Entretanto, ela própria se encarrega da cachorrinha, que toma banho, dorme, sai para passear e vai ao veterinário que lhe impõe um jejum prolongado. Chama atenção o fato da cachorrinha ficar bem confusa por não conhecer os motivos pelos quais é submetida à tão severa restrição alimentar. Durante a brincadeira, várias outras crianças chegam perto e trazem *comidas* para o Chocolate, enquanto a cachorrinha continua sem poder comer. A um certo momento da brincadeira, o jejum da cachorrinha

é quebrado e esta começa a comer pizzas no café, almoço e jantar. Em função de tanta pizza, a cachorrinha precisa ser internada às pressas, à beira da morte. Felizmente, a cachorrinha se salva, para alívio geral. Está quase na hora do Chocolate ir embora, e aí a menininha convida-o para beber água, o que *acontece*. Deste modo, são encenadas incompreensíveis restrições alimentares e algum alívio parece ter lugar.

Mais uma vez, o fantoche atua como um objeto transicional, facilitador tanto da interação entre psicóloga e crianças, como da expressão e elaboração de angústias frente à problemática da doença e de seu tratamento. Percebe-se que, ameaçadas por uma enfermidade grave, as crianças se dispõem a dramatizar seus medos e ansiedades e a encontrar um *final feliz* que evita a morte iminente. Encenações de restrições alimentares incompreensíveis são acompanhadas de um ataque de voracidade que tem como conseqüência a doença e a internação hospitalar. No ultimo momento, a cachorrinha é salva, o que mostra que, mesmo havendo risco de vida, persistem sentimentos de esperança. Por outro lado, é interessante observar que a privação de alimento é responsável pela eclosão da voracidade, em si uma manifestação de *amor à vida* e que esta, por sua vez, pode ser punida pela morte.

Sem que nenhuma sentença interpretativa tenha sido proferida, a brincadeira em si com os bichinhos na presença do Chocolate parece ter possibilitado tanto a expressão e acolhimento de angústias existenciais profundas, relativas à vida e à morte, como algum alívio do sofrimento decorrente das mesmas, especialmente pelo fato de torná-las pensáveis e *brincáveis*. O campo que parece ter sido rompido pelo próprio brincar, enquanto atividade representacional, é o da impossibilidade de produção de sentido quando a vida parece tão absurda, ou seja, diante do câncer e da morte de crianças. A morte infantil, que acontece com alta freqüência nesta instituição hospitalar, é, para usar uma expressão de Herrmann (2001), um verdadeiro *cerco das coisas* que, em sua violência, conspira decisivamente contra a busca humana de sentido, atingindo brutalmente familiares, profissionais e as próprias crianças.

REFERÊNCIAS BIBLIOGRÁFICAS

ABRAM, J. *The langague of Winnicott: A dictionary of Winnicott's use of words*. London: Jason Aronson, 1997.

AMADIO, A. P. O brincar como representação de vivências pré-cirúgicas das crianças internadas. In: Castro, P. F., Rocha Jr., A . (org.) *Encontro sobre Psicologia Clínica*. São Paulo: Universidade Presbiteriana Mackenzie, 1999.

BORGES, T. W. O procedimento de desenhos-estórias como modalidade de intervenção nas consultas terapêuticas infantis. São Paulo, 1998. Tese (Doutorado) – IPU/SP.

DOLTO, F. Cura psicanalítica com a ajuda da boneca flor. In: Dolto, F. *No jogo do desejo*. Lisboa: Relógio D'Água, 1993.

FREUD, S. (1916-1918). *Introducion al Psicoanálisis*, trad. Luiz Lopes-Balesteros y de Torres. Madrid: Biblioteca Nueva, 1948, vol. II.

HERRMANN, F. (1979) *Andaimes do Real: O Método da Psicanálise*. São Paulo: Casa do Psicólogo, 2001, 3ª edição.

_____. *O Divã a Passeio*. São Paulo: Casa do Psicólogo, 2001a, 2ª edição.

_____. *Introdução à Teoria dos Campos*. São Paulo: Casa do Psicólogo, 2001b.

OGDEN, T. *Os sujeitos da psicanálise*. São Paulo: Casa do Psicólogo, 1996.

PAZ, R. *Psicopatologia: sus fundamientos dinamicos*. Buenos Aires: Nueva Vision, 1976.

PEREIRA, A. P. Grupos com Crianças Enfermas. In: J. Mello Fo. (org.) *Grupo e corpo*. Porto Alegre: Artes Médicas, 2000.

SALES, R. S. *A utilização do fantoche como auxílio terapêutico à criança hospitalizada*. São Paulo: Universidade Presbiteriana Mackenzie, 1999. (Apresentado no Primeiro Encontro de Psicologia Hospitalar e da Saúde).

TURBIAUX, M. Le secret de Polichinelle ou De l'art de la marionnette en thérapie. *Bulletin de Psychologie*, L (429): 253-276, 1996.

VAISBERG, T. M. J. A. O uso de fantoches no atendimento psicológico a crianças fisicamente doentes. *Pediatria Moderna*, XXXVI: 784-790, 2000.

WINNICOTT, D. W. (1949) El Mundo en Pequeñas Dosis. In: Winnicott, D. *Conozca a su niño*. Buenos Aires: Hormé, 1962.

WINNICOTT, D. W. (1951) Objetos e fenômenos transicionais. In: Winnicott, D. *Da Pediatria à psicanálise: textos escolhidos*. Rio de Janeiro: Francisco Alves, 1978.

WINNICOTT, D. W. (1954) Aspectos Clínicos e Metapsicológicos da Regressão no Setting Analítico. In: Winnicott, D. *Da Pediatria à psicanálise: textos escolhidos*. Rio de Janeiro: Francisco Alves, 1978.

WINNICOTT, D. W. (1963) Comunicação e falta de comunicação levando ao estudo de certos opostos. In: *O ambiente e os processos de maturação*. Porto Alegre: Artes Médicas, 1983.

WINNICOTT, D. W. (1971) *Consultas terapêuticas em psiquiatria infantil*. Rio de Janeiro: Imago, 1984.

WINNICOTT, D. W. (1968) Squiggle game. In: Winnicott, C., Shepperd, R. e Davis, M. (org.) *Psycho-analytic explorations*. London: Karnac, 1989.

Capítulo 2

C(ã)O-terapeutas: O Enquadre a Serviço do Método na Análise de uma Adolescente[1]

Marion Minerbo[2]

...Então saímos, eu, minha paciente e meus dois cachorros, para mais uma de nossas sessões na praça ao lado do consultório. Eles haviam sido requisitados para compor nosso enquadre. A transferência maciça entre minha paciente e minha cachorra não me deixava alternativas. Meu lugar era acompanhá-las, quieta e atenta. Na pele/mente de um cão me foi possível, aos poucos, ir humanizando esta garota.

Tenho, cá para mim, que o trabalho analítico com Taís só foi possível graças aos cães, eficientes c(ã)o-terapeutas. Além do desejo

---

[1] Trabalho apresentado em reunião científica na SBPSP em 21 de junho de 2001.

[2] Doutora em Medicina pela UNIFESP. Membro Efetivo da SBPSP. Presidente do Instituto Therapon. Membro do CETEC.

de partilhar com os colegas uma experiência clínica *sui generis*, a apresentação deste caso permite esboçar algumas considerações sobre como o trabalho em hospital-dia fertilizou meu trabalho em consultório, resultando no híbrido que o leitor tem em mãos. A flexibilidade no enquadre externo depende de um rigor no enquadre interno – a postura psicanalítica. Em outras palavras, muda o enquadre, mas não o método.

A.C.

Os pais de Taís lhe propõem um trato. Ela deve iniciar uma análise, emagrecer, melhorar suas notas, fazer amigos. Em troca, em seu aniversário ganhará o cãozinho tão desejado.

Não me parecia uma maneira muito auspiciosa de iniciarmos um trabalho. A demanda de Taís não era de análise, mas de cachorro. Na primeira sessão vejo uma adolescente de uns 16 anos, alta, gorda, rosto bonito, ostensivamente descuidada no vestir. Sua primeira fala ao olhar para a cadeira de vime onde a convido a sentar: "Esta cadeira me agüenta?"

Esta análise se divide em dois grandes períodos: A.C. e D.C. – antes e depois do cachorro.

Nos primeiros meses do período A.C. conversávamos amigavelmente sobre cães, sua grande paixão. Frases recolhidas me ajudam a iniciar um esboço do universo mental de Taís.

"O pitbull tem uma mordida equivalente a 5 toneladas, é assustador."

"O labrador é muito meigo, amigo."

"O cocker é lindo e fofo, mas fede."

Em vista da possibilidade de ganhar seu cãozinho, Taís passa tardes inteiras num *pet shop escolhendo* o filhotinho mais lindo, mais perfeito.

Soube na entrevista que Taís e seu irmão são adotados. Não era difícil conversar sobre como ela se preparava para adotar um cachorrinho, desejava o mais perfeito, etc. Ainda nesta linha, o material clínico que se segue era transparente:

"Não entendo as pessoas que compraram um cachorrinho e depois não brincam com ele."

"Tem cachorra que tem mais instinto materno do que muita mãe. Vi uma que deu cria e um filhotinho morreu; a dona jogou no lixo e a cachorra foi buscar por 3 vezes. Ela não abandonou o filhote, nem morto."

Uma representação importante de sua identidade era o cachorro vira-latas.

"Ninguém quer vira-latas, há preconceito. Também contra gordos."

Marion: "Ninguém quer cachorro de pais desconhecidos."

"Ta me chamando de vira-latas?"

A análise parecia ter engatado, principalmente depois de saber que tenho um beagle e uma labradora. Ouvira os latidos e perguntara se os cachorros eram meus, qual raça, o nome. Trazia revistas sobre cachorros e eu me sentia uma mãe acompanhando a gravidez da filha, folheando juntas revistas de decoração de quarto de criança. Seu aniversário se aproximava. Sim, tudo parecia ir bem.

Mas então o que era aquela verborréia amorfa quando a conversa não era canina? O que era aquele vago incômodo que eu sentia quando ia de um assunto a outro, sem que nada tivesse relevo emocional? E de onde vinha minha sensação de que ela *mentia* para mim? Não é que ela procurasse dissimular ou simular alguma coisa, apenas inventava histórias, sem convicção, para preencher a sessão. Histórias de plástico...

Será que Taís vinha às sessões apenas para garantir seu cachorro? Era estranho: ela me parecia tão verdadeira e transparente quando falava dos cães, mas também tão opaca e mentirosa com suas histórias de plástico. Fui percebendo que, nem ela havia me adotado, nem ia permitir que eu a adotasse. Assim era a transferência, esta estranha mistura feita de opacidade transparente, verdade mentirosa.

"Vi um gato persa, perfeito, branco, de olhos verdes. Em vez de cachorro, agora quero um gato."

Marion: "Não acredito que você seja capaz de fazer isto."

Taís leva um susto, fica imóvel, quieta. "Agora você me deixou muito sem graça."

Eu invadira seu refúgio. Ela não esperava que eu estivesse atenta ao outro lado de suas palavras que são, e ao mesmo tempo não são, *de verdade*.

Chega o aniversário. Taís não passou em todas as matérias. Ao saber das notas, aquela menina durona, que agüenta firme qualquer castigo, chorou – escondido.

A mãe simplesmente anuncia: "Seu cachorro *dançou*."

Taís joga no lixo tudo o que se relaciona com cães. Enlutece e emudece. A mãe solicita uma entrevista. "Quero dar o cachorro à

Taís, mas se eu voltar atrás no trato estarei falhando em meu papel de mãe. Mas também, por que ela não tenta me levar no bico para ganhar seu cachorro?" Eu escuto: por que raios ela não faz direito seu papel de filha? A mãe quer ser mãe de verdade, mas se agarra ao papel de mãe, plastificando sua maternagem. *Mãe tem que ser dura por fora* (papel de mãe) *e mole por dentro* (mãe de verdade). O papel de filha, muito parecido com ser filha de verdade, *é chorar e levar a mãe no bico*. Enfim, reencontro no discurso da mãe a mesma opacidade transparente e verdade mentirosa que vinha observando em Taís.

Ao solicitar a entrevista a mãe deseja que eu a autorize a ser mãe de verdade, "quero dar o cachorro". Taís ganha seu cãozinho. Depois desta conversa o incômodo a que me referi ganhou um contorno: eu e Taís representávamos papéis, e isto plastificava nossa relação.

D.C.

Mudança brusca. Assim que ganha sua cachorrinha Taís adota uma atitude de *cagar e andar* para tudo o que eu digo. Na escola torna-se *delinqüente*. Em casa não cuida do cachorro. Todos se irritam com ela, que apenas dá de ombros. Taís é psicopata? Ou seria apenas a encenação de mais um papel?

O trabalho ficou mais difícil. Eu tendia a ser superegóica, por exemplo, quando ela quase deixou sua cadelinha morrer. Tentava interpretações *continentes* de supostas angústias relacionadas à adoção. Conversei com ela sobre a distância entre a mãe ideal que imaginava ser, e a mãe que ela era de verdade. Nada a toca.

Para falar a verdade, minhas interpretações também não me convenciam. Era estranho: eu começava a frase visando um suposto *eu-angustiado* e me descobria falando com um *eu-cago-e-ando*. Além de me deixar irritada, eu perdia o pé. Assim, fui obrigada a reconhecer que, apesar de mim mesma, eu continuava fazendo *papel* de analista, e que era justamente este o campo transferencial[3] (Herrmann, 1991) em que estávamos: o campo de plástico.

O mesmo drama se passava com Taís. Eu percebia que, às vezes, ela desejava contar alguma coisa significativa. Porém quando ia

---

[3] Conceito da Teoria dos Campos, que aparece em todos os livros de Fabio Herrmann.

dar o braço a torcer, (como a mãe, que queria dar o cachorro, mas não podia dar o braço a torcer), quando iniciava uma fala de verdade, em pouco tempo estava falando da boca para fora. Fora dos papéis, Taís entrava em pânico de verdade. O *eu-delinqüente* era, possivelmen:e, mais um papel. De onde surgira? É importante frisar que, embora me refira à representação de papéis, não penso que sejam falsos, no sentido do falso *self*. Ao contrário, um papel é sempre de verdade, pelo menos enquanto dura. Como no teatro. Como o jogo das crianças. Como a transferência, pois é disto que se tratava.

Assim, em meio ao bombardeio das grosserias do *eu-cago-e-ando* eu tinha duas preocupações. Evitar o tom superegóico que reforçava o *eu-delinquente*, e procurar conversar de verdade com ela. Eu estava decidida a só dizer o que eu realmente quisesse dizer. Dar o cachorro, se esta fosse minha vontade, sem me preocupar com o papel de mãe-analista.

"Sabe, Taís, eu começo a falar com você e de repente você não está mais lá, eu não sei mais com quem estou falando."

"Ah, mas eu não vou fazer como esta sua amiga, que fingia que tinha aulas particulares enquanto o professor fingia que dava aula."

"Olha, eu tenho todo o tempo do mundo para tentar ter uma conversa de verdade com você."

Eu continuava a me perguntar de onde surgira aquele eu-delinquente.

MELANCOLIA

Procuro outros canais de comunicação, já que no campo transferencial acima descrito as palavras, minhas e dela, tinham esta estranha propriedade de se transformar em plástico no meio do caminho. Instalo uma pequena oficina de artes no consultório. Minha hipótese era de que uma mudança no enquadre poderia colocar em cena outro eu de Taís, assim como no teatro a mudança no cenário indica a entrada de outros atores ou, pelo menos, de outra cena.

Ela faz um desenho significativo: um mergulhador sendo devorado por tubarão, enquanto outro mergulhador olha, sarcástico, do lado de fora. Uma parte dela sofre, a outra finge que *caga-e-anda*, mas a quem eu poderia dizer isto? O *eu-que-sofre* não estava lá, o outro daria de ombros. Rapidamente, a produção artística foi se plastificando. Tentei jogos. Se vencesse, me maltratava, se perdia, dava um jeito de não se importar. Desânimo. Neste meio tempo, seu comportamento na escola e suas notas estavam se tornando insustentáveis. Sugeri uma escola especial, cuja postura não é punitiva e que compreenderia a *delinqüência* como sintoma.

Embora me xingasse como um *pitbull*, Taís tinha os olhos doces de um labrador. No dia em que veio bêbada à sessão, depois de ter embebedado seus colegas de classe, tinha certeza de ter atingido meus limites. Então eu me lembrava de sua primeira fala: "Esta cadeira me agüenta?" Eu imaginava que aqueles olhos de labrador tinham uma história para contar.

Para me contar esta história, entra em cena o *eu-poeta* de Taís. Ela escrevia bem! O tema foi outra surpresa. Todas as poesias falavam, de uma maneira ou de outra, do primeiro grande amor, para sempre perdido. Em algumas poesias jurava fidelidade eterna a um suposto namorado que falecera, deixando em seu lugar o esplendor da Lua. "Não haverá outro além de você." Em outras, acusava o namorado de ter *aprontado* com ela e de não ser merecedor do imenso amor que, não obstante, ela continuava a lhe devotar. O curioso é que ela jamais apaixonara-se por alguém, nem tivera namorados. Enquanto ela lia os poemas, exigia que eu ficasse de costas para ela, de tão envergonhada. Jamais repetia um poema, nem sequer um trecho. Lembro-me de ter interpretado com outra poesia, em que eu lhe falava de seu pacto com *as sombras*, sua dolorosa renúncia ao sol, às palavras, enfim, ao humano.

O diagnóstico de melancolia não é difícil. As poesias falam do investimento maciço no objeto perdido, ao mesmo tempo amado e odiado. A teoria fala em ódio ao objeto transformado em ataque ao próprio ego – *você não presta para nada*. Seria esta a origem do *eu-delinquente*? Se o *namorado* a tinha abandonado, é porque ela não o merecia. Afinal, era uma garota gorda, desleixada, insuportável. O mais grave, neste quadro, era a impossibilidade de investir amorosamente num novo objeto. Como abrir espaço para o *eu-amoroso*, anunciado pelas poesias?

ENQUADRES DIFERENTES, MESMO MÉTODO

Antes de prosseguir, mostrando como e por que introduzi os cães no enquadre da análise, creio ser útil uma pequena digressão em torno do método e do enquadre.

Há 30 anos nascia em Paris um hospital-dia para adolescentes com transtornos emocionais graves (CEREP). Seus fundadores, dois psicanalistas, estavam às voltas com a necessidade de justificar, do ponto de vista teórico, por que uma tal mudança no enquadre – do consultório para uma instituição – não desnaturava o essencial de um tratamento psicanalítico.

A resposta era simples: o enquadre mudava, mas o método não, ou seja, no dia a dia da vida institucional garantia-se certo tipo de escuta, que só é possível quando balizada pelos conceitos de inconsciente e transferência. A postura psicanalítica – uma escuta descentrada do discurso do paciente – vai construindo uma compreensão teórica do caso, que orienta a resposta do analista. A fala do analista considera, porém não coincide, com o desejo do paciente.

Neste trabalho percorro o caminho inverso. Em certa fase da análise criei um enquadre de hospital-dia para trabalhar com Taís no consultório – recorri a meus cães como *co-terapeutas*. Do meu ponto de vista, o método exigia a mudança de enquadre, esta se impunha a partir do processo analítico.

O enquadre é, freqüentemente, problemático na análise de adolescentes bastante comprometidos (Cahn, 1985). Quando muito rígido torna-se perigoso pela importância conferida à relação interpessoal. No outro extremo, quando é frouxo e diluído, não oferece uma continência adequada. Freqüentemente ele se torna o lugar e o pretexto para transgressões de toda ordem. A partir de certo ponto, tais transgressões comprometem a própria continuidade do processo analítico.

O enquadre oferecido por um hospital-dia soluciona estas dificuldades. A instituição não só permite, como encoraja, *a atuação no sentido teatral do termo* – isto é, de colocar em cena concretamente a complexidade dos dramas emocionais. Nas palavras de Bernard Penot (1999), a instituição funciona como um *neo-meio de vida*. O espaço de vida é partilhado por adolescentes com dificuldades emocionais, e por adultos que vão implicar-se, não apenas no nível da palavra, mas também e sobretudo através de tarefas, divididas com os jovens ao longo do dia. É a partir da experiência de vida cotidiana que pode ser produzida uma palavra em comum, portadora de um trabalho de *subjetivação*. A noção winnicottiana de *espaço transicional* é preciosa – o ambiente terapêutico é concebido como uma matriz de colocação em discurso da experiência vivida.

Ocorre que Taís nem era tão perturbada a ponto de exigir um tratamento institucional, nem suficientemente normal a ponto de suportar um enquadre tradicional. Creio ter deixado claro como era difícil estabelecer com ela uma distância ideal. Havia o risco de estar excessivamente próxima, intrusiva; ou muito distante, indiferente, estrangeira. A posição face a face deixava a paciente em pânico. O campo transferencial fazia com que nos refugiássemos, ambas, no desempenho de papéis, e transformava nossas palavras em falas de plástico. As tentativas de criar canais para a expressão artística ou lúdica tiveram o mesmo destino.

À semelhança do consultório, a equipe que trabalha numa instituição deve, em primeiro lugar, *deixar que surja* o material clínico. Entre outras coisas, o paciente irá repetir e colocar seus dramas em cena. Assim que algo tenha surgido, deve-se *tomá-lo em consideração* (Herrmann, 1991). Uma das maneiras de fazê-lo é assumir, transferencialmente, as características do meio de origem do adolescente, principalmente de seu meio familiar. O trabalho de *deixar que surja para tomar em consideração* será completado nas reuniões clínicas, ou de *síntese*, quando a equipe procura funcionar como a mente de um analista. As vivências de cada terapeuta são *tomadas em consideração* para, a partir do conjunto, tentar conferir um sentido ao que se observou no dia a dia. Como se vê, o método é o mesmo.

A grande diferença é que na instituição os vários eus do paciente podem escolher terapeutas *concretamente* diferentes para se apresentarem. Um paciente (cada um de seus eus) pode grudar em certo técnico, hostilizar um segundo e erotizar a relação com um terceiro. Cada um destes eus cria um campo transferencial específico, determinando nos vários terapeutas reações diferentes ao mesmo adolescente – seja em função de características pessoais, seja daquilo que aquele eu põe em cena.

No consultório isto também acontece – nem o paciente, nem o analista, são os mesmos, dia após dia. Nem sempre isto fica tão claro como na instituição. E pode acontecer de algum aspecto do paciente sequer se manifestar, por não encontrar no analista a ressonância necessária.

Retomando o caso de Taís, o enquadre tradicional mostrou seus limites para o bom funcionamento do método. As poesias expressavam a impossibilidade do luto pelo objeto primário. Trancada na melancolia, aderia a uma única representação de si mesma – a *delinqüente*. Ela se movimentava nos estreitos limites entre odiar e ser odiada. Se estivesse em tratamento num hospital-dia, ela certamente encontraria na equipe algum terapeuta, ou mesmo outro paciente, com quem estabelecer uma relação de outra natureza. Em outros termos, a diversidade de terapeutas, com suas características pessoais variadas, poderia mobilizar e colocar em cena outros eus de Taís. Por que não lhe oferecer esta possibilidade no consultório? Por fim, é ela mesma que me dá a dica quando começa a trazer sua cachorrinha Loli às sessões.

CAMPO TRANSFERENCIAL: HUMANIDADE CANINA

O caminho para a recuperação do humano em Taís passou por um longo período canino. Sua paixão por cães continuava presente. O tema da adoção, provavelmente relacionado à melancolia, podia ser trabalhado a partir de sua relação com Loli. A idéia de introduzir os cães no enquadre surgia, assim, *de dentro* do processo. Coloco o enquadre a serviço do método.

A primeira a entrar em cena foi sua *filha*; pouco depois, os meus cachorros. Loli, na verdade Lolita, era a única *pessoa* com quem Taís realmente se importava. É assim que entra em cena o *eu-amoroso* da paciente. Loli e eu nos cheiramos até ficarmos amigas. Enquanto Taís e eu jogávamos cartas, Loli brincava pelo consultório ou ficava a nossos pés.

"Ela não é uma fofa, um amorzinho? Viu como ela gosta de você? Quer trazer um osso para ela, na próxima sessão?" O tom carinhoso de Taís se destinava a mim através de Loli. Nesta nova fase, em lugar de xingar-me ostensivamente, me acarinhava disfarçadamente. Também meus carinhos eram oferecidos ao cão, mas era Taís quem os recebia. Havíamos encontrado a distância ideal para uma relação afetuosa. A troca, indireta, já não ameaçava. A adoção bilateral começava a acontecer. Eu já não tinha a sensação de representar um papel, ou de dizer coisas de plástico.

Um dia Taís pega Loli no colo, *meu amorzinho*, e depois a joga no chão, *sua vagabunda!* A ambivalência entra em cena. Pouco tempo depois pergunta se pode conhecer meus cachorros, que ficam num quintal ao lado do consultório. Na verdade eles já se conheciam. Sandy – uma labradora enorme, cor de mel – e Billy – um *beagle* safado, por vezes bravo – latem sempre que ela chega, e só quando ela chega. Por que latiam para receber alguém que nunca tinham visto?

A importância de Loli na criação de novos canais para a circulação dos afetos levou-me a atender à solicitação de Taís: trago meus cachorros para o consultório. Decido assumir os riscos. Num primeiro momento, entra apenas Sandy, que é mais dócil. As duas se jogam, uma nos braços da outra, com tal sofreguidão que me surpreendo. Parecia que as duas se conheciam há muito tempo. Taís reencontrava a destinatária daqueles poemas que falavam do grande amor perdido. "Você é linda, maravilhosa!", diz Taís beijando Sandy, que também a lambia inteira. Comento que parecia que as duas se conheciam desde sempre. Se antes a troca amorosa entre nós era mediada por Loli, agora o campo transferencial esquenta porque, afinal, é *minha* cachorra que ela *ama de paixão*.

Taís passa a trazer presentinhos para Sandy. Docinhos, ossos, biscoitos. Ela está, ostensivamente, tentando roubar, seduzir, – ou seria *adotar*? – minha cachorra. E consegue! Minhas intervenções, como sempre, eram mínimas, respeitando os limites impostos por Taís. Eu dizia a Sandy: "Diz oi para a mamãe, mamãe chegou, o que ela lhe trouxe hoje?" E para a Taís: "Sua filhinha está com saudades!" Taís quer me mostrar o tempo todo como Sandy gosta mais dela do que de mim. A relação de adoção é mais forte do que a biológica?

Na realidade, as identificações possíveis eram muitas. Os papéis de mãe/filha/biológica/adotiva, se alternavam entre Sandy, Loli, Taís e Marion. Também Loli veio conhecer os meus cachorros – irmãos de criação. Com a entrada de Billy, o consultório ficou pequeno. Saímos, Taís, eu, Billy e Sandy, para passear na praça. Ali ficávamos a sessão inteira. Eu, a mãe biológica, ela, a mãe adotiva, e as crianças que, honestamente, gostavam mais dela que de mim. Conversávamos sobre amenidades, sobre nossos cachorros, e eu via Taís rir, quase descontraída! – coisa que jamais fizera no consultório. "Você viu, a Sandy gosta de nós duas!", eu brincava com ela. Assim passaram-se muitos meses. Das três sessões semanais, uma ou duas eram na praça. As outras, jogando cartas em silêncio. Taís se encarregava de esfriar o clima afetivo, re-estabelecendo a justa distância entre nós.

Um fato curioso dá o que pensar sobre os mistérios da compulsão à repetição, e à transmissão transgeracional da vida psíquica – quer dizer, das fantasias inconscientes dos pais. Taís viaja e, na volta, encontra Loli grávida. Era uma típica gravidez de adolescente, resultado da transa da jovem cadela em seu primeiro cio com o cachorro vizinho. "É uma vagabundinha, esta minha Loli!" O diminutivo, bem como o tom amoroso, sinalizavam as pazes com a *vagabunda* – expressão que usava para se referir, com desprezo e raiva, à mãe biológica. Ainda me lembro da sessão em que Taís alternava juras de amor e pontapés à pobre Loli.

A repetição freqüente do termo *vagabunda/vagabundinha*, e a gravidez precoce da cadelinha, me fizeram imaginar um *mito de origem* para Taís. Curiosamente, seus pais (eu já lhes havia perguntado) não tinham nenhum. Suas características físicas – alta, pele clara, olhos esverdeados, traços finos – me fizeram imaginar uma jovem de classe alta – uma sensual Lolita?, uma *vagabunda?* – grávida aos 14 ou 15 anos. Em minha fantasia a garota é obrigada, pela família, a livrar-se do bebê para evitar um escândalo. Taís tem seu próprio mito de origem – roubaram-na de sua mãe biológica, também contra sua vontade.

Pois bem, Loli dá à luz (Taís faz o parto) e logo depois Taís não quer mais ver Sandy. No início eu fico chocada com o que me parece ser uma rejeição maciça. Onde foi parar todo aquele amor? Mas sua explicação me surpreende ainda mais: "Se eu passar o cheiro da Sandy para os filhotes da Loli, ela não vai mais reconhecê-los, não vai mais querer cuidar deles e dar de mamar." Assim, ela não hesita em abandonar Sandy para que Loli não abandone seus filhos. Taís se empenhava em garantir as condições necessárias para que Loli fosse uma boa mãe.

Retrospectivamente, o campo transferencial propiciado por este enquadre ganha sentido.

De um lado, minha função era semelhante à presença silenciosa de um cão junto à mesa de trabalho do dono. Eu, sua analista, era um cão, um fantástico cão-falante. Criava-se um ambiente terapêutico semelhante ao de um hospital-dia, no qual as relações acontecem em todas as direções. Os vários eus de Taís se relacionavam com os c(ã)o-terapeutas, de acordo com suas características *pessoais*. Uma delas era o amor incondicional. Em suma, eu era um cão e os cães eram os terapeutas.

Porém o inverso também era verdadeiro. Afinal, eu nunca deixei de ser sua analista e, na minha escuta, era comigo que Taís se relacionava através dos cães. Eles eram apenas os mediadores necessários entre mim e ela, eram meus embaixadores. O resultado disto é que certa gama de afetos, antes represada, agora fluía entre nós.

Passamos por vários períodos nesta análise. O campo da representação dos papéis, que plastificava as palavras; o da humanidade canina, que prescindia de palavras. Em ambos havia uma mesma regra – encontrar e respeitar a justa distância entre nós. Se ficasse muito quente, Taís entrava em pânico; muito frio, ela era um cãozinho vira-latas abandonado à melancolia. Neste sentido, as alterações introduzidas no enquadre facilitaram o trabalho.

Fui aprendendo que, para tocar Taís sem assustá-la demais, eu não poderia ultrapassar certo limite de palavras por sessão. Desrespeitar esta regra era colocar-me fora do *campo da justa distância*. Este é o campo transferencial de minha presença canina, atenta, orelhas de pé, faro sensível. Como um cão de guarda, ou de companhia, eu podia quebrar o silêncio para apontar uma ou outra coisa. Soa estranho, mas penso ter conduzido a parte mais significativa desta análise na pele/mente de um cão. Agora posso re-interpretar aquela demanda inicial de análise que me parecia tão pouco promissora: *faço análise, desde que ganhe um cachorro –* uma analista-cachorro.

RE-INVESTINDO A PALAVRA

Como sói acontecer, quando percebi, Taís já não requisitava os cachorros na sala de análise. Sandy, Billy e Loli deixaram de fazer parte do enquadre. As coisas mudavam. Ela agora queria entrar na internet, através do meu computador. Entrava nas salas de *chat* e conversava com os rapazes. Era um território novo, para quem sempre preferira animais a gente. Não obstante, a regra da justa distância continuava presente nas conversas virtuais. Preservada pelo anonimato, Taís anotava e-mails e telefones dos rapazes para dar continuidade ao *relacionamento*.

O papo era estereotipado, o que lhe convinha, dada sua falta de intimidade com as palavras. Entrava nas salas com o *nick* de Bonita e Gordinha e perguntava: "Alguém aí não tem preconceito contra gordinhas?" *Gordinha* era a nova maneira de trazer o *vira-latas* do início da análise, ambos alvo de rejeição e preconceito. Eu escutava: *Alguém, além dos cães, pode se interessar por mim?*

A conversa na sala de *chat* segue um roteiro. Cedo ou tarde vem a pergunta: "Como você é?" Ela se descrevia de maneira vulgar: "Tenho pele dourada, peito, bunda...gostou?" Certa vez um rapaz quer saber mais: "Como é sua personalidade?" Taís balbucia o que ouvia em casa, "sou doce, mas agressiva...", não tinha idéia de como continuar. Frente à insistência do garoto, por quem ela se interessava, Taís me pede para descrever-lhe como ela é. Não verbalmente, é claro, mas por escrito (ainda a justa distância!) para enviar um e-mail ao rapaz. Assim, sou diretamente convocada a falar com ela, sobre ela. O cão, apesar de ser o melhor amigo do homem, nada pode dizer sobre a personalidade de sua dona...

Nas sessões seguintes, em lugar de entrar na sala de *chat*, Taís pesquisa *sites* de astrologia. Ela quer saber o que os astros têm a dizer sobre ela, imprime tudo o que encontra sobre seu signo. Recusa ou pedido de análise? Entra em *sites* esotéricos que ensinam a usar perfumes e velas coloridas para levantar o astral. Nem acredito no que vejo: ela, que era *dark*, *gótica*, da tribo que *cultuava a morte*, agora procura algo para levantar seu astral! A melancolia vai se dissipando. É com interesse que ela anota que perfumes produzem quais benefícios. Fico sabendo que bruxas não são más criaturas, é o povo que as vê assim. *Elas ajudam a conseguir um amor, nem que seja roubando o namorado de outra, por isto têm fama de más.* Taís imprime dos *sites* receitas de poções do amor e de banhos aromáticos.

Embora para nós, adultos, os *sites* possam ser vistos como uma fuga do mundo – afinal, são um universo virtual – aprendi que, para os adolescentes, os *sites* podem ser objetos, como quaisquer outros, de intenso investimento libidinal. Pelo menos, era assim que eu via Taís, saindo do atoleiro em que se encontrava.

Taís nunca me contou nada sobre seu dia a dia. Nosso trabalho se processava em outra dimensão, e ia discretamente produzindo seus frutos. Um dia, na praça, quando ainda passeávamos com os cachorros, ela anuncia que entrou em duas faculdades. Eu sequer sabia que havia prestado vestibular. Em outra ocasião conta que fez dezoito anos, ia tirar CIC, carta de motorista e ganhar um carro. Emagrecera. Tinha alguns amigos. Meses depois revela que vai passar alguns meses fora, num intercâmbio para aperfeiçoar seu inglês. Entramos no *site* da cidadezinha em que ficaria. Vimos fotos do lugar, as danceterias, o mapa da cidade. Viajávamos juntas.

Taís se vai, em seu primeiro movimento de autonomia. Antes, porém, ela me pergunta: "Você não vai me dar nenhum presente, nenhuma lembrança?" Eu lhe dou um marcador de livros que ficava perto de meu computador e com o qual ela brincava enquanto navegava na internet.

Nova história?

Uns cinco meses depois Taís retorna. A viagem foi muito boa e importante. Agora estuda hotelaria. Iniciou um estágio. Capricha no visual para trabalhar. Senta-se na cadeira ao lado do divã. A timidez e a falta de jeito para conversar são notórias, mas ela faz um esforço. Chega perto do final de seu horário, para garantir a justa distância. E assim se mantém por várias semanas.

Um dia ela aparece com uma nova proposta: quer comprar dois hamsters em sociedade comigo. Cada uma de nós pagaria a metade das despesas. Eu recordo, junto com ela, que na entrevista inicial seus pais haviam relatado que Taís tinha dois hamsters. Por várias vezes ela permitira que eles escapassem do quarto e passeassem pelo apartamento. Estas escapulidas *sem querer/querendo* contrariavam o combinado com a mãe, que tem pavor de ratos. Esta obriga Taís a se desfazer dos bichinhos. Ela obedece sem reagir. Nunca mais teve notícias. "Talvez minha mãe os aceite desta vez, se eles pertencerem a nós duas."

Não é difícil atribuir um sentido à proposta. Ela deseja reconstruir uma história, a sua história. O destino dos *filhos* teria sido diferente, caso tivessem pai e mãe? Ou uma avó que aceitasse criar a neta? Conversamos também sobre o que aconteceria caso sua mãe não aceitasse os hamsters novamente. "Você cuida deles para mim, eles serão seus também!"

Para encurtar a história, as hamsters (eram duas fêmeas) passaram a morar comigo. Batizou-as de Taís I e Taís II. Uma era brava, mordia ("não morde a mamãe, sua putinha!") a outra era dócil, carinhosa. Os animaizinhos estavam sempre no consultório quando ela chegava. Taís brincava com elas, trazia comida, brinquedos e serragem limpa para a gaiola.

Com o tempo este tema foi se esvaziando, perdendo sua vitalidade, tendendo à plastificação. Taís propõe o fim de nosso trabalho. Percebo que o nó principal de sua história emocional fora desatado. O resto teria que ficar para outra análise. Ficou combinado que Taís pode vir visitar seus hamsters quando desejar.

Epílogo

Ela não retornou. Entretanto, seis meses após o término da análise, ao voltar de uma viagem, encontro um presente que ela fizera especialmente para mim: uma pequena tela pintada em vermelho com vários rostinhos sorridentes e uma carta. Nesta, ela dizia que recentemente se tinha dado conta de que me maltratara durante nosso trabalho. Explica que me via como inimiga, mas agora entende que eu era sua amiga. Agradecia por tê-la ajudado, acrescentando, bem ao seu estilo, que não esperava nem queria que eu respondesse à carta. Desejava apenas que eu soubesse tudo isto. Fiquei satisfeita em ter notícias dela, mas também decepcionada, pois não havia qualquer menção aos hamsters – que continuam comigo. Tive que aceitar o fato de que ela não pretendia reabrir a questão da doação dos bichinhos que me havia feito. Para ela, era um fato consumado.

PÓS-ESCRITO

Vamos partir do pressuposto de o leitor reconhecer aqui um trabalho psicanalítico. Se assim for, ele problematiza a noção de transferência enquanto *relação intersubjetiva*.

Em nossa Sociedade[4], reconheço pelo menos duas maneiras de se concebê-la. Como relação entre a pessoa do paciente e a pessoa do analista. E como relação entre os objetos internos do paciente, projetados sobre/para dentro do analista.

Vejamos, primeiramente, a transferência como relação entre duas pessoas. De cara, soa estranho afirmar que a transferência possa ser a relação entre Taís e o cão. Por outro lado, não é exato supor que a repetição do passado no presente corresponde, ponto por ponto, à relação entre paciente e analista, mesmo que mediada pelo cão. As coisas que acontecem numa análise vão além disto, como se discutiu em reunião científica. Dois exemplos desta ultrapassagem. Em certo momento da análise, digo à paciente que não acredito que ela trocaria seu futuro cachorrinho por um gato bonito. Sua resposta sugere que minha fala teve efeito interpretativo – em outras palavras, foi uma interpretação transferencial. Em outro momento percebo que *algo transforma as palavras, minhas e de Taís, em plástico*. Nestes dois casos, é evidente que a transferência é algo diferente da relação concreta entre nós, até porque nos ultrapassa. É mais apropriado dizer que este *algo* – o campo transferencial – organiza as relações entre analista e paciente de modo a excluir a possibilidade de uma troca verbal *de verdade*.

---

[4] Sociedade Brasileira de Psicanálise de São Paulo.

O campo transferencial é aquilo que determina de que maneira a relação entre analista e paciente vai se estabelecer, durante cada período da análise. Dito de outro modo é aquilo que faz com que as relações entre Taís, os cães e mim, tenham de ser deste jeito, e não possam ser de outro.

Assim, a transferência não é propriamente a relação emocional (que seria algo observável, e, portanto, consciente), mas sua condição de possibilidade, sua ordem de determinação. Esta *não é acessível à observação (é inefável!) por ser inconsciente*, tanto para o analista quanto para o paciente.

Da mesma forma que transferência não é sinônimo de relação emocional, também não se reduz *àquilo que Taís faz comigo, como ela me vê, quem ela quer que eu seja*. Em outras palavras, transferência não pode ser sinônimo de identificação projetiva, exitosa ou não. Vimos que fui obrigada a desistir das palavras e a conduzir esta análise na pele de um cão. Não penso que tenha sido uma atuação, resultante de identificação projetiva exitosa. Os resultados mostram que a análise progrediu, o que não aconteceria em caso de atuação. Haveria algum objeto interno, em mim projetado, capaz de explicar as condições peculiares desta análise? Dizer que precisei me identificar com um *objeto bom* é verdade, mas é pouco, porque não dá conta da especificidade do que aconteceu aqui. Afirmar que me identifiquei com um *objeto canino* é óbvio, mas o que é um objeto canino? Enfim, penso que esta análise problematiza a idéia de que transferência seja sempre identificação projetiva.

Finalizando, o campo transferencial toma em consideração as concepções anteriores, porém se situa num lugar um pouco diferente em relação a ambas. Considera, certamente, a relação emocional da dupla, mas transferência seria, antes, sua ordem de determinação. Considera a identificação projetiva, porém como um mecanismo de defesa entre outros, capaz de conferir certas características ao campo transferencial. Enfim, se este é um trabalho psicanalítico, ele nos encoraja a explorar outras técnicas para o manejo de pacientes difíceis, adolescentes ou não. É claro que há o risco do vale-tudo. Podemos optar: dominar o método e tentar chegar lá onde está o paciente. Ou?

REFERÊNCIAS BIBLIOGRÁFICAS

CAHN, R. *Adolescence et folie*. PUF: Paris, 1985.

HERRMANN, F. *Clínica Psicanalítica: a arte da interpretação*. São Paulo: Brasiliense, 1991.

PENOT, B. *Trabalhar psicanaliticamente em instituição*. São Paulo: Instituto Therapon Adolescência, 1999. (Apresentado no I Encontro Clínico Institucional)

Capítulo 3
DA PASSIVIDADE RECEPTIVA À RECEPTIVIDADE ATIVA: CAMINHOS PARA A SUPERVISÃO E A CLÍNICA PSICANALÍTICA

Cristianne Spirandeli Marques[1]
Joana D'Arc dos Santos[2]

I. INTRODUÇÃO

O presente texto pretende colocar em questão a idéia de função analítica adjetiva na Psicanálise, ou seja, aquela que atribui uma qualidade específica ou peculiar à operação psicanalítica.

---

[1] Psicóloga Clínica no SEAPS/ DIASE da Universidade Federal de Uberlândia. Especialista em Clínica Psicanalítica pela UFU. Diretora do Centro de Atendimento do Centro de Estudos e Eventos Psicanalíticos de Uberlândia (CEEPU) – gestão 2001/2002. Psicoterapeuta em Uberlândia.

[2] Psicóloga Clínica do Hospital de Clínicas da Universidade Federal Uberlândia. Especialista em Clínica Psicanalítica pela UFU. Psicoterapeuta em Uberlândia.

Tal idéia advém das contribuições de Herrmann, no que diz respeito à atividade de deixar surgir e tomar em consideração as formas de ser do desejo humano, ou seja, suas produções psíquicas.

É um estudo inicial que tenta redescobrir as possibilidades da Psicanálise no atendimento de alunos graduandos da Universidade Federal de Uberlândia, e na supervisão de estagiários do curso de psicologia, no Setor de apoio e Orientação Psicopedagógica da Divisão de Assistência ao Estudante (SEAPS/DIASE).

Freud (1919) em seu texto *O Estranho*, coloca que o analista trabalha com camadas que não são do domínio da mente consciente, antes trata da consideração de afetos que são trazidos à luz na indistinção entre a imaginação e a realidade.

Tentaremos abordar o estranhamento, essas impressões que dizem respeito a nossa forma de pensar, e por assim dizer, de desejar. Para tal, discutiremos como se faz conhecida a psique humana e como se dá sua subjetivação, a partir da ilustração de algumas passagens da vida de relação de Meursault, protagonista do livro *O Estrangeiro*, de Albert Camus (1999).

Teceremos considerações sobre a passividade receptiva e a receptividade ativa, tanto a partir de um caso clínico do SEAPS, quanto na experiência de transmissão da Psicanálise pela supervisão a partir do mito de Proteu, pela ótica da personagem Idotéia.

Ao final, procuraremos destacar as possibilidades de aplicação do método psicanalítico nesta instituição.

II. Deparando com o absurdo no estrangeiro de Albert Camus

Freud nos apresenta a forma como se faz conhecida a psique humana a partir de seus estudos sobre os sonhos.

Numa postura investigativa questiona ele: "Por que a vida mental não consegue dormir?"

Segundo Freud (1916), provavelmente porque existe algo que não quer conceder paz à mente. Os estímulos incidem sobre a mente e ela deve reagir a eles. Um sonho, pois, é a maneira como a mente reage aos estímulos que a atingem no estado de sono. E nisso, segundo ele, vemos uma via de acesso à compreensão dos sonhos. Poderíamos pensar que os sonhos seriam efeitos.

Nossa pergunta é: o que desvelam os efeitos?

Na introdução consideramos o fato de que na clínica o analista trabalha com os afetos trazidos à luz pela indistinção entre a realidade e a imaginação.

Neste sentido, o analista trata da lógica com formas indistintas, que descrevem a relação do sujeito com o mundo.

O estudo das regras, da lógica que rege os sentimentos, as atitudes e os pensamentos é resgatado por Herrmann da obra de Freud, em vários textos, dentre eles citamos: *Nossa casa e seu morador* (Herrmann, 2001, cap. 3) e *Desejo e Objeto do Desejo* (Herrmann, 2001, cap. 11). Trata da aparência absurda que podem assumir as relações do sujeito humano nas manifestações de seu desejo.

Na tentativa de ilustrar como se dá a conhecer a psique humana em seu absurdo (sua malha de regras) e sua subjetivação, trilhamos o caminho com a ajuda da história de Albert Camus, na obra *O Estrangeiro*.

Muitos podem conhecê-la, mas para encaminhá-los nestas idéias daremos um breve resumo da história enfocando nosso objeto de pesquisa.

Meursault era um homem de trinta e poucos anos, que morava em Argel de onde pouco se ausentava.

A propósito, isto lhe foi necessário, quando do falecimento de sua mãe que residia num asilo para velhos em Marengo, a oitenta km da cidade em que ele morava.

Ele era um sujeito de hábitos comuns. Almoçava sempre no restaurante do amigo Céleste. Costumeiramente achava difícil acordar nas segundas-feiras para ir trabalhar, mesmo achando os domingos chatos. Não gostava deles. Havia se habituado a recortar anúncios de revistas e jornais, que guardava por tratarem segundo ele, de coisas curiosas. Mostrava constantemente em suas expressões que tudo lhe parecia o mesmo e muitas vezes sem importância ou não tendo muito sentido. E assim Meursault percebia os vizinhos, os amigos, os conhecidos e os desconhecidos também.

Certo dia, nosso personagem saiu de casa para visitar um casal, num passeio de domingo a beira mar, acompanhado de um amigo e da namorada.

Na praia Raymond, amigo de Meursault é perseguido por dois estrangeiros, num 'acerto de contas'.

Meursault participa da briga entre eles, com o objetivo de atender ao pedido do amigo, de ajudá-lo nesta emboscada.

Os estrangeiros recuam após a briga. Meursault e Raymond retornam para casa de praia, mas nosso personagem começa a sentir a cabeça latejando e um desânimo para subir as escadas e enfrentar as mulheres que lá haviam ficado. Meursault volta para praia e anda muito, apesar de querer fugir do sol com o qual duelava. Reencontra o árabe que perseguira Raymond. Surpreso, pensa que era um caso encerrado e percebe que viera para lá sem pensar nisso. O sol era o mesmo do dia em que enterrara mamãe, pensa ele. "Doía-me sobretudo a testa e todas as suas veias batiam juntas debaixo da pele." Por causa deste queimar, que já não conseguia suportar, Meursault faz um movimento para frente. O árabe tira a faca, tudo vacila, o mar trás um sopro espesso e ardente. A Meursault pareceu que o céu se abria em toda sua extensão deixando chover fogo. Todo seu ser se retesou e ele crispou a mão sobre o revólver. Meursault mata o estrangeiro árabe na praia, com sol a pino. Diante do ato diz:

"... foi aí, no barulho ao mesmo tempo seco e ensurdecedor, que tudo começou."

A pergunta que serve de eixo neste momento é: O que começou ali?

De acordo com Herrmann (1991) o desejo humano não se mostra. Se dá a conhecer pelo caráter, essa forma geral de relação sujeito-mundo.

Cumprindo nosso propósito sobre a constituição da mente humana nos vemos diante do desejo, esse fator fundamental para Psicanálise, que se dá a conhecer em suas formas de produção.

A forma geral de relação de Meursault com o mundo a sua volta, deixa ver a banalização dos vários sentidos de sua vida. A história do personagem escrita por Camus desvela o jeito banalizante de se relacionar, que nos possibilita pensar inclusive o homem do nosso século. Já se ouviu de alguém em certo momento, semelhante comentário, como o de Meursault, sobre as segundas-feiras? Como é mesmo? O dia mundial da preguiça? Ou sobre os domingos? O almejado dia da semana que passa a ser lembrado pela volta ao trabalho no dia seguinte e revela o caráter desprazeroso do que deveria dar prazer. Já se ouviu também alguma história de conhecidos que ao viajarem para o estrangeiro mencionem que terão sempre um MacDonald's para salvar suas refeições, pois Mac Donald's é sempre o mesmo em qualquer lugar do mundo?

Mas prossigamos com nosso personagem.

A partir deste fato, as formas de relação de Meursault ficam evidenciadas.

Isto é facilmente observado na relação de Meursault com seu advogado. Este último foi nomeado como defensor público pelo delegado, visto que Meursault achava seu caso muito simples e a princípio questionou a necessidade de ter um advogado.

Um jovem aceitou o caso. No primeiro encontro com Meursault, disse ter estudado o processo e que tratava de um caso delicado. Meursault teria que confiar nele para o êxito do trabalho. Meursault lhe agradece o interesse.

O advogado inicia uma investigação perguntando a Meursault se haveria alguma relação entre a morte de sua mãe, a pouco tempo e o assassinato na praia, que ele cometera. Meursault diz, prontamente, não haver relação alguma. Inicia-se uma conversa mais íntima onde o advogado questiona, se no dia da morte de sua mãe, ele, Meursault, sofrera. Espantado com a questão, ele pensa que ficaria demasiadamente constrangido se tivesse de fazê-la a alguém. Entretanto, responde que perdera um pouco o hábito de interrogar a si mesmo e que era difícil dar-lhe uma informação. Pensa, que é claro que amava sua mãe, mas isso não queria dizer nada. Todos os seres normais, tinham em certas ocasiões, desejado, mais ou menos, a morte de pessoas que amavam. Todos os seres no fundo são iguais e que só desejava ser tratado naturalmente, considerado como de hábito, como todo mundo, exatamente como todo mundo.

A expressão de Meursault sobre o começo de tudo parece nos indicar que algo se rompeu, como com o autor , dividindo neste ponto a obra em duas partes, um momento anterior e um posterior ao assassinato.

Acompanhando Meursault o vemos se agarrar às suas formas costumeiras: o que se passa tem sempre, ou deveria ter, uma maneira natural de se resolver.

Num exercício hipotético, apreendemos que essa qualidade habitual, de Meursault foi experimentada em sua forma máxima, no momento que assassinou o estrangeiro. Sua forma banalizante é anunciada como seus artigos de jornais, como insaciavelmente conservadora, mas já não mais podendo se manter guardada do mundo a sua volta.

Na Teoria dos Campos, a zona de produção psíquica, que é responsável pela imposição das regras – da lógica banalizante, por exemplo – que organizam todas as relações é denominada de campo (Herrmann, 2001).

Estamos privilegiando neste trabalho mais do que uma análise do narcisismo de Meursault, as malhas de regras em que estão imersas as relações do personagem.

Herrmann (2001) chama esta análise de análise da zona intermediária que atenta para a superfície dos pensamentos e emoções para só então se aproximar do inconsciente teórico psicanalítico.

O objetivo desta análise é alimentar constantemente a produção de novos conhecimentos sobre os pacientes, ao invés de restringir a análise no caso do personagem a um funcionamento propriamente narcisista, ainda que seja o caso.

Como nos disse Meursault, no fundo no fundo somos todos iguais, e podemos pensar neste momento em relação a isto no narcisismo, complexo edípico, mecanismos de defesa, etc. Mas haveria saída para nosso personagem?

Na obra de Camus, a forma de Meursault segue levada às últimas conseqüências com a sua execução.

Para nós, considerar a subjetivação para o personagem seria dizer que a Meursault não foi possível descobrir como cuidar de sua condição desejante, que se apresentou insaciavelmente banalizante e conservadora. Meursault criava o que queria e o que não queria de uma só vez, quase que indistintamente.

Consideramos entretanto que para ele, o barulho ao mesmo tempo seco e ensurdecedor de sua forma de relação com o mundo, promoveu o início de tudo, assim como se viu espantado e constrangido diante da pergunta de seu advogado, sobre a existência de seu sentimento de dor pela perda de sua mãe.

Assim o estranhamento diante de alguns fatos da vida de Meursault e seus efeitos na relação com seu advogado nos serviram de guia neste momento para pensar a forma de relação do personagem: seca e ensurdecida e, um tanto quanto constrangida e espantada na aparência de suas emoções.

III. A CLÍNICA DOS EFEITOS E EXPRESSÕES

O caminho realizado na Psicanálise foi de descobrimento da clínica dos efeitos e das expressões. Neste sentido considerarmos a existência de um método psicanalítico, é imprescindível. Estamos falando do meio pelo qual temos acesso aos chamados efeitos.

Primeiramente, estamos chamando de efeitos, toda forma de produção psíquica na relação sujeito-mundo.

No tópico anterior nossa atenção se deteve nos efeitos que deixaram ver a lógica das emoções.

Nos deteremos agora nas atitudes que dão acesso a esta lógica. Qual haveria de ser a qualidade fundamental da atenção analítica propiciadora do acesso à lógica das emoções?

Recorrendo a Herrmann (2001) poder-se-ia dizer que tal atenção constitui-se enquanto uma *"disponibilidade receptiva algo passiva do analista: deixar surgir."* Quando surgem os brotos de sentidos na produção do paciente, alguém (no analista) precisa estar preparado para recebê-los, deve ter estado a seguir com rigor o evolver das fantasias na sessão, das emoções que se foram acumulando com o tempo, das linhas interpretativas que estavam a ser seguidas, dos campos rompidos. A este segundo estado, ao qual devota o analista a outra parte de sua atenção, caberia chamar de tomar em consideração, pois é a faculdade que considera o conjunto da análise ou de algum segmento, embora ainda de forma completamente aberta para o que possa surgir. Deixar surgir é a esperança bem fundada de que o sentido advirá do paciente, de suas palavras, das conotações emocionais que estas veiculam. Tomar em consideração é ter em mente o diagnóstico transferencial, o tipo de comunicação eficaz com este analisando e usar o que surge como ponto de partida para um movimento em direção ao campo. A atitude fundada no deixar surgir, para tomar em consideração pode ser ilustrada praticamente por quase qualquer fragmento de sessão.

Será um fragmento, ou melhor uma pequena história: a história contada por Carlos numa primeira entrevista, nosso guia para comentar nossa percepção dos desdobramentos das atitudes acima citadas: a passividade receptiva e a receptividade ativa como caminhos para os tais campos.

Quando vi Carlos pela primeira vez, ele me solicitava pessoalmente no SEAPS, atendimento psicológico. Expliquei-lhe o procedimento do setor e marquei o que chamamos de plantão-recepção, ou seja, uma primeira entrevista com caráter de triagem, pois os pacientes a partir deste encontro são encaminhados para alguma modalidade de serviço do setor: atendimento em grupo, individual, etc.

Carlos me pergunta se poderá ser acompanhado neste momento de sua vida. Olho para ele. Está com os olhos marejados. Digo que conversaremos sobre isto.

Ele chega mais cedo para o nosso encontro. Quando o convido a entrar ele o faz cabisbaixo. Me conta pausadamente histórias de sua vida com sua família e com o futebol.

Diz ser filho de uma mãe muito preocupada com ele. Considera que já a surpreendeu chegando em casa com uma tatuagem no peito, fato que a deixou decepcionada.

Conta então, o que soa como a revelação de um segredo: não tem registro de paternidade em sua certidão de nascimento. Trata de um assunto proibido em casa. Carlos só nos deixa saber que há um Sr. que é chamado de amigo de sua mãe, e que lhe recebe em sua casa, volta e meia para conversar. Estamos falando de seu pai.

Descreve suas dificuldades atuais. Está impedido de jogar futebol, sua paixão. Seu joelho precisa ser operado. Eles, sua mãe e ele, não tem dinheiro e seu pai diz que não está podendo pagar. Pode perder a vaga no campeonato em que foi convidado a jogar e pelo qual receberia um salário.

No tom pausado conta que é nervoso, e que tem dificuldades para dormir. Já bebeu bastante, hoje tenta beber menos. Quando bebe, dizem que se transforma e isto já assustou sua namorada que lhe disse: 'eu lhe desconheci.'

Carlos tinha um sonho, ser craque de futebol. Mas resolveu estudar porque sua mãe assim o desejou.

Conversando com um amigo, que trabalha com um grande número de alunos, Carlos pensa em realizar trabalho semelhante em sua especialidade. Na sua primeira tentativa não consegue negociar com o dono da quadra que segundo ele, lhe impôs uma condição restrita de pagamento pelas horas da mesma.

Quando eu fazia menção de dizer-lhe alguma coisa sobre o que ele falava, Carlos me ouvia e dizia que precisava me dizer que..., e continuava. Conta sua experiência com as drogas, dizendo que tem lutado contra o contato com o colega que lhe oferece a mesma. Sente que está chegando ao fundo do poço.

A esta altura da sessão penso em Carlos que está ficando sem saída (ou a própria terapêuta?) e digo que precisamos de fôlego para esta embrenhada. Marcamos o horário.

A atitude um tanto passiva-receptiva na sessão possibilita não apressar os vários sentidos da história de Carlos. Nos deixa entretanto neste primeiro momento perceber que a forma de relação de Carlos é deixar o outro sem saída...

O que se pretende nas entrevistas iniciais, segundo Herrmann (1991, cap. 4), não é muito diferente do que nos mostram as sessões analíticas comuns. O método psicanalítico, no geral, é empregado. Apenas adaptado ligeiramente a técnica, para cumprir um papel determinado, que é de fornecer o máximo de conhecimento num tempo bastante curto. Mesmo assim, diz ele que *não é preciso apressar-se, e que se deixe surgir o sentido dado pelo paciente. Porém, é necessário abandonar um tanto a passividade receptiva, por uma receptividade ativa.*

Durante a entrevista com Carlos, quando um pequeno espaço se abriu para mim, apontei sua preocupação em agradar alguém, que se desagradava dele. Que algumas relações que mereciam ser consideradas, se mantinham impedidas: com o pai, com o futebol...

Ao longo da vivência de psicoterapia, Carlos resolveu experimentar seu projeto de escolinha de futebol. Algumas vezes parece menos assustado com seus eus de: ser tatuado, ter desejado à droga, se embriagar de quando em vez e se conhecer profundamente grosseiro na relação com os amigos e a namorada.

Na receptividade ativa também podemos perceber a possibilidade de testar a consistência de nossas observações. De acordo com Herrmann a cada toque do ritmo da dupla dado pelo paciente, se pode ampliar a consideração da especificidade do foco que estava a nos guiar.

Estas atitudes põe em evidência a absoluta especificidade da vida do paciente, em seu sentido vivo. Valorizamos com isto o diagnóstico transferencial.

Esperamos com isto, colocar quase como um desdobramento do método esta adaptação técnica que ao fornecer o maior número possível de conhecimentos a respeito do paciente num tempo bastante curto, também possibilite pensar o seu uso no SEAPS/DIASE.

IV. A ATENÇÃO ANALÍTICA NA SUPERVISÃO

De acordo com o caminho realizado até aqui, pensamos que o objetivo da supervisão é propiciar ao supervisionando o acesso à lógica das emoções, inscritas nas interpretações e toques interpretativos feitos ao seu paciente.

Herrmann (1991, cap. 6) nos indica que a arte da interpretação é *mais um dedilhar da alma alheia do que formulação pseudocien-*

tífica sobre o discurso do paciente. Isto exige muito do analista. Exige doação de partes consideráveis de seu equipamento emocional, utilizando-o como instrumento de pesquisa de sentimentos. E mais: o analista se oferece não só como instrumento, mas como lugar. Lugar onde fazem sentido as fantasias do analisando.

Sabemos que o analista procura na supervisão interpretações sábias e um modelo a se imitar, cabendo ao supervisor reverter essa intenção. O supervisionando há de ser escutado até que escute a si próprio.

Mas qual haveria de ser a qualidade da atenção do analista na supervisão?

Faz-se importante lembrar que o trabalho de supervisão é o lugar onde permanentemente e exaustivamente se busca significações, através da lógica de produção psíquica, desfazendo sentidos fixos e produzindo rupturas de campo. Sendo também o lugar da escuta de uma escuta. A fábula[3] utilizada por Herrmann (1991) no capítulo 6 'A arte da Interpretação', vem em nosso auxílio com o personagem de Idotéia, nos fazendo refletir a forma de atenção analítica na supervisão.

Idotéia é filha de Proteu. Ela se comove com a situação de Menelau que deseja retornar para casa após um naufráugio. Idotéia indica-lhe Proteu e informa a Menelau que ele haveria de saber como interrogá-lo apropriadamente, pois a arte de interrogar Proteu era difícil e arriscada. Proteu costumava se transformar em seres disparatados ao ser interrogado. Idotéia a pedido de Menelau inventa uma emboscada a fim de ajudá-lo a descobrir o caminho de volta.

Idotéia passivamente-receptiva se percebe comovida com o drama de Menelau de ter que se agarrar às formas de Proteu para conseguir saber o caminho de casa. Sua orientação é ativa, pois indica o caminho a ser seguido por Menelau. Ao inventar e tramar a emboscada, Idotéia oferece-lhe peles de focas para Menelau se disfarçar, bem como, cava camas na areia para ajudá-lo a tolerar a espera, e providencia ambrósia para eliminar o fedor dos animais. Assim, Idotéia introduz o herói mítico no exercício da paciência.

Menelau também caminha da passividade-receptiva à uma receptividade ativa. Será ele que irá executar a emboscada, agarrando Proteu. Enfatizamos no entanto, que a Menelau cabe

---

[3] Quarta rapsódia da Odisséia de Homero (1994).

aprender sobre sua atitude de espera "... esperamos toda manhã pacientemente." (Homero, 1994, ed. Cultrix, p. 51)

Na atividade de supervisão, vamos enquanto supervisores, passando-oscilando de Menelau – em meio ao oceano revolto à situação de Idotéia. Dispostos a ajudar, mas não podendo fazê-lo diretamente, já que é no campo transferencial da sessão que a trama é diretamente vivida.

Náufragos ou meio mergulhados nas formas de seus pacientes estão nossos supervisionandos, tendo que descobrir, o que na supervisão se redescobre sempre: as singulares formas e expressões do paciente, esse homem psicanalítico, no caminho para casa – para a lógica que organiza a vida de relação desse sujeito.

Ao sugerir a Menelau que procure Proteu, que fique junto dele, Idotéia lhe ofereceu para tal as peles-teorias, cavando a cama-espera na areia e providenciando a ambrósia-investigação para "eliminar" o fedor-resistência dos animais. Idotéia assume uma postura receptiva-ativa junto a Menelau em busca de um maior número de conhecimentos a respeito de Proteu, sempre a ser redescoberto em suas formas. Sabe Idotéia (supervisores), que será Menelau (terapeutas) quem irá executar a operação de agarrar-se a Proteu (pacientes)para descobri-lo em suas expressões.

O valor da supervisão como lugar de conhecimento teórico transmitido, elaborado e transformado pode ser assim vivenciado como espaço de aprendizagem ao supervisor e ao supervisionando, simultaneamente. Percebemos isto por estarmos diante de novas teorias a cada produção psíquica tanto no que se refere ao material da sessão de análise, quanto do material trazido da sessão para supervisão.

V. CONSIDERAÇÕES FINAIS

Na apresentação de desdobramentos do método psicanalítico foi possível entrever a importância de como é concebida a psique humana na psicanálise até onde já se sabe, pois sempre há por se descobrir. Aqui consideramos a zona de produção psíquica que organiza as relações humanas. Tentamos considerar as formas de acesso a essa zona de produção psíquica ou melhor dizendo aos campos, com é chamada na Teoria dos Campos, a partir de atitudes como a passividade receptiva e a receptividade ativa. Para nós primeiramente, a atitude um tanto passiva receptiva de deixar surgir os sentidos que advém do paciente e da relação supervisionando-paciente, para daí tomá-los em consideração, significa recebê-los ativamente, em pequenos toques, na operação do método psicanalítico.

Num segundo momento, consideramos a questão do diagnóstico transferencial com a atitude receptivamente ativa que fornece o maior número de conhecimentos a respeito dos pacientes, como da relação supervisionando-pacientes, num tempo curto.

O entrelaçamento destas considerações nos possibilitou pensar a aplicação do método psicanalítico no SEAPS/DIASE.

Apesar do desafio de explorarmos como trabalhar com a Psicanálise no setor de atendimento estudantil da UFU, considerando o tempo que se dispõe para isto, tamanha a demanda que nos chega de pacientes como também a preocupação com a seriedade do ensino-transmissão da Psicanálise, não trouxemos todavia respostas, mas o desejo contínuo de ousar exercer esse ofício, da maneira que nos parece mais genuína possível: rigor à postura metodológica.

REFERÊNCIAS BIBLIOGRÁFICAS

CAMUS, A. (1957). *O Estrangeiro*. Rio de Janeiro: Record, 1999.

FREUD, S. (1916). *Conferências Introdutórias Sobre Psicanálise*. *ESB*. Rio de Janeiro: Imago, 15, 1969

_____. (1919). O Estranho. *ESB*. Rio de Janeiro: Imago, 17, 1969

HERRMANN, F. *Clínica Psicanalítica: a arte da interpretação*. São Paulo: Brasiliense, 1991.

_____. *Introdução à Teoria dos Campos*. São Paulo: Casa do Psicólogo, 2001.

HOMERO. *Odisséia*. São Paulo: Cultrix, 1994.

PARTE V
FUNÇÃO TERAPÊUTICA

APRESENTAÇÃO

Leda Herrmann

Esta parte do livro está dedicada a trabalhos do *II Encontro* que se centraram na apresentação ou discussão de atividades psicanalíticas para lá do divã e do consultório – componentes tradicionais da moldura psicanalítica –, tomando como referência a *função terapêutica* do método psicanalítico. Os trabalhos falam por si, o conceito merece explicação.

Função terapêutica como conceito psicanalítico é conseqüência direta do trabalho de desvelamento do método da Psicanálise desenvolvido pela Teoria dos Campos. Trabalhando freudianamente a clínica e a vida quotidiana, tendo como norte o método interpretativo de ruptura de campo, a Teoria dos Campos vai podendo desvelar sentidos que constituem particulares situações humanas individuais (na clínica) e sociais (grupos, segmentos, instituições). Esse fazer clínico, metodologicamente orientado, conduz a construções teóricas que, fruto do trabalho de investigação de Fabio Herrmann e colaboradores, vão formando peculiares corpos de conhecimentos. Têm a característica de serem transitórios, porque, partindo do procedimento metodológico de permitir emersão de sentidos aprisionados em peculiares campos, vão ser conhecimentos próprios àquela situação específica. Em novas investigações sempre serão postos em risco, nunca poderão ser aplicados.

A Teoria dos Campos reincorpora para a psicanálise a idéia psicanalítica freudiana de descoberta de sentidos possíveis e constrói formas outras de atuação clínica. Seja na psicanálise, seja nas terapias interpretativas, seja ainda em intervenções visando treinamento, ensino e desenvolvimento emocional de equipes de atendimento, sempre que se pratica o método psicanalítico criamos condição para o exercício da *função terapêutica*.

Certas características do nosso tempo como a insegurança da própria sobrevivência, o excesso de enredos ficcionais veiculados pelos meios de comunicação, o controle ideológico do pensamento comum, a aceleração brutal das mudanças tecnológicas e sociais fazem de nosso quotidiano algo pouco crível, tornando impossível e autocontraditória qualquer definição positiva e geral do homem contemporâneo. A falta de orientação do mundo presente, o excesso de fabricação do quotidiano que ameaça nosso senso de realidade, o absurdo emergente apelam para a proliferação das terapias, e ao mesmo tempo lhes impossibilitam a ação eficaz. As terapias ficam sem ter a que se apegar. E o resultado é que se apegam às suas próprias esquisitices, como se fosse o homem uma espécie de extensão projetiva da técnica psicoterápica, inventam um homem à imagem da técnica criada. Assim, um modelo do homem ideal deriva da técnica e a técnica psicoterápica consiste em desbastar o cliente até que se aproxime do modelo. Esta redundância, que caracteriza fenômenos denunciadores, aponta geralmente para uma origem comum oculta. No caso, parece que as terapias são chamadas a encobrir o que mostram. Nesse excesso de fabricação do quotidiano há um absurdo emergente, que se quer mostrar e esconder, as terapias tanto podem ocultá-lo como derivativos ou orientações superficiais, como exibi-lo para que o tomemos em consideração.

É a esse segundo tipo de ação possível de ser desempenhado pelas terapias que a Teoria dos Campos chama *função terapêutica*. Consiste numa atividade de desvelamento, de descobrimento. Não se trata de vencer o absurdo, de superá-lo por um ato de razão, mas de penetrar-lhe as entranhas, de identificar as redes que suportam as representações de homem e mundo que se nos apresentam. Trata-se de superarmo-nos através do absurdo, tornado instrumento da razão.

A situação analítica, derivando da conversa habitual e apoiando-se na faculdade natural pela qual a palavra afeta emocionalmente a recordação, é muito pouco técnica, mas conserva uma espécie de nostalgia de origem, carrega restos da tecnicidade médica que ela mesma naturalizou e procura crer que sua eficácia depende da observância de preceitos distantemente análogos aos de uma cirurgia, por exemplo. Na verdade, ao criar a situação analítica, Freud introduz um método novo na arte de curar, um novo caminho. Apenas deu-se que o método foi sendo recoberto pela técnica.

A verdade, entretanto, é que todos os terapeutas de linha interpretativa, e muitos que fazem uso de interpretações sem o saber, estão repetindo a mesma operação: tomam o discurso do paciente pelo seu valor de ruptura possível das configurações de auto-representação, em face do terapeuta — estão se valendo do poder heurístico do efeito de presença sobre o discurso individual. E é precisamente este procedimento comum que unifica as terapias, pelo que cabe denominá-lo *função terapêutica*.

Origem da eficácia geral das terapias, a função terapêutica possui algumas propriedades notáveis. Ela permite a revelação do processo de concepção de nossas idéias e sentimentos. E o faz através de uma simples ruptura da rotina psíquica, não dependendo pois de qualquer visão preconcebida do sujeito humano. Expõe diretamente uma verdade intrínseca, deixando sua elaboração inteiramente por conta do outro. Dessa forma, o ofício da função terapêutica é bastante apropriado à condição moderna, é uma das respostas básicas do espírito humano à crise de fundamento da vida contemporânea. A função terapêutica depende do campo transferencial estabelecido, é uma *função transferencial*, que tende a deslocar os valores racionais de senso comum, permitindo a emersão de representações quase insuportavelmente reveladoras da lógica de concepção, ou lógica do inconsciente; é a eficácia da interpretação psicanalítica, induz ruptura de campo. De muitas maneiras transmite-se a função terapêutica, os trabalhos que seguem expõem algumas delas.

Capítulo 1

GRUPO DE INVESTIGAÇÃO EM FUNÇÃO TERAPÊUTICA – GIFT – UMA NOVA FORMA DE PSICANÁLISE NO HOSPITAL GERAL

Fabrício Santos Neves[1]
Maria da Penha Zabani Lanzoni[2]

Encontros psicanalíticos começam com o que surge, com algum acontecimento da última hora ou simplesmente com qualquer coisa, como toda boa prosa. À medida que a conversa vai seguindo, alguns sentidos vão se produzindo na fala aparentemente solta, rotineira.

---

[1] Psicanalista. Professor na Graduação e Especialização no Depto. de Psicologia da Universidade Católica Dom Bosco (MS). Membro Fundador e Diretor Secretário do CETEC – Centro de Estudos da Teoria dos Campos. Mestrando do Programa de Estudos Pós-Graduados em Psicologia Clínica da PUCSP.

[2] Psicanalista. Membro Associado da Sociedade Brasileira de Psicanálise de São Paulo. Membro Fundador e Membro do Conselho Consultivo do CETEC. Membro Convidado do Núcleo Psicanalítico de Belo Horizonte. Mestranda do Programa de Estudos Pós-Graduados em Psicologia Clínica da PUCSP.

Mudanças de assunto parecem apontar para um mesmo tema[3]. Nossa conversa vai tomando o rumo de uma investigação, feita por todos os participantes. As regras que operam naquele campo[4] vão surgindo, sentidos vão se revelando. Esta forma de apreensão da fala, para além do sentido comum das palavras, não só vai revelando outros sentidos, incompletos de início, mínimos, como vai possibilitando uma apreensão diagnóstica da forma de funcionamento daquele grupo e lugar, propiciando o surgimento de novas representações do grupo e modificando sua organização, seu funcionamento.

Ao mesmo tempo em que realizamos este trabalho com a equipe, mostramos como o fazemos. De tempos em tempos, quando a ocasião é propícia, mais precisamente nos momentos nos quais uma apreensão mais global é possível, quando oferecemos, por exemplo, uma sentença interpretativa[5], decorrente de uma apreensão num tempo mais longo, longitudinal, histórico daquele grupo, mostramos o caminho percorrido até ali, proporcionando assim, a apreensão do método psicanalítico. O que nos garante que esta forma de transmissão seja eficaz é o que chamamos de contágio, ou seja, a imersão na experiência. Com isto pretendemos que num futuro próximo estes profissionais possam desenvolver este mesmo tipo de trabalho com outras equipes.

A Psicanálise não deve ser privilégio de psicanalistas. É nosso interesse que um grande número de pessoas e categorias profissionais cujos objetivos não seja, necessariamente, o de ser psicanalistas possam beneficiar-se do método psicanalítico em suas práticas. Defendemos, além disso, a idéia de que esta experiência possa fazer parte da formação daqueles cujo objetivo seja o de tornarem-se psicanalistas.

---

[3] Estamos usando o termo assunto para as várias coisas que o paciente fala durante uma sessão e tema para aquilo de comum que há entre os assuntos.

[4] Na Teoria dos Campos o conceito de campo deriva da crítica ao conceito de inconsciente. Em Herrmann (2001, p. 26) encontramos uma definição concisa do que é campo: "Um campo é o lugar das regras que determinam as relações que concretamente vivemos" (...), "é o lado oculto, produtor,..." (...) "Engloba algo do inconsciente tradicional – lógica do processo primário e representação defensiva,..." (...) "junto com a composição da zona intermediária que organiza nossas idéias."

[5] Na Teoria dos Campos distinguimos sentença interpretativa de interpretação. Por sentença interpretativa denominamos aquilo a que os analistas tradicionalmente chamam de interpretação, ou seja, uma comunicação que o analista faz ao paciente diante do que lhe foi dito, enquanto que interpretação é reservado para a operação do método psicanalítico, ruptura de campo, e não necessariamente é uma fala específica do analista (Herrmann, 1991).

Para que possamos esclarecer melhor o que vimos discutindo até aqui apresentaremos o trabalho que estamos realizando no Centro Cirúrgico do Instituto Central do Hospital das Clínicas da Faculdade de Medicina da USP.

Nosso trabalho começa a partir de um pedido conjunto da enfermeira que dirige o Centro Cirúrgico e da diretora de treinamento da enfermagem, a partir de uma experiência, de mais ou menos um ano e ainda em andamento, com uma outra equipe de psicanalistas num grupo de enfermeiros da Hematologia do mesmo hospital.

Começamos então com um grupo de trinta enfermeiros, voluntários no grupo, divididos em dois grupos de quinze, que se alternam a cada semana, incluídas as enfermeiras que nos convidaram.

Além da dupla de psicanalistas, participam do grupo, regularmente, psicoterapeutas que têm como objetivo a apreensão do método psicanalítico e do estilo clínico da Teoria dos Campos.

Os encontros acontecem numa sala de aula, dentro do próprio Centro Cirúrgico. Assim, todos nos encontramos sempre paramentados, roupa, touca, sapato e máscara cirúrgicos. Não há roteiro pré-determinado. De fixo apenas o local e o horário. Nosso instrumento: o método psicanalítico.

Este grupo já havia tido outras experiências com equipes de trabalho do próprio hospital e no nosso primeiro encontro, quando perguntados pela razão de estarmos ali, várias coisas surgiram: *estaríamos com eles para dar uma espécie de continuidade ao trabalho anteriormente feito; seria um grupo de sensibilização* – nome com o qual foi batizado o grupo, mesmo antes do seu início; *seria um grupo que teria sua condução de forma pré-estabelecida*; algumas pessoas acreditavam que iríamos ajudá-los a relaxar, *deveríamos ser um grupo de conversas amenas, deveríamos proporcionar algum tipo de lazer*, diziam que o trabalho em si já era tenso demais; outros tinham uma expectativa que resolvêssemos seus problemas de relacionamento.

Percebam que estas associações vão se dando ao longo de vários encontros e nos conduzindo a um sentido — a expectativa do grupo que tivéssemos uma solução para as suas dificuldades e os pudéssemos apresentar. Vejam quanto das suas necessidades, juntamente com a idéia de que nos fosse possível satisfazê-las, aparecem.

Antes de apresentarmos uma sessão para discussão traremos alguns fragmentos de encontros anteriores na tentativa de nos ajudar a formar uma idéia de como estamos desenvolvendo este trabalho.

Uma das queixas inicias foi: "Precisamos ser mais humanos, com os pacientes, uns com os outros, precisamos ser mais sensíveis." Associados a falas do tipo: "As pessoas se transformam quando vestem estas roupas." ... "Não são as roupas que fazem com que as pessoas se transformem, mas o ambiente." ... "Enfermeiro é super-homem." ... "Enfermeira é mulher maravilha." ... "O paciente depende da gente." ... "Qualquer erro é fatal." ... "Não podemos errar." ... "Nossa profissão é resolver problemas, não é só cuidar." ... "Somos os bastidores." ... "Somos a linha de frente, tudo estoura com o enfermeiro primeiro."

É importante que se diga que as falas relatadas são de várias pessoas no grupo. No entanto, a maneira como abordamos tal trabalho é considerar o grupo um psiquismo, psiquismo este que não é a somatória dos psiquismos individuais, mas uma unidade psíquica com regras próprias de funcionamento, regras estas que cabem desvendar ou desvelar.

Uma sessão.

Meia hora de atraso, primeiro encontro depois das férias. O grupo começa conversando sobre as férias de uma das colegas. Alguém pergunta se sentimos falta do grupo nesse período. Fala-se sobre como seria bom continuar de férias, estar no paraíso. Alguém comenta que o grupo está incompleto, elencam os motivos: licenças, faltas e férias da enfermagem. Vemos como o encontro começa com qualquer assunto, como costumamos dizer na Teoria dos Campos, deixamos que surja.

Um membro do grupo é apontado como tendo cometido um erro no estacionamento do hospital. Ele não admite de jeito nenhum que tenha errado. A conversa ganha contornos de um tribunal. O grupo fica alterado, agitado, inquieto e tenta provar o erro ao colega e não se conforma com o não reconhecimento do erro. "É tão simples, você cometeu um erro e não vê?" Ele lembra do quanto faz falta o curso de Direito. A certa altura diz: "Pode até ser, mas não foi por maldade." O episódio havia acontecido com uma psicóloga da Divisão de Psicologia – seu carro havia sido trancado pelo dele e impedido de deixar o estacionamento. A conversa parte para erros cometidos e não admitidos e também para as marcas que os erros deixam nas pessoas que são mais que apenas rótulos. "Você pode fazer tudo direito, uma coisa que faça errado faz com que todos esqueçam as coisas boas e só se lembrem do erro." Percebam como as falas vão-nos conduzindo para um sentido. O grupo fala do absurdo de alguns erros se repetirem sempre, apesar de muito simples de serem corrigidos, bastaria apenas que a pessoa em questão admitisse o próprio erro. *Apenas?* Um dos analistas lembra o grupo da queixa inicial, de que eles precisavam e queriam ser mais humanos, e que agora estavam falando de algo muito humano – cometer erros, não admitir erros cometidos, persistir no erro, etc. Essa questão dos erros cometidos no Centro Cirúrgico é algo que já havia surgido anteriormente, relativo a erros de procedimento. Falou-se naquela altura sobre a tensão produzida em cada um deles por trabalhar em um lugar onde erros não podem ser cometidos, pois vidas humanas estão em jogo e um erro num procedimento pode ser fatal. Aqui levamos em conta o tempo longo do tratamento, tempo histórico, e lembramos de uma das falas recorrentes ao longo dos nossos encontros. Dessa forma pode-se observar como a prospecção de um sentido se faz a partir do deixar que surja para tomar em consideração, como a operação do método psicanalítico, a interpretação aqui, vai sendo construída cumulativamente. Outro analista intervém e diz ao grupo que num lugar onde não se podem cometer erros, porque isto significa ficar marcado indelevelmente, não se pode tampouco admitir os erros cometidos. Faz-se de conta que não chegou atrasado ao plantão, por exemplo (referência à fala da mesma sessão quando se discutia sobre os erros). O Centro Cirúrgico não comete erros embora eles sejam cometidos o tempo todo. *No Centro Cirúrgico, diferentemente de outros setores do hospital, as pessoas não admitem os erros e não escutam quem os adverte.*

Isto posto, chegamos a uma conclusão importante naquele grupo. Há um sentido para tudo isto, e o sentido é muito claro, compreensível e causa ao mesmo tempo espanto e alívio no grupo, inclusive nos terapeutas, que se surpreendem com essa revelação. No Centro Cirúrgico não se podem cometer erros, portanto erros não são cometidos, portanto as pessoas não podem admitir quando cometem algum erro, c.q.d.

A partir desse momento o erro vai saindo do estacionamento e entrando no dia a dia do Centro Cirúrgico e vai deslocando-se de uma pessoa do grupo para o grupo todo, ou melhor, começamos a identificar uma das regras que regem o Centro Cirúrgico.

Concomitantemente a isto identificamos também tentativas de se por de fora, por exemplo: "Ah! agora eu entendo, por isto que aqui as pessoas funcionam diferente de outras clínicas que eu trabalhei."

E vimos mais ainda: que as regras desse campo exigem que andemos na contramão do que é humano. Se não podemos cometer erros, não podemos ser humanos. Por dever de ofício devemos ser não-humanos. Então, por mais que queiramos sê-lo, não o desejamos. Desejamos ser sobre-humanos — super-homem e mulher maravilha de encontros passados.

Muito tempo depois...

O erro retorna, com outra roupagem, quando se discutia uma certa estagnação do grupo, há meses havia apenas silêncio. Alguém sugere: "Não seria melhor parar? Já que ninguém diz nada mesmo, é porque já resolvemos tudo." Alguém retruca: "Não será porque somos nós mesmos que temos que encontrar as soluções?"

Assim o problema passa a não ser apenas *os problemas já existentes*, mas o próprio grupo.

Perplexidade e espanto. E mais silêncio.

Alguém lembra que estagiários e auxiliares diagnosticam com precisão os problemas do Centro Cirúrgico que conduzem a uma só figura, a do grupo das enfermeiras-padrão.

Uma pessoa lembra-se das manobras que fazem para verem-se livres do espelho. Quatro por quatro, seu retrato.

Assim, silêncio = manobras para livrar-se de problemas – elas mesmas.

Um dos analistas, a sério, mas brincando, sugere que talvez estivesse na hora de incluir essas pessoas no grupo (estagiários e auxiliares).

Pânico!

Não pode haver erro, portanto no Centro Cirúrgico ninguém erra (manobra 1). Se alguém inadvertidamente erra, não admite que errou (manobra 2). Manobra 3: No grupo impera o silêncio, não há grupo, portanto não há erros. Incluir o grupo de estagiários e auxiliares gera pânico, com toda razão – será restaurar o grupo com todos os seus erros, e todas as manobras (defesas) terão falido.

REFERÊNCIAS BIBLIOGRÁFICAS

HERRMANN, F. *Introdução à Teoria dos Campos*. São Paulo: Casa do Psicólogo, 2001.

_____. *Clínica Psicanalítica: a arte da interpretação*. São Paulo: Brasiliense, 1991.

Capítulo 2
FUNÇÃO TERAPÊUTICA DA PSICANÁLISE NA CONSULTA MÉDICA

Carlos Eduardo Domene[1]

Ir ao médico, ir a uma consulta médica, seja por que motivo for, é uma experiência que quase todos têm; sabem, portanto, como se passa a consulta médica. Percebe-se, na maioria dos atendimentos clínicos, que a rígida aplicação da anamnese clássica não leva em conta o emocional do paciente.

A Medicina tornou-se tão especializada em tentar descobrir uma causa precisa de um distúrbio também preciso que produziu, como efeito colateral, a impessoalidade e despersonalização do atendimento. Não há mais um vínculo firme entre médico e paciente. Muito se fala e escreve sobre a atual ruptura da relação médico-paciente – o que contribuiu para esse afastamento, e como modificar esse contato para melhorar suas atuais características.

---

[1] Professor Livre-Docente da Faculdade de Medicina da USP. Pós-Graduando em Psicanálise da PUCSP.

Na verdade, a Medicina tenta redescobrir isso que o antigo médico de família e os profissionais das pequenas cidades possuíam intuitivamente – a amizade, o conluio, a cumplicidade, o conhecimento da história do paciente e de sua família inteira, isto é, a capacidade de aceitar a relação transferencial que facilitava o tratamento.

Houve uma grande modificação no sistema de saúde brasileiro com o advento dos convênios e seguros médicos, criando uma instância intermediária entre o paciente e o médico; este último, por várias circunstâncias, vê-se obrigado a restringir o tempo disponível para cada paciente. Outros fatores também contribuíram para dificultar o contato entre eles. Mas não é menos verdade que existe falta de preparo profissional para levar em conta os aspectos emocionais. O médico sabe que precisa considerar os sentimentos e emoções de seu cliente, mas não sabe exatamente como fazê-lo. Por isso a necessidade do pensar sobre essa relação, enfocando as possibilidades da função terapêutica da psicanálise na consulta médica.

O modelo proposto para esta investigação foi a utilização da própria consulta médica, no formato de um curso realizado na Faculdade de Medicina da USP, no primeiro semestre de 2001. Foram realizadas, em um anfiteatro, entrevistas com pacientes internados no Hospital das Clínicas da FMUSP. Um médico conduziu a anamnese, e houve participação ativa dos coordenadores e alunos do curso. Inicialmente os alunos do curso observaram, através de um vídeo previamente gravado, uma consulta médica feita segundo os moldes clássicos. Muito bem realizada, tecnicamente perfeita, longa e correta, pouco espaço deixou para que o emocional da paciente se manifestasse.

Ressalte-se que, nessa consulta (aleatória) pré-gravada, mais do que se houvesse sido encomendado, entrevista-se uma paciente com uma espécie de polimialgia migratória – dores musculares que passavam, como que por milagre, de um braço a outro, de uma perna às costas, no transcorrer mesmo de um único diálogo. Esta paciente não trazia uma pergunta, mas possivelmente um questionário, estava ávida por respostas; entrevia-se isto em seu olhar desconfiado, em seu jeito arredio, seus gestos contidos. Ela mesma já o dissera: "Trataram-me na Psiquiatria, encaminharam-me à Ortopedia, eles agora me mandam para a Clínica Médica..."; a *empurroterapia aplicada* em plena ação. Ou seja, surgiu algo para

FUNÇÃO TERAPÊUTICA DA PSICANÁLISE NA CONSULTA MÉDICA 271

ser levado em consideração, surgiu possibilidade para a paciente ser ouvida no que sentia com essas sucessivas *empurradas*, ou o que mais pudesse surgir em toda aquela contenção mal contida. O que se viu foi um profissional – e depois outro – fazendo com profissionalismo e competência seu mister de investigar a dor, aonde ia e de onde vinha, como melhorava ou piorava; examinando com habilidade os locais doloridos ou não, na tentativa de buscar os feixes nervosos responsáveis pela parafernália daquelas queixas, para dizer o mínimo, esquisitas. Provavelmente aqueles profissionais tinham ciência de possíveis outros sentidos para a queixa apresentada, pela falta de *ciência* e desconhecimento da distribuição nervosa, por óbvias razões, de quem trazia a queixa. Somente não tinham conhecimento de uma forma para, ou mesmo da importância de, deixar que surgissem os assuntos que a paciente pudesse e quisesse trazer, criando e enriquecendo o vínculo médico-paciente, acolhendo o ser humano que sofre e quer ter suas queixas ouvidas, que tem a intenção de que o outro as entenda e decodifique, e trate.

Percebeu-se, na discussão dessa entrevista pré-gravada, que a técnica habitual de estabelecimento do diagnóstico e instituição da terapêutica nos moldes atuais leva em conta o somático, e não, ou quase nunca, o emocional. Faz parecer que não há tempo para tal. O médico se afasta rigorosamente desses aspectos. Muitas vezes que o paciente tenta demonstrar uma opinião, emoção ou associação que considera importantes, é interrompido pelo médico para *orientar, sistematizar, dar ordem e sentido* à anamnese. Esta é realizada, com freqüência, seguindo o rígido roteiro impresso na ficha clínica à frente do médico. É possível que se o médico soubesse, ou considerasse importante, ouvir sobre o emocional de seu paciente como parte do tratamento que naquele momento se inicia, deixaria espaço para a erupção dessa fala. Faria isto ainda que não soubesse o que fazer com o material surgido.

Segue o curso; outro paciente, nova consulta, novos sentidos, novas discussões. Constrói-se progressivamente uma nova forma de aplicar a velha anamnese. Que forma é essa? Para usar um termo médico, começamos por *desengessar* a rígida aplicação do roteiro; deixamos surgir assuntos *paralelos* à entrevista médica, trazidos através de associações feitas pelo paciente durante o transcurso da entrevista convencional; permitindo surgir as idéias fantasiosas sobre os sintomas, as angústias comuns a todos os seres humanos. Por trás de cada caso há sempre uma história – e isso ajuda a entender os porquês dos pacientes. Alivia sua tensão, cria-se um espaço privilegiado para que ele exponha e se exponha e assim possa criar os próprios sentidos, muitas vezes distintos daqueles do médico que o entrevista.

Nas anamneses seguintes foi-se permitindo que isso acontecesse, ou mesmo sendo ativamente estimulado, tanto pelo médico entrevistador como pelos membros da platéia, que participaram cada vez mais da construção da história clínica e emocional daquele paciente particular. Um nítido ambiente de descontração, de alívio de tensão, foi surgindo nas entrevistas subseqüentes. O *destravamento* da rígida seqüência, ou da condução racional da entrevista, onde não há como sentir-se à vontade, deu lugar e espaço para o sorriso, a brincadeira, o devaneio, sem nunca perder o sentido de uma consulta médica onde se procurava investigar com profundidade as queixas referidas e suas possíveis causas orgânicas. Um claro enriquecimento, senão da facilidade de identificação do diagnóstico clínico, ao menos algo mais próximo de uma conversa entre amigos do que de uma inquisição em um tribunal onde o paciente já se sente julgado e culpado por acusações que desconhece.

Um dos pacientes entrevistados apresentava uma febre a esclarecer. Estava há onze meses sem diagnóstico, com trezentos e tantos exames realizados, o que o fizera mover-se de Manaus a São Paulo; seu estado lhe causava angústia e medo enormes e visíveis. Este tipo de entrevista permitiu que ele pudesse, em determinado momento, assim colocar-se: "Doutor, falei isso somente para um dos inúmeros médicos que me atendeu, ele não ligou muito e disse que não era nada, mas eu quero perguntar de novo." O paciente nesse momento trouxe uma incrível história de mistério e paixão, ou coisa semelhante, não sei como o romancista a descreveria. Mas trata-se de uma interessantíssima história – e real – em que, para afastar os *maus odores* que de seu corpo exalavam após uma escapada extra-conjugal, o paciente fechara os vidros de seu carro – às duas horas da tarde, em Manaus, a mais de 40 graus de temperatura – e durante 40 minutos circulara pela cidade. Claro, uma sauna ambulante; evidente, um suadouro para ninguém botar defeito. Desde então surgira sua febre, diária, com hora marcada, sem que ninguém pudesse descobrir sua causa: "Será que foi por isso que apareceu a febre?" "Será que é por isso que ela não passa?" Repito, por trás de cada caso há sempre uma história, se não ajuda a descobrir o que está causando o problema, ao menos, e não menos importante, auxilia a entender os porquês *do* paciente, e isso faz toda a diferença. Anamnese significa aleteia – lembrar o esquecido, falar a verdade. É uma forma de lembrar o corpo, desesquecer. Desesquecer o que sabe, até a descoberta, a verdade. Anamnese é roteiro – forma de o médico lembrar o que perguntar; secundariamente uma forma de o paciente lembrar-se, de desesquecer. Na conversa surgem outras linhas menos retas, que chamam a atenção para aspectos não ordenados. Por isso a importância de, na aparente desordem, saber-se que se está na ordem, não do rigor científico, mas do caminho do emocional.

O exame físico não é menos importante que a entrevista, uma vez que favorece a ocorrência de efeitos simbólicos. No próprio exame físico, levado em consideração não apenas como uma investigação de onde e de que forma dói ou incha, mas como momento transferencial significativo, podem surgir intrigantes situações. Eu mesmo vivenciei isto com um paciente. Deixando surgir, durante minha palpação e ausculta, as representações trazidas pelo paciente, pude perceber, à ausculta, o surgimento e imediato desaparecimento dos *borborigmos*, ou *ruídos hidroaéreos* de acordo com o que era conversado. Por exemplo: "Isso o incomoda muito, não? Essas dores movem-se, atingem grandes intensidades?" Enfim, falar daquela dor que o assustava e incomodava permitia-me auscultar ruídos fortes e continuados. Momentos depois perguntei-lhe sobre os filhos, se estavam bem e estudando, imediatamente – e quando digo imediatamente não se trata de força de expressão – os ruídos fortes sumiram, passei a auscultar somente o habitual de qualquer abdômen.

Uma anamnese *aberta* contrapõe-se parcialmente a uma anamnese *fechada*, que segue rigidamente um roteiro pré-estabelecido, onde o médico interrompe e orienta as perguntas e respostas para seu objetivo de propor uma hipótese diagnóstica. Em uma anamnese *aberta* é possível conhecer muito mais sobre o outro.

Nas entrevistas realizadas, no curso, estabeleceu-se um novo tipo de contato com os pacientes. Pode-se perceber que, em muitos momentos da conversa, é-se atraído para outros pontos que não obrigatoriamente fazem parte do *roteiro* da anamnese. Fica muito claro o que seria considerado secundário em uma entrevista convencional, e como devemos concentrar-nos em coisas que habitualmente não chamariam a atenção. São tiradas informações que parecem ter pouco significado objetivo, mas falam bem sobre o caráter, a personalidade e as emoções do indivíduo. Por exemplo, um dos pacientes entrevistados, alcoólatra, pode expor-se abertamente para *um grande público*. Por tratar-se do tipo de paciente que fica contente e gosta de falar, sente-se o centro do mundo, tem idéias de grandeza; coloca-se de forma exemplar, com falas sentenciosas, de profundo sentido moralista.

Um dos recursos muito utilizado por médicos é falar de amenidades *para relaxar* o paciente, mas nem sempre funciona e pode acabar deixando-o ainda mais tenso. Parece importante, logo no início da conversa, falar da doença do paciente, que é o que lhe interessa. Deve-se iniciar pelo(s) assunto(s) que mais mobiliza o paciente, para o foco que o preocupa – as *zonas de atração*, como denominou Fábio Herrmann.

Colocando-se em uma postura de escuta do emocional obtémse mais dados e estabelece-se melhor relacionamento com o paciente. Não se deve exigir objetividade, com o risco de se perder o paciente, deixando-o preencher a queixa e duração mais naturalmente. Esta atitude pode ser decisiva para a relação médico-paciente, e mesmo para o futuro da consulta e do tratamento. Deixase surgir a palavra que expressa a emoção e toma-se em consideração quando esta emerge, sem nunca se afastar da coluna vertebral da investigação científica positivista – às vezes, a linha reta não é o menor caminho entre dois pontos. Se em uma consulta há o que aproxima e o que afasta, permitir e estimular o aparecimento de informações sobre o que sente o paciente certamente faz parte das coisas que aproximam.

Assim como em uma sessão de psicanálise, os pequenos enganos são excelente forma de tomar-se em consideração o lado humano da conversa, aproveitar atos falhos, falando algo ligado a eles, traz participação do paciente e pode ajudar em sua adesão ao tratamento.

As formas gerais de explicação que o paciente dá sobre sua doença auxiliam no conhecimento e condução do caso clínico. Se há o ponto de vista do médico, é sempre importante investigar o ponto de vista, real ou fantasioso, do paciente sobre sua doença. Isso permite o surgimento dos sentimentos e emoções sobre o mal que o aflige; essa nova escuta e essa fala podem ser desorganizadoras, mas também podem se transformar em uma nova descoberta para o paciente e seu médico.

Como vimos, a entrevista médica pode ter uma dimensão de investigação e de vivência antropológica que, por sua vez, tem participação no ato de curar. O médico tem compromisso com o ato de curar (cuidar de), que não tem o mesmo significado de sarar (uma doença). A consulta faz parte do processo de sarar o paciente, mas pode também fazer parte do ritual de sua cura. É importante para o médico reconhecer que a consulta mobiliza a transferência e se dá no campo transferencial. A função terapêutica nada mais é do que estabelecer uma parceria com o paciente, que permite uma melhor ligação entre médico e cliente, maior aderência ao tratamento e melhor aceitação dos procedimentos propostos.

A função terapêutica possibilita ao médico ter a dimensão da *cura*, não somente de *sarar* o paciente. A consulta médica, mesmo na fase diagnóstica, pode ser agente de cura. Cabe ao médico administrar esse processo (de cura), ser o eixo, e o paciente entra nesse processo e a ele se alia. O remédio sara, a relação médico-paciente cura.

Existem algumas questões importantes que o médico deve ter em mente, já que são formas de expressão do desejo do paciente. Na busca do diagnóstico, deve-se investigar ou deixar que se manifestem as falas do paciente sobre:

– o que ele tem?
– o que ele sente pelo que tem?
– o que ele acha que tem?
– o que ele sente pelo que acha que tem?

O curso proposto para investigar a função terapêutica na consulta médica seguiu um modelo de anamneses sucessivas com diferentes pacientes. Isto permitiu progredir na forma de entrevistá-los. A cada dia deu-se um passo, percebendo-se cada vez melhor o como e o porque dessa nova elaboração. Foi-se criando um vínculo maior com os pacientes posteriores. Nessa forma de abordagem, o paciente passa a ser visto não como uma soma de alguns ou vários sintomas, mas enxerga-se e valoriza-se o doente ou ser humano que sofre. Destaca-se o lado vivo da pessoa e tudo que está à volta do paciente importa e torna mais compreensível a patologia em cada paciente – tudo isso teve lugar para aparecer porque teve lugar para o paciente. Dessa forma, sintoma mais sintoma não é igual a doença (parte do processo de diagnosticar e sarar); esta adquire uma dimensão que transcende o simplesmente orgânico (parte da dinâmica de cura do paciente).

Sobre o tempo de uma consulta, pode-se concluir que se evoluiu para uma forma mais associativa, do que uma forma pré-estabelecida, movendo-se de acordo com o movimento do paciente. A forma convencional de anamnese literalmente *tira a história* do paciente – a fala do paciente é dele retirada – o médico dela se apropria, sem devolvê-la ao paciente. A consulta é a oportunidade para *entrar-se* na história do paciente, e não *sair da sua vida*, afastando-se dele através de uma anamnese rígida e dirigida, impedindo que o emocional do paciente se manifeste.

A função da doença na vida do paciente não fica no alvo de atenção do médico. Alguns profissionais ficam preocupados em saber o que sente o paciente, outros, por não valorizarem os aspectos emocionais, não saberem o que fazer com essas informações ou não terem tempo para uma consulta mais prolongada, ficam preocupados exatamente em não saber.

Mesmo que o médico tenha pouco tempo para a consulta, ou principalmente por isso, é importante fazê-la da forma associativa, porque o paciente leva mais rapidamente aos sintomas dessa forma, pois vai falar do seu foco de atenção (*zona de atração*). Provavelmente, o tempo da demora em aparecer a patologia é menor na forma associativa do que na forma dita convencional. A ansiedade em relação ao diagnóstico é menor nessa forma de entrevista, além de promover melhor relação médico-paciente e facilitar o restante do tratamento.

Expus a aplicação do método psicanalítico em uma consulta médica, como é entendido na Teoria dos Campos. Ter escuta para os atos falhos, aproveitar a função terapêutica, mesmo da conversa humana em geral, para aquilo que se dá na relação entre as pessoas e fazendo com que se possam elaborar as emoções, permite que mais sentidos sejam apreendidos na fala do paciente. Este tipo de escuta propicia que o médico possa fazer pequenas intervenções, pequenos toques, chamar a atenção para aspectos da fala que permitam o surgimento de outros significados para o paciente, etc. Este tipo de intervenção tem efeito de cura, que nem sempre sabemos quando e onde ocorreu.

Capítulo 3
DEPOIMENTO SOBRE A FUNÇÃO TERAPÊUTICA DA PSICANÁLISE EM CONSULTA DE CLÍNICA MÉDICA

Allan Garms Marson[1]

Quando fui convidado para ajudar na elaboração do curso[2], não sabia do que se tratava. Afinal de contas, os alunos do curso de medicina estão há milhas de distância de um tema como este. Não sabia se era algo curricular, ou mesmo uma daquelas *viagens* do pessoal da psiquiatria, que com muito preconceito e pouca crítica de nossa parte, acabamos por interpretar.

Então se iniciou a divulgação... Na verdade uma grande luta, pois no decorrer do processo de elaboração do curso, muita curio-

---

[1] Médico pela FMUSP.

[2] Trata-se do curso Função Terapêutica da Psicanálise em Consulta de Clínica Médica, organizado pelo CETEC e pelo Centro Acadêmico Oswaldo Cruz, em 2001, para alunos do Curso de Medicina da FMUSP. Na ocasião cursava o 6º ano daquela Faculdade.

sidade sobre o tema foi sendo despertada. De início era necessário um corpo a corpo muito grande com os alunos já na tentativa de explicar o próprio tema. Que nem mesmo eu sabia como! Entretanto o que me intrigava era justamente a função de ponte que a palavra psicanálise executava no título. Centrada no meio do título ela exercia uma conexão entre o atendimento clínico e a terapêutica. Além disso, ao invés de temas de aulas, os dias de curso eram identificados como entrevista com pacientes. De uma certa forma somos, no decorrer do curso médico, obcecadamente bombardeados com a frase de que medicina se aprende com o paciente. O que, com certas limitações, concordo plenamente.

Ainda assim tinha dificuldade em assimilar o que a palavra *psicanálise* fazia no meio de tudo aquilo, e como ela poderia me ajudar a tratar os meus pacientes.

A primeira atividade foi a gravação em vídeo de uma consulta em ambulatório. Em um determinado momento a câmera permaneceu estrategicamente ligada, com a paciente sozinha dentro da sala, um misto de ansiedade e inquietação. Fiquei me lembrando dos momentos em que todos esperamos para sermos atendidos em uma consulta médica. Solidarizei-me com a paciente. Entrou um médico, outro, a sala ficou pequena. Examinam a coluna, discutem. A ansiedade aumentava. Prescrevem um remédio. Enquanto eu filmava me perguntava se era realmente a coluna que importunava a paciente?

Nos outros dias de curso, minha função era buscar os pacientes no HC e conduzi-los até a FMU/SP, local do curso, para serem entrevistados. Nos momentos em que se preparavam, procurava me familiarizar com eles, deixá-los à vontade. Procurar vínculos. Uma cidade em comum, alguns hábitos, falar sobre temas amenos, encorajá-los, (tentando também ganhar um pouco de coragem) sem procurar em momento algum obter qualquer informação sobre sua doença. Evitava a posição de médico. Naquele momento gostaria que não me vissem como tal, embora meu avental dissesse o contrário.

Fui *jogado* para entrevistá-los. Enquanto conversava com cada um, procurava meios de me aproximar cada vez mais, conhecê-los, anfiteatro lotado, câmeras. Naquele momento a palavra psicanálise começou a fazer sentido. Embora todos se apresentassem com patologias graves, permeava um pano de fundo importante. Ansiedades, depressões, tristezas, alegrias... Fiquei feliz em saber que eu começava a perceber algo mais que caracterizar os dias de febre, se as dores eram em cólica ou não, se a diurese era normal, etc..., etc..., etc...

Os dias foram se passando e cada vez mais íamos discutindo o que nos aproximava dos pacientes, o que os confortava (e a nós também), como tratá-los dignamente. Por curiosidade aplicava os conceitos no Pronto Socorro do HC (passava pelo estágio na época). Era marcante a diferença. Sentia que os pacientes tinham um atendimento melhor naquela confusão que é o P.S. Em momentos (muitos) não fazia idéia do diagnóstico, me sentia à vontade compartilhando com eles esses momentos que são difíceis para qualquer médico.

Podia em determinados momentos *fugir* da anamnese, conhecê-los melhor. O pano de fundo aparecia, os medos surgiam, as preocupações. Claramente perguntavam se era câncer. Se iriam morrer. Falavam da família, das dificuldades. As entrevistas tornavam-se dinâmicas. O tratamento era sim multidisciplinar. Podia contar com o próprio paciente. Muitas vezes me diziam se sentir melhor *só com a consulta*. O importante é que em momento algum me distanciava da posição de médico.

Mas o que mas marcou no curso, foi justamente o último entrevistado: Chamava-se Edmilson, um rapaz franzino, com pouco mais que a minha idade e que evitava olhar nos olhos. Fiquei sabendo de imediato que era do Amazonas, militar, e que tinha febre há onze meses. Veio "pras Clínicas se tratar". Fez uma romaria por alguns hospitais, dezenas de consultas, centenas de exames e nada. Foi uma conversa *pesada*, nos incomodava não conseguirmos ajudá-lo, descobrir sua doença. Corríamos de sinais e sintomas para a historia de internações, passando por peculiaridades de sua vida.

Fomos nos familiarizando, fomos nos relacionando. Em um determinado momento ele nos disse que a febre havia iniciado quando *precisou* ficar suando muito para que desaparecessem outros cheiros, que talvez pudessem denunciá-lo para sua mulher...

A relação médico-paciente naquele momento era máxima. O anfiteatro continuava cheio, as câmeras ligadas, mas para cada um de nós só havia uma pessoa lá, o paciente. A recíproca também era verdadeira. Acabamos por tranqüilizá-lo, que sua doença provavelmente não seria proveniente daquele evento. Ele saiu do anfiteatro ereto, com um grande sorriso, olhando diretamente para todos. Certamente algo em seu ser já se curara.

O objetivo de tudo aquilo finalmente parecia totalmente claro. A ponte entre função terapêutica e consulta médica poderia ser feita com psicanálise. Poderia sim correlacionar o pano de fundo de cada um, intuitivamente, e finalmente com muito estudo. E, o que é mais importante, o momento íntimo médico-paciente de uma anamnese poderia ser o início mesmo de um tratamento, *juntos*, médico e paciente.

Como Conclusão:
Daqui P'ra Frente[1]

Fabio Herrmann

O ANALISTA HOJE E AMANHÃ

Daqui pr'a frente, que futuro nos espera e, por outro lado, que esperamos nós do futuro? Do futuro dos analistas, do analista futuro. Que duas locuções de lugar – *daqui* e *p'ra frente* – se tenham encontrado no título de uma Conferência de Abertura para indicar inequivocamente um rumo no tempo não pode ser coincidência. Claro que não. Queremos dizer que aqui, neste Encontro que abrimos, não só se aguarda o futuro, como este se prepara. Aqui é o começo do futuro que à frente criaremos, se não nos faltar valor.

Que se espera do analista futuro? Nós, analistas, nos apegamos ao passado, às doutrinas que nos foram ensinadas, com as quais exercemos nossa profissão até agora. Há, pois, dois apegos conjugados: ao passado e à profissão. Ambos estão em risco. O conhecimento passado, a herança recebida, perde vida, restringe-se,

---

[1] Conferência de abertura do II Encontro Psicanalítico da Teoria dos Campos, São Paulo, 2001.

estiola-se quando encerrado exclusivamente num exercício profissional. Assim que as circunstâncias se alteram, por pouco que seja, altera-se correspondentemente a prática profissional e, se o núcleo teórico que a sustentava não está em movimento, os praticantes sentem-se perdidos. Não posso fazer o que aprendi, que faço então? Hoje, porém, as circunstâncias não se modificaram apenas um pouco, revolucionaram-se grandemente e já não favorecem a prática costumeira, o profissional encerrado com seu conhecimento herdado num consultório, à margem do mundo. Uma ciência, como se sabe, dura em geral o mesmo que a cultura em que nasceu. Um ofício, se não é tão perene como a ciência, dura bastante também. Já uma profissão institucionalizada, seus regulamentos e seus padrões, essas coisas são mais frágeis.

Hoje, há uma crise na psicanálise de consultório, cuja origem se costuma atribuir à moda da medicação em série, à pressa da vida atual, às mudanças de valores sociais etc. Não nos contentemos com tais explicações de superfície. Em primeiro lugar, como veremos, não foram meras circunstâncias a mudar, senão algo muito mais profundo e radical; mudança, aliás, que requer mais, e não menos, da Psicanálise. Em segundo, são os rituais psicanalíticos – de formação, de moldura clínica (*setting*), de sedentarismo, de doutrinas enfim – que estão ameaçados, não a Psicanálise. Esta, a grande ciência da psique, ainda se acha em criação e nada a ameaça, a não ser a nossa falta de valor, dos analistas que não a temos feito avançar no ritmo proposto por Freud, nem temos ampliado o conjunto de temas que nos legou. Parece que não nos agrada que Freud haja criado uma ciência que progride em direções que ele não poderia prever. Curioso paradoxo, pois essa era justamente a previsão de Freud: a de iniciar uma ciência. Talvez porque, pessoalmente e como grupo, não nos sintamos capazes de produzir fora da repetição do esquema teórico freudiano, negamos que isso seja possível, ou desejável.

Todavia, existe a Psicanálise e o freudismo, dois campos legítimos e apenas parcialmente superponíveis. Como existem, aliás, as outras escolas, derivadas da obra dos grandes autores psicanalíticos, porém sofrendo do mesmo mal doutrinário, depois de terminada sua produção em vida. A Psicanálise, igualada ao freudismo, ao kleinismo, ao lacanismo etc., fica na condição do kantismo ou do marxismo, não da filosofia. Não um método de produção de saber, mas um campo de estudo de autor. É preciso que haja *scholars*, especialistas nas obras dos grandes pensadores, mas é preciso também que haja investigadores. A estes cabe desenvolver os temas e abrir novos campos futuros. Temos ampliado o repertório temático freudiano? Bem ao contrário, a Psicanálise foi-se reduzindo a ser uma teoria da profissão de analista. Quantos trabalhos recentes vocês conhecem que analisem a psique do real, na esteira de *O porvir de uma ilusão* ou de *O mal estar na cultura*, de Freud? Quantos investigam o método científico da Psicanálise, não sua técnica terapêutica? O recente Congresso Internacional da IPA trazia o título promissor de *O método psicanalítico* – todos os trabalhos que ouvi ou li tratavam da técnica de consultório.

Daqui p'ra frente – esta foi lá e é aqui minha proposta – é preciso estabelecer a Psicanálise como ciência geral da psique e, nossa prática clínica, como ofício da função terapêutica da psicanálise. Essa função não se limita ao consultório, nosso espaço clínico é o próprio mundo. No hospital, na escola, no diagnóstico da cultura, em toda ação social, a função terapêutica da psicanálise é convocada e mostra-se extraordinariamente eficaz, como temos podido comprovar concretamente nos últimos anos, a partir da criação do CETEC. A prática desse ofício, aliada a uma reflexão dedicada sobre o método psicanalítico, tem contribuído decisivamente para alicerçar o edifício científico da Psicanálise entre nós. Duas formas de ação, a reflexão metodológica, forma concentrada, e a função terapêutica, forma ampliada através dos poros sociais – duas formas de ação que se harmonizam perfeitamente, que se exigem em perfeita reciprocidade. A função terapêutica não é o mesmo que a técnica psicanalítica de consultório nem se restringe à sua moldura tradicional, é a prática do método, em última instância, é a clínica do real.

Trauma e psique

Que se espera, daqui p'ra frente, do analista futuro? Antes de mais nada, que reconheça seu objeto, a psique. Que a saiba reconhecer quando surge e que se sinta reconhecido, grato, por este ser psíquico de que participa; e não recalcitrante, ressentido, de mau humor com o real humano, como se vivesse num mau tempo...

Isso lhes digo, porque, sabemos, o nascimento de uma forma psíquica é sempre e inevitavelmente traumático. Algo morre, para que algo viva. Quando Freud, numa de suas geniais ficções, aproximou as épocas glaciais ao período de latência infantil, estava com certeza teorizando a posição do trauma como origem de uma forma psíquica. Estava investigando o trauma neurótico que funda certa psique a ser tratada e curada, a da histeria, principalmente. Talvez pudéssemos dizer que essa noção de trauma, nunca abandonada na primeira, como na segunda tópica, constitui uma espécie de *tópica zero* freudiana. Um bom ponto de partida para nossa reflexão, que trata do que se há de curar, daqui p'ra frente.

Comecemos por um prévio reconhecimento, e muito breve, da posição da psique de nosso tempo, no primeiro ano deste novo milênio. Durante o Século XX, pode-se dizer que o mundo acabou. Tangenciamos a completa aniquilação nuclear, beiramos o *nada*, instrumentado pela cultura tecnológica. E, se esta aniquilação não se deu – razão de ainda estarmos nós aqui a discutir o futuro e a prepará-lo –, houve um trauma, ao que tudo indica. É eticamente impensável qualquer jogo em que o fim da humanidade entre como aposta, sejam quais forem as probabilidades, e a proximidade do impensável cobra sempre um alto preço do psiquismo.

O primeiro sinal sugestivo de um trauma cultural em larga escala terá sido, quem sabe, o próprio esquecimento da quase destruição do homem, ao longo da Guerra Fria. Já ninguém fala nisso, há anos. Em lugar do impensável, silenciado ou reprimido, repetimo-lo por partes. Voltamos constantemente a discutir a 2ª Guerra, mas deixando de lado a catástrofe atômica em que desembocou. Espantamo-nos com a ascensão dos totalitarismos, mas sem questionar em igual medida a ideologia oposta, o capitalismo metastático global que tem invadido cada órgão da sociedade, homogeneizando-os radicalmente; e todos sabemos o que acontece quando o tecido de cada órgão é invadido por um tipo celular único: o organismo morre. Não cessamos de debater o holocausto do povo judeu, representante parcial daquele do povo humano; este, um holocausto impronunciável, impensável.

Certos fenômenos globais, ou seja, os que envolvem a Terra inteira, mimetizam o único ato radicalmente global da história humana: a destruição da humanidade. Uma bomba relógio demográfica foi posta em marcha; em lugar da dizimação ativa, o simples desestímulo ao controle populacional na periferia da riqueza, que há de nos conduzir sem falta a alguma forma de extermínio seletivo.

A política mundial, que antes explodia em guerras periódicas, converteu-se numa forma muito peculiar de guerra constante, conduzida por meio de atentados; nestes, o agente não mais corresponde a um grupo social: ou é a ação do regime global, ou vem de pequenos grupos evanescentes, o que nos levou a cunhar, nos anos oitenta, o termo nefasto: *regime do atentado*. Ele indica que as ações se dão, hoje, por um princípio de máxima eficácia concentrada e de mínima subjetividade reconhecível. Ações sem sujeito! Ou o sujeito da ação é impessoal, como na economia e na política atuais, ou é um pequeno grupo anônimo, que só se pode opor à dominação praticando atos terroristas, através de pessoas-instrumento, que alcançam o limite da dessubjetivação imaginável por terem optado pela ação suicida. Um mundo que perdeu a substância subjetiva, identificando-se com a destruição da humanidade tangenciada no século passado. Nesse mundo, o atentado passa de exceção a regra e de oposição ao regime a regime dominante.

E assim por diante. Seria preciso ainda investigar cuidadosamente a ficção – ficção que por um triz não se cumpriu – de estarmos vivendo o dia seguinte ao do juízo final. Como dia algum se segue ao último, já vêem vocês que se trata de examinar o absurdo. Há que examiná-lo em profundidade, contudo, para que o dia de depois não se transforme em véspera. A Psicanálise é um excelente instrumento de tal investigação, possivelmente o melhor, já que o assunto é a psique, a psique do real.

O planeta não foi destruído, enfim. Porém, no Século XX, um mundo acabou, o mundo da substância social, dos projetos deliberados pela sociedade e da racionalidade discursiva. Uma nova forma avassaladora de representação, por imagem e por ato, suplantou o pensamento tradicional. A realidade mostrou-se escancaradamente fabricada e o homem, impotente para a determinar de maneira racional. Em suma: o real humano tem-se declarado *psíquico*, no exato sentido psicanalítico de *inconsciente*. Idéia tremenda, embora não necessariamente desanimadora. Onde há psiquismo inconsciente, onde a razão tradicional se move às palpadelas, nossa interpretação é convocada e está pronta a esclarecer. A Psicanálise é hoje convocada para explicar o homem ao homem, mas também o mundo, que se converteu num absurdo virtual. Paradoxalmente, a Psicanálise é mais atual nos dias de hoje que o foi no tempo de sua invenção.

Preparando-nos para pensar psicanaliticamente o mundo novo, neste novo século, é urgente reunir o legado do anterior, compreender a transição abrupta e criar instrumentos para a interpretação da psique do real e de seu homem. O trauma do fim do mundo parece haver desencadeado um processo de auto-agressão na psique do real, afetando o indivíduo, porém, manifestando-se ainda mais notoriamente no processo de desconstrução nas formas de pensamento social. O absurdo difundiu-se na cultura.

Via de regra, somente nos damos conta dos hábitos culturais que nos são alheios. Impregnados pela cultura, dificilmente conseguimos a distância suficiente para apreciar sua estranheza. Em seu trajeto pelo mundo, munido do método psicanalítico, o analista, contudo, dispõe de alguns recursos singulares. Sendo nosso método interpretativo a *ruptura de campo* – conceito que será explorado e discutido durante este Encontro –, o analista consegue pôr-se no avesso de si mesmo e também no de sua cultura, embora com extremo esforço. E pode praticar uma antropologia interna da sociedade em que vive, pelo menos tanto quanto uma psicologia individual – o novo analista: *antropólogo da psicologia*. Esta abertura proporcionada pelo método permite-lhe aproximar-se da psique do real, apreciar sua estranheza a uma distância antropológica e elucidar seus inconscientes. Privilégio singular, mas igualmente singular condenação a uma sorte de exílio interior.

Quem é pois o analista, hoje? Não mais o que aceita a existência do inconsciente – ou seja, do sistema tradicionalmente descrito como impulsos instintivos e mecanismos. Todos parecem aceitar o inconsciente, o que é uma forma de o negar, por banalização. Ser da surpresa, o novo analista é antes aquele que *desconfia do inconsciente*. Ou seja, desconfia do inconsciente que se supõe conhecido, enquanto desconfia que haja inconscientes manifestando-se quando, onde e como não espera. O inconsciente é o que faz o sentido, por isso ele não faz sentido. Se fosse melodia o psiquismo, o inconsciente seria uma dissonância. Ou melhor, se o psiquismo fosse fala, o inconsciente seria sua música, uma estrutura de outra ordem, intraduzível em palavras, porém determinante do valor de cada uma. O inconsciente outorga sentido ao discurso individual e social, aos atos e pensamentos, por isso o definimos como *campo* – múltiplos campos de significação que nossa Teoria dos Campos se propõe a investigar.

Assim, o novo analista desconfia a todo momento de que o lugar mesmo em que se encontra seja de fato um campo – uma organização de regras inconscientes em ação. Desconfia estar cercado. Tenta romper o campo para entrever as regras que o determinam e entra assim no que chamamos, na Teoria dos Campos, de *vórtice representacional*. Porém, nunca está seguro, a não ser de sua suspeita. Um filósofo prático da dúvida sem sistema, da crença em rodopio. Analista é o último homem que suspeita do inconsciente!

PSIQUE E CLÍNICA

E quanto à nossa clínica?

O grande modelo freudiano foi a decifração das civilizações passadas e das escritas perdidas. Em tempos recentes, no entanto, criou-se o hábito de traduzir o que nos dizem os pacientes como metáforas de nossos sistemas teóricos sobre o psiquismo.

Logo, impõe-se uma pequena história. Em meados do Século XVII, Athanasius Kircher, padre jesuíta, era provavelmente a mais notória autoridade na interpretação de hieróglifos egípcios. Foi-lhe encomendada a leitura dos signos que cobrem o obelisco elevado na Piazza della Minerva, atrás do Panteon, em Roma. Sim, o mesmo lugar a que se refere Freud em sua famosa analogia de *O mal-estar na cultura* – estamos em solo psicanalítico, portanto, solo consagrado por nossa tradição. O monumento, que até hoje lá está, foi erguido por ordens do papa Alexandre VII, a partir de um desenho de Bernini; trata-se de simpático elefantinho que carrega às costas um obelisco egípcio, do 6º século A. C. – cuja imagem, logo compreenderão por quê, figura nos cartazes deste Encontro. A interpretação que propôs o sábio para o conteúdo de um dos cartuchos de nomeação lá gravado foi a seguinte: "*A proteção de Osíris contra a violência de Typho deve ser buscada através de ritos apropriados e cerimônias sacrificiais, apelando para os gênios tutelares do mundo tríplice, a fim de assegurar o gozo da prosperidade costumeiramente oferecida pelo Nilo, contra a violência de seu inimigo Typho.*" Esta tradução data de 1666. Contudo, os anos passaram sem pedir licença, como é seu péssimo costume. Napoleão invadiu o Egito, foi achada a pedra de Roseta, Champolion a traduziu, descobriu-se que os hieróglifos não eram simples ideogramas, cada qual representando uma idéia, mas também uma escrita fonética. Enfim, pudemos ler a escrita egípcia. Hoje, a tradução do mesmo cartucho é a seguinte: PSAMTIK. Um nome próprio, o nome de certo obscuro faraó.

Quando fixamos nossas teorias heurísticas e especulativas sob forma de doutrinas, criando correntes psicanalíticas, a interpretação na clínica transforma-se de imediato em tradução imaginária. O material parece abrir-se em ideogramas metafóricos – tal elemento simboliza o ódio contra o pensamento, tal outro, o amor ao analista, este, a mãe boa, aquele, a castração. Juntando-os, traduzindo-os em conjunto, chegamos facilmente às usuais e detalhadíssimas sentenças interpretativas, em essência compostas de associações do analista, como a tradução associativa do bom padre. Ou seja, a algo parecido à *violência de Typho* etc. Todavia, quando nos restringimos, por fidelidade ao método psicanalítico, à operação de ruptura do campo que habitamos com nosso paciente, surge geralmente algo tão estranho e imprevisível como *Psamtik*, menos espetacular, é certo, mas portador da força da verdade. Aqui pode estar contida uma decisiva sugestão para a clínica de hoje.

Dito de outra maneira. A interpretação proposta pelo padre Kircher fundava-se na semelhança, ou com mais rigor na afinidade, entre as formas dos hieróglifos egípcios e a representação usual de certas figuras mitológicas na iconografia pós-renascentista de então. Typho, por exemplo, pertence à mitologia grega, embora aqui substitua provavelmente Set, o irmão mau de Osíris; gênios tutelares são romanos; mesmo Osíris, com ser legitimamente egípcio, transpira a tradição dos gregos, que foram os primeiros a popularizar as velhas histórias do Egito – dos 3 faraós de nome *Psamtik*, por exemplo, pouco mais se sabe que o registrado por Heródoto. De nossa parte, nós, analistas, somos também adictos à mitologia. Mais precisamente a duas mitologias. Uma é a greco-romana, tal como a do padre Kircher: Édipo, Narciso etc. A outra mitologia é a própria teoria psicanalítica, ao ser entendida não como um conjunto de proposições a testar e a desenvolver criticamente, mas como fonte de inspiração de metáforas interpretativas – em parecença bastante com o uso semipoético de que o padre lança mão, para padecer dos mesmos riscos. Arbitrariedade e presunção, para começo de conversa.

Oh! Não duvido de que sua interpretação metafórica seja muito mais inspiradora que o prosaico *Psamtik* revelado pela tradução posterior. Todavia, o tipo e o grau de verdade contidos numa interpretação são ditados pelo método que a produziu. O método empregado para a tradução dos hieróglifos, ou o método da interpretação psicanalítica, no nosso caso.

Gostaria de ter algo mais inspirador para lhes transmitir. Mas só tenho aquilo que posso ler em qualquer livro de Psicanálise, embora não o encontre escrito em nenhum. Que o fundo de todo o sentido psicanalítico é somente nosso método – ou, do contrário, uma presunçosa arbitrariedade. E que, quando se chega ao fim de uma tradução do psiquismo, a verdade que surge é sempre o próprio método, revestido a cada vez da figura psíquica por ele descoberta. Essa idéia é a essência de cada frase que tenho escrito em meus livros e artigos, proferido em minhas conferências, discutido em supervisões, praticado com meus pacientes e em todos os lugares onde me tem conduzido o ofício da função terapêutica da Psicanálise. Mas, se interpretação é ruptura, então *Psamtik* – nome daquilo que a tradução imaginária dos signos psíquicos tem ocultado sob camadas e camadas de excessos de imaginosas interpretações –, representa mais que o inconsciente: *Psamtik* figura o próprio método psicanalítico.

O MÉTODO E O FUTURO

A bomba que não explodiu há quase 40 anos explode hoje silenciosamente, com a inexorável discrição dos grandes eventos. Trauma psíquico não é o que acontece, mas o que *quase aconteceu*, a tangência, não o impacto. Uma guerra atômica teria destruído a substância que faz o mundo humano. Em resposta ao impensável – pois o fim da humanidade teria destituído de sentido toda a história, teria matado o passado, além de matar o futuro – a substância afetiva de nossa psique entrou em colapso. Vivemos num mundo em que o sujeito transformou-se em ato eficaz, freqüentemente destrutivo. Num mundo de meios para produzir meios ainda mais eficazes e rápidos.

Com efeito, nossas vidas tornaram-se rápidas demais, nas grandes cidades, para que se possa exigir do sujeito de hoje que compareça todos os dias a um consultório analítico. Modificou-se o ritmo das relações amorosas e, com estas, a própria estrutura das famílias. O trabalho tem perdido sua materialidade, já não é tanto questão de mão de obra, mas de eficiência de programação. A economia tornou-se abstrata: quem é dono de quê, que pessoa decide os rumos das nuvens do capital aplicado especulativamente? Quem pratica um atentado e quem decide quem foi que o praticou? As relações, a relação médico-paciente, a relação de ensino, a relação humana, numa palavra, perderam estabilidade e tornaram-se "pragmáticas" – como nos querem fazer acreditar. Na realidade, não se tornaram mais práticas, tornaram-se virtuais. Não nos iludamos: não foram os computadores que criaram a *realidade virtual*, foi a realidade virtual, por morte da substância, que difundiu os computadores e converteu o mundo concreto numa espécie de absurdo simulacro, de imensa virtualidade sem sujeito reconhecível. Quem cria o vírus de computador? Quem se responsabiliza pelos desastres tecnológicos? Adoeceu o mundo? Perdão. Todos nós, compreensivelmente, lamentamos mais a morte do mundo conhecido, já que representa a nossa própria morte, que comemoramos o nascimento das novas formas de ser, ainda indistintas. É necessário, porém, reconhecer. Reconhecer significa: primeiro, admitir o que há, mas, segundo, mostrar-se reconhecido pelas possibilidades psíquicas geradas e descobrir como melhor as utilizar. Esta é a psique que nos cabe, somos filhos dela, mesmo que choremos as mortes que a deram à luz. O analista de hoje tende a lamentar a perda do mundo freudiano, o fim do século XIX, mas, com isso, sem o saber, chora o século XX e chora a si mesmo. Entretanto – digam-me vocês – a família patriarcal, as relações autoritárias, o colonialismo, as guerras de conquista de territórios, o que se perdeu é realmente digno de lamentação? Daqui p'ra frente, reconhecer a virtualidade emocional do mundo e da psique que nos cabem não se há de acompanhar de lamentação, mas de esperança.

Que nos dará esperança? Ora, o ofício da função terapêutica da Psicanálise. Nosso método é eficaz e dadivoso. Não se contenta em ser exercido no contexto da psicanálise de consultório, mas cria atmosfera analítica onde quer que se o empregue. Tivemos a oportunidade de o verificar, desde o Encontro anterior, introduzindo-o experimentalmente no ensino médico, criando cursos de especialização em várias cidades brasileiras, introduzindo Grupos de Investigação em Função Terapêutica nalgumas equipes de enfermagem do Hospital das Clínicas etc. Todas essas ações nortearam-se pelo método psicanalítico, sem se ater à moldura tradicional; não obstante, gerando um efeito que não poderíamos deixar de reconhecer como psicanalítico, como um análogo da terapia analítica. A atmosfera psicanalítica cura. Cura, no sentido preciso de produzir rupturas de campo e, desse modo, fazer com que se tome em consideração a vida emocional. Seria impossível resumir aqui quantos novos inconscientes surgiram de tais experiências psicanalíticas. Nosso método é um semeador de inconscientes, põe à mostra o que está oculto em qualquer condição humana.

Desconfiar do inconsciente significa duvidar de que as teorias do inconsciente recebidas dêem conta da totalidade de sua constituição, mas, simultaneamente, suspeitar que onde não parece estar o inconsciente – na própria organização social do mundo – ele esteja presente, tanto quanto na psique individual. O que exige do analista futuro impregnar-se de mundo, entrar nas coisas muito mais intensamente. Porque a Psicanálise é porventura o único método apto a gerar uma compreensão eficaz da realidade virtual em que mergulhamos. Nosso mundo torna-se cada vez mais *psíquico*, no sentido forte do termo, como vimos. Por que deveria o psicanalista se desesperar?

Das reflexões deste II Encontro da Teoria dos Campos, espero, por conseguinte, ver nascer a imagem do analista futuro, armado do método, sua única segurança, e disposto a estar em todos os lugares onde sua presença seja requerida. Cada um de vocês, em seus diferentes graus de formação, é inteiramente responsável pelo sucesso do trabalho que nos espera – do trabalho de reflexão que se realizará amanhã, bem como, e sobretudo, do ofício da função terapêutica, que todo psicólogo, médico, assistente social, enfermeiro, que todo estudante do homem está convocado a exercer. O destino tem sido generoso comigo e, depois de tantos anos, já não estou mais só na Teoria dos Campos. Em que pese a realidade virtual, ou até por causa dela, não espero viver para sempre.

Daqui p'ra frente, a tarefa maior é de vocês...